輝ける讃岐人《びと》 2

～小西 和、田村 剛、大久保諶之丞、景山甚右衛門、菊池 寛、保井コノ～

公益財団法人
山陽放送学術文化・スポーツ振興財団

発刊のごあいさつ

公益財団法人山陽放送学術文化・スポーツ振興財団 理事長　越宗 孝昌

温暖少雨、気候温和の香川県。往来の激しい瀬戸内海の主要航路に面していることや近畿の大和政権、内海対岸の吉備勢力の影響もあって、独自の文化を育み、新しい時代を牽引する多くの先人を輩出してきました。

真言宗を開き、文人で書家・芸術家、後世に多大な影響を与えている空海をはじめ、医学・殖産・文化などマルチに活躍した平賀源内、実測による地図作成から天体観測、鉄砲火器類の開発まで高い技術力を誇った久米通賢、そして日本の経済界のリーダーで、香川県を独立に導いた中野武営らの活躍は特筆すべき史実です。しかし残念なことに、これら香川県ゆかりの先人たちが日本の新時代を拓いてきたことは意外に知られていません。

本書は、この史実をより多くの県民に知っていただくため、公益財団法人山陽放送学術文化・スポーツ振興財団が、昨年4月から毎月1回、高松・岡山両市で交互に開催してきた「リレー・シンポ『輝ける讃岐人《びと》』」の第4回「内海の価値を訴えた人々」、第5回「四国をひとつにした男」、第6回「文学賞と科学賞を残した2人」の内容を基に構成したものです。

シンポジウムでは、講師の先生方が史料と史料の間に分け入って導いた新たな知見のほか、時代と格闘してきた先人たちの信念や勇気、開拓性、実行性、そして今後の研究課題までもが浮き彫りにされ、またご清聴いただいた皆さまからも「先人の功績や思想を学び直したい」という声が多く寄せられていることから、これまでの「蘭学」「福祉」「殖産」に続く先人シンポジウムの記録集として本書を刊行、「郷土の文化遺産」として継承することにいたしました。

最後になりましたが、シンポジウムの開催とその出版にひとかたならぬご協力を賜りました皆さまに深く感謝申し上げます。

2023年3月

目次

内海の価値を訴えた人々　小西和　田村剛

2022年7月10日(日)●能楽堂ホール「tenjin 9」

四国をひとつにした男　大久保諶之丞　景山甚右衛門

２０２２年８月28日(日)●香川県立ミュージアム

文学賞と科学賞を残した2人　菊池寛　保井コノ

2022年9月18日(日)●能楽堂ホール「tenjin 9」

内海の価値を訴えた人々

小西　和
田村　剛

小西　和　（こにし・かなう　１８７３〜１９４７）

現さぬき市長尾名に生まれた小西和は、１９１１（明治44）年、多くの島々で構成される瀬戸内海の魅力を『瀬戸内海論』として発表。衆議院議員になって、瀬戸内海を国立公園として後世に残すべく活動。日本初の「瀬戸内海国立公園」指定に尽力した。また、地域の方々の憩いの場となっている県立亀鶴公園・宇佐神社にサクラの苗木２５００本を献木したほか、北海道の開拓、農場経営などにも大きな足跡を残した。

田村　剛　（たむら・つよし　１８９０〜１９７９）

倉敷市に生まれた田村剛は、１９２０（大正９）年内務省嘱託となり、１９３０（昭和５）年の国立公園制度の創設、最初の国立公園指定から戦後まで一貫してわが国の国立公園行政に関わり、「国立公園の父」と呼ばれている。田村はまた、日本における造園学の草分けとしても知られる。国立公園協会、日本自然保護協会、海中公園センターなど各公益法人の設立に参画。理事長、会長として自然保護をリードした。

講演1

小西和の人物像と『瀬戸内海論』

関西学院大学総合政策学部教授
佐山　浩（さやま　ひろし）
大学で学んだ都市計画をベースに国立公園の戦後史や持続可能な地域社会について主に研究している。
1982（昭和57）年筑波大学社会工学類卒業後、環境庁に入庁。箱根・下田・屋久島などで国立公園や世界自然遺産の管理業務に従事。その後、山陽四国地区自然保護事務所次長、近畿地方環境事務所長などを歴任。2013（平成25）年より現職。
博士（工学）、技術士（環境部門）、潜水士、公害防止管理者（水質1種）。
著書に『国立公園と風景の政治学』『47都道府県・花風景百科』など。
日本造園学会賞（著作部門）、同学会田村剛賞を受賞。

ただ今、ご紹介いただきました関西学院大学総合政策学部の佐山浩と申します。今日は短い時間ですけれども、皆さんにお付き合いいただければ幸いに存じます。

実は昨日、岡山に入りました。私は、２００１（平成13）年4月から2年ほど、仕事で岡山に住んだことがあります。昨日の夜は次に話をされる水谷先生と一緒に夕食を取りました。実をいうと私は純米酒が好きで、とりわけ勝山に蔵元がある御前酒の「美作」の大ファンなんです。岡山に来ると、新幹線口の横の売店には必ず置いてあるんで、それを買って家路に着くパターンです。岡山は私にとって美味しい酒を提供してくれるところなんです。

今日の演題は「小西和の人物像と『瀬戸内海論』」です。後ほども説明しますけれども、小西和《かなう》（写真1）についてはまとめられたものが少ないように感じています。こうした状況の中で私なりにいろいろ調べた結果、どういう人だったのかということを中心に今日は紹介したいと思っています。

それでは、早速始めます。今回、小西和の人物像をイメージしていく中で、彼はなぜこんなことをしたんだろうという問いかけをしていきました。今日は皆さんと一緒にその答えを確認していきたいと思っています。

写真1：小西　和

山は富士 海は瀬戸内 湯は別府

2022（令和4）年の3月、毎週土曜日にやっている「新美の巨人たち」という30分の番組で別府温泉のことを世に知らしめた油屋熊八《あぶらやくまはち》を取りあげていました。この熊八の像が別府駅前にありますが(写真2)。ちなみに身に着けたマントには小鬼がぶら下がっています。別府といえば、別府温泉地獄

巡りが有名ですけれども、小鬼はそこの鬼というイメージなんだそうです。先ほど言ったように、この方は別府を非常に有名にしました。宣伝力、ＰＲ力があったんですね。今で言うコピーライターみたいな資質がとても備わった人なんだと思います。さらに、それだけじゃなくて実業家で、日本で初めて女性バスガイドを導入しました。バスガイドの漢文調の解説も非常に人気を博したそうです。

「山は富士　海は瀬戸内　湯は別府」（写真２）とありますが、このフレーズが別府駅の熊八の銅像の台座に刻まれています。熊八が、別府を紹介して世に広く知らせるためにこのフレーズを考えたんだそうです。そしてこのようなフレーズを記した標柱を１９２５（大正14）年頃に富士山頂付近に設置しました。つまり山といえば昔から富士山で、海の方は小西和が１９１１（明治44）年に『瀬戸内海論』をまとめているのですが、大正末期には、瀬戸内海はもう世の中に知れ渡っていたということになるんだと思

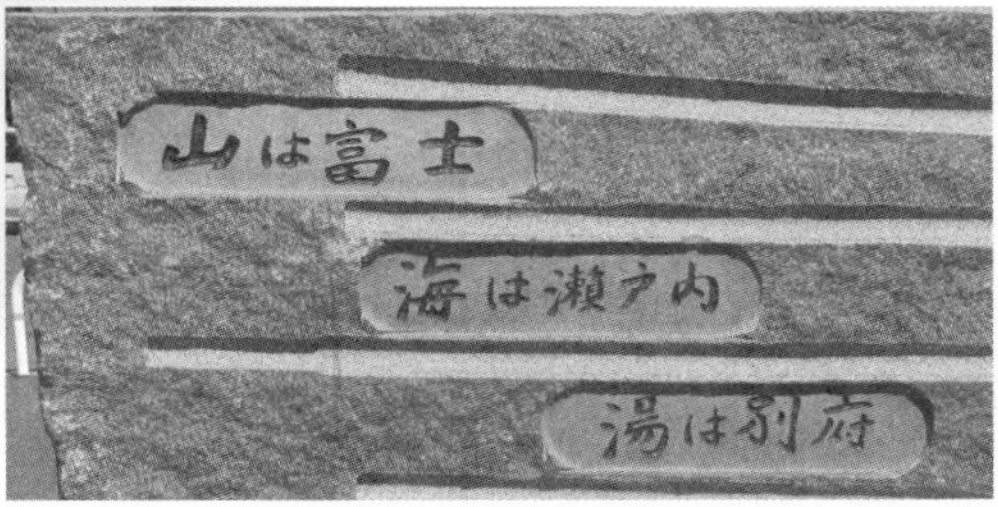

写真２：油屋熊八像と台座に刻まれた文字

います。このあたりの過程に非常に大きな影響を及ぼしたのが小西和になるんだろうと思います。

「瀬戸内海」といえば、やはり奈良県立大学名誉教授の西田正憲先生かと思います。西田先生は、「風景とはそもそもナショナリズムやローカリズムにつながる契機を内包している」とおっしゃっています。「自分のふるさとにはこんな風景があるよ」ということを人に伝えたときに、「あっ、そこ行ったことがあるよ」とか「あそこはきれいですよね」とか、そう言われるとすごくうれしい。海外に行って、例えば外国人に、「おお、日本から来たのか。瀬戸内海に行ったことがあるよ」と言われるとやっぱりうれしい。このようにナショナリズムとローカリズムに風景というのが非常に密接につながっているということになるんだと思います。

小西和と田村剛

今日は、小西和（写真3）、そして田村剛《つよし》（写真4）が登場してくるわけですけれども、瀬戸内海の風景の見方や流れというものが今日の2人をつないで一本の線になるんだろうと考えています。

さっき、資料が少ないと話したんですが、逆に言うと、調べるには今がチャンスみたいなところがあります。２０２３年は小西和誕生から１５０周年、それから２０２４年は瀬戸内海国立公園指定から90周年の記念の年になります。まさにこれから小西和という人は旬を迎えるといっても過言ではありません。そういう意味でいうと、皆さんもぜひ関心を持たれていろいろ調べていくと、今まで分からなかったこと、あるいは知らなかったことを知ることができる良い機会になるのではないかなと思います。

後ほど水谷先生が講演する田村剛は「国立公園の父」、一方で小西和は「瀬戸内海国立公園の父」と呼ばれています。瀬戸内海をはさんで香川、こちらの岡山と、国立公園を支えてきた人たちが出ていることは大変素晴らしい土地柄であると改めて思うわけです。

今回の講演のために、研究の状況などをまとめたものが、こちらになります（43ページに資料名）。これらが代表的なものです。もちろんこれ以外にもまとめられたものがあるんだと思いますけれども、小西和を学ぶのに基本となるような文献は、西田先生から始まりまして、津森さん、町田さん、そして山本さん、野間さんというように続いています。

公表されたものが比較的少ないのに加えて、なんで今が調べるチャンスなのかというと、さぬき市の歴史民俗資料館に小西和に関する資料が揃っているからです。もともとは「海南文庫」として、宇佐神社のほうにあった資料がさぬき市に寄贈されて、今は歴史民俗資料館に保管されています。私もこの3月にお邪魔したんですけれども、例えば小西和は自分の新聞記事などをずっとスクラップして整理していました。そ

写真3：小西　和

写真4：田村　剛

写真５：小西和が写した米国（ヨセミテ）

写真６：ヨセミテ国立公園（1994 年撮影）

のスクラップ以外にも本や写真など多くの資料が残されています（写真５）。１カ所である程度のものが調べられるという点では、本当に研究するには好都合な場所だと思っています。3月に案内していただいた山本一伸さんが、「いま伝記を書いてます」と話されていたので、それが出版されると、手掛かりがさらに増えて面白いのかなという気がしております。

3月に行ったときに、資料を少し見せてもらいました。写真帳も見せてもらいました。1928（昭和3）年に議員さんの国際会議がベルリンとパリであって、その際に外遊してきたようです。写真5の左下の写真になりますが、アメリカのヨセミテ国立公園に行っています。ここが代表的な場所なんですが、たまたま私、その66年後、ヨセミテに行きました。大体似たような位置で撮ってますね（写真6）。ヨセミテを代表する所なんだろうなとの印象です。

今日の講演で、小西和と田村剛をつなぐもう一つの縁とは、17歳ぐらい違うので、当時はお互いに知らなかったと思いますが、岡山県の尋常中学校、現在の岡山県立岡山朝日高等学校に小西和も田村剛も通った経験があります。そういう縁もあったわけです。

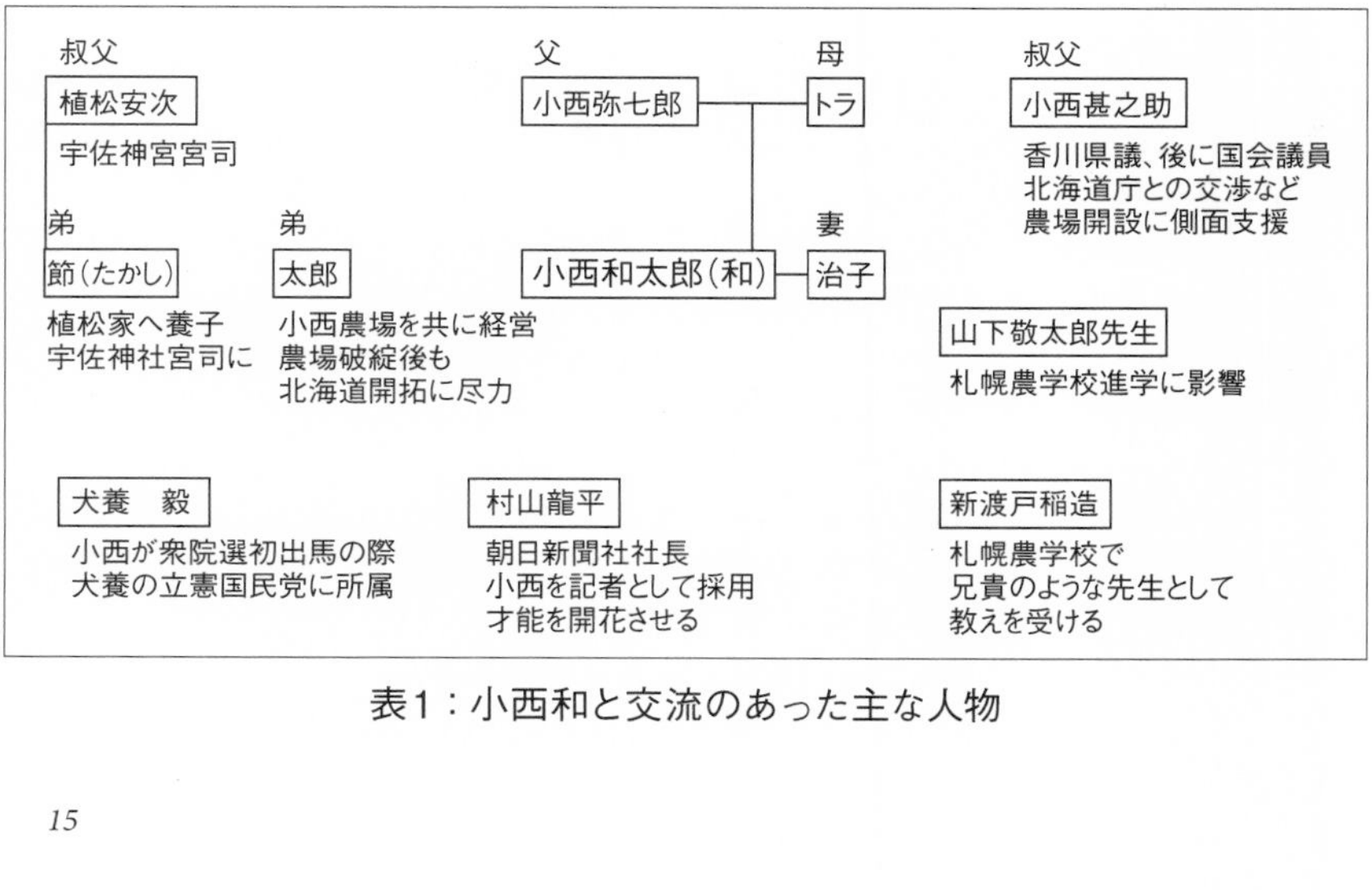

表1：小西和と交流のあった主な人物

表1は、「小西和と交流のあった主な人物」をまとめたものです。ほかにも、例えば植物学者の三好学だったり、それから『日本風景論』を書いた志賀重昂だったり、そういった人たちとの関係というのもあったわけです。

小西和の略歴

それでは、簡単に小西和のあゆみ（表2）を見てみましょう。小西は1873（明治6）年4月に生まれます。ちょうど太陽暦というか、暦からカレンダーに変わって数カ月後に生まれています。幼名は和太郎ということなんです

表2：小西和のあゆみ

西暦（年号）	出来事
1873（明治 6）年	現香川県さぬき市に生まれる（4月26日）
	幼名は「和太郎」
1888（明治21）年	愛媛県伊予尋常中学校入学
1889（明治22）年	岡山県尋常中学校へ
1890（明治23）年	札幌農学校入学
1892（明治25）年	道内旅行（香川新報掲載、60回以上に及ぶ）
1893（明治26）年	北海道に小西農場開設
1894（明治27）年	札幌農学校退学
1896（明治29）年	和に改名
※1897（明治30）年	父（弥七郎）逝去
1899（明治32）年	小西農場の経営に行き詰まる。 北海道を離れる
1901（明治34）年	東京市会計課に勤務
1903（明治36）年	東京朝日新聞入社（編集局学芸部付記者）
1904（明治37）年	日露戦争の従軍記者となる
1905（明治38）年	1年間の慰労休暇と特別賞与を受けて瀬戸内海の現地調査と資料収集
1906（明治39）年	『日本の高山植物』刊行
1911（明治44）年	『瀬戸内海論』刊行
1912（明治45）年	衆議院議員となる（7期務める）
1937（昭和12）年	第20回衆議院選挙（4月30日）落選
1942（昭和17）年	第21回衆議院選挙（4月30日）落選
1947（昭和22）年	死去（11月30日）

けれども、兄が早くに亡くなり、次男だけれども跡を取らないといけないという運命を背負うことになるわけです。愛媛県の伊予尋常中学校、そして岡山県の尋常中学校から札幌農学校（今の北海道大学）へと進学します。札幌農学校在学中には北海道を巡り、その紀行記（旅した様子）が香川新報に掲載されます。その後、北海道に小西農場を開設して、農学校を退学した後は、この農場に力を注ぎます。その頃に、名前も「和」に変えました。

農場開設後、酒を造るなど、事業は順調にいっていたんですが、洪水に遭ったり、局長をしていた郵便局で局員の不正が発覚したり、それから日清戦争の頃に非常に需要があった亜麻が、その後、需要がなくなってしまったり、そういった様々な要因が重なって農場経営に行き詰まり、北海道を離れてしまいます。その間、１８９７（明治30）年、お父さんが亡くなってしまうということがありました。これが人生の前半です。

小西和の生家というのはもうないんですが、たまたま西田先生が、１９９４年（平成６）年に撮った写真が残っておりました。今そこに行くと解説板があり、ここで小西和は生まれて育ったんだなということが分かるようになっています。

北海道を離れた後、東京市に勤め、その後、東京朝日新聞に入社しました。日露戦争のときには従軍記者になり、そこで大変な功績があったためか、１年間の慰労休暇と特別賞与が与えられます。それらを瀬戸内海の現地調査、資料収集に充て、後の『瀬戸内海論』につなげていきます。その過程で、『日本の高山植物』をまとめています。39歳で衆議院議員となり、１９４７（昭和22）年に亡くなりました。

なぜ愛媛県の中学校に進学したのか？

さて、小西和の人生の歩みを簡単に見てきましたが、最初の疑問は、「なぜ愛媛県の中学校に進学したのか？」ということです。図1を見てもらうと、香川県はいったんできたあと、１８７６（明治９）年に愛媛県に併合し、その後１８８８（明治21）年12月に分離・独立しています。つまり、小西和は、愛媛の中学に行かざるを得なかったということになります。香川県尋常中学校（現香川県立高松高等学校）の開設は１８９３（明治26）年ですので、小西和が行く時代にはなかったということになるわけです。

伊予尋常中学校は１８８８（明治21）年に開設されました。ちょうど、小西和が中学校に入学した年なんです。県立の尋常中学校が1県に1校設置されるべきものとして中学校令が改正されたのが１８９１（明治24）年ということですが、いず

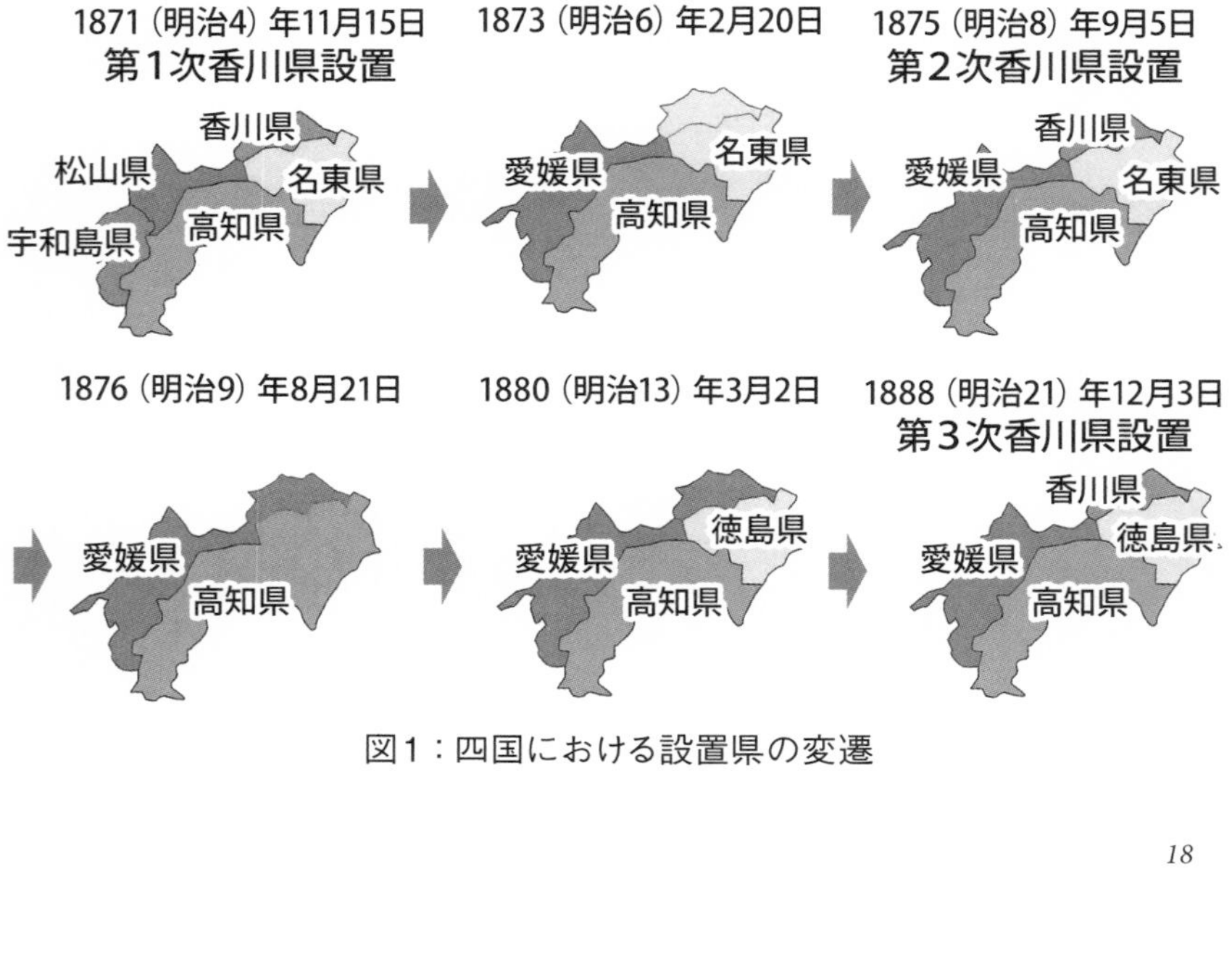

図１：四国における設置県の変遷

れにしても勉強をしたい、勉強が好きな、あるいは優秀な子たちが集まるような場所は当時非常に限られていたということになります。でも、住んでいた場所、今のさぬき市の長尾名《ながおみょう》から愛媛の松山まで行くのはとても遠くて「当時は鉄道も十分整備されておらず、松山に行くのに船で2日から3日くらいかかったという記録が残されているようです」と山本一伸さんも講演で話をされていますし、町田三郎さんは行くときに「船の便が悪く高松で二泊し、五日朝ようやく松山の三津浜に到着」と書いています。三津浜に船で入るわけです。そこから、松山のほうに行ったということですから、非常に時間がかかったんですね。そのような状況であったためか、岡山のほうに移るわけです。当時、伊予も讃岐も鉄道の整備が進んでいなかったわけですけれども、おそらく小西和の住んでいた生家の位置からですと、松山まで行くよりは、金比羅さんルートを使って岡山に出たほうが近かったということになるんでしょうね。

でも、伊予尋常中学校の時代に山下啓太郎先生に出会い、刺激を受けて、小西和は札幌農学校へ進学を志すということになるわけです。ですから、小西和にとって山下先生に出会ったことが札幌農学校進学につながったわけです。まさに「縁」ですね。

なぜ農場を開いたのか?

次に、「なぜ農場を開いたのか?」という疑問です。『瀬戸内海論』に「瀬戸内海は世界の宝石」と題して新渡戸稲造が寄稿していますが、その新渡戸稲造から非常に影響を受けたんだと思います。新渡戸は1891（明治24）年にアメリカから帰国して、札幌農学校の教授になります。それで小西和は学生時代に出会うことができたわけです。これが小西和が開拓した場所の付近の地図です（図２）。ちょっと見にくいかも分かりませんが、中央付近の鳥居が小西神社のある場所です。この辺を開拓をして、順調に進んで、十勝にも第二農場をつくるわけです（写真７）。この土地を得たときは、まだ鉄道ができていなかったんですけども、１８９４（明治27）年10月、小西が退学して農場に専念したときには清真布《きよまっぷ》（現栗沢）駅ができたので、それ以後は、岩見沢を経由して札幌へは少し楽に移動できるようになっていたのだと思います。

おそらく、駅が近くにできることを前提に、この土地を入手していたのは間違いないと思います。おじさんの小西甚之助が、北海道庁との交渉で力を発揮してくれたということなんですが、鉄道の情報もきっと得ていて、それでこの場所になったんだろうなという気がしております。

『カインの末裔』などで知られる有島武郎も新渡戸稲造の影響を受けていて、武郎のお父さんと協力しながら農場を開いているようですが、決めるときには鉄道が非常に重要だっ

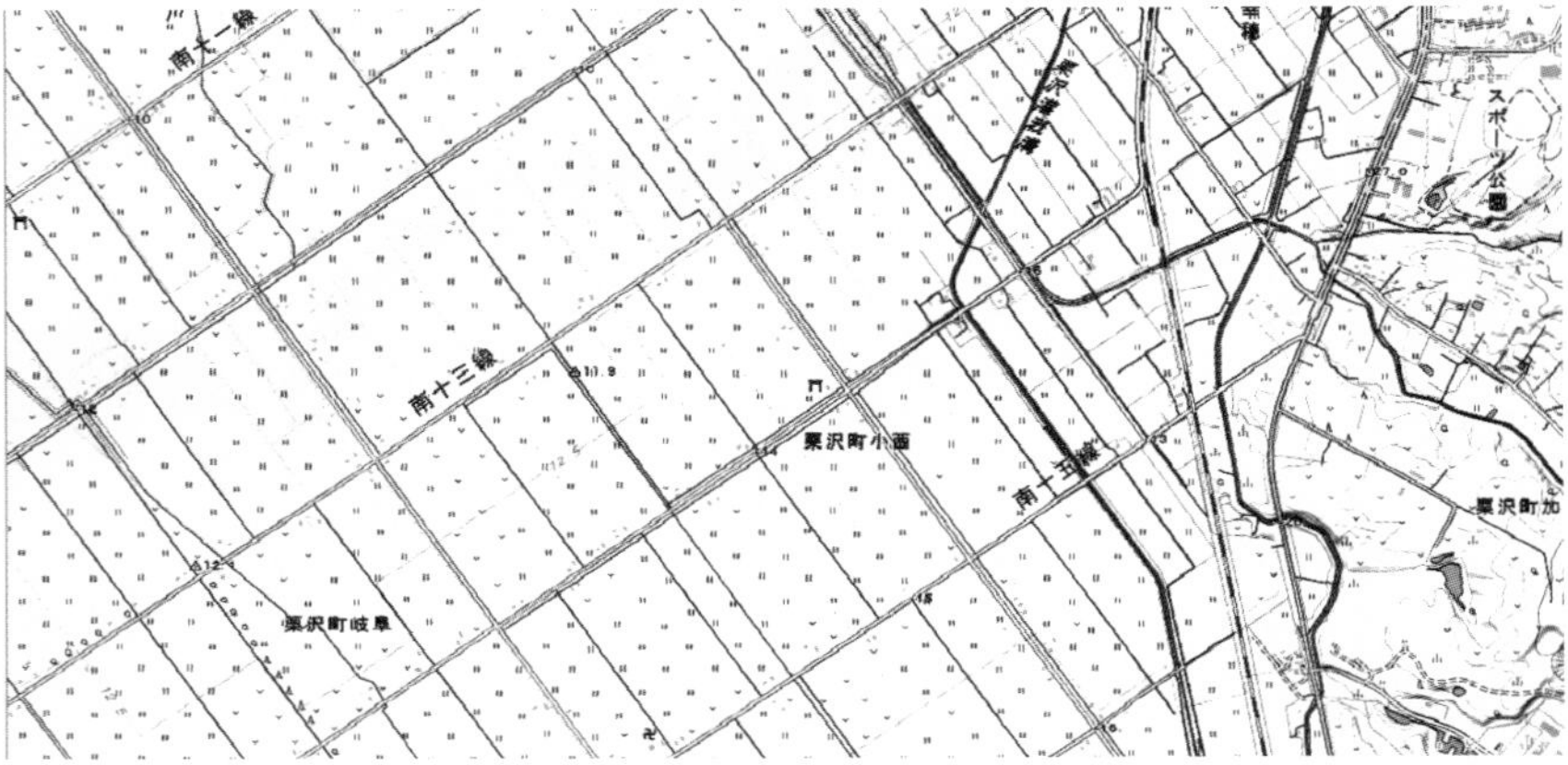

図２：小西和が開拓した場所付近の地図

たようです。今も有島という地名が残っています。場所はニセコですから、羊蹄山の南西になります。余談ですが、１９８５（昭和60）年に、各都道府県の代表的なおいしい水や有名な水場など、岡山県だと「雄町の冷泉」など3カ所を当時の環境庁が「名水百選」に選びました。「羊蹄山のふきだし湧水」も非常に有名で、同様に「名水百選」に選ばれています。今まで私が飲んだコーヒーの中で一番うまかったのが、この湧水で淹れたコーヒーです。

なぜ新聞社で働くことを目指したのか？

小西和に関する次の疑問は、「なぜ新聞社で働くことを目指したのか？」ということです。逃げるように農場を後にして、奥さんが東京の人なので、彼女の実家に身を寄せるわけです（写真8）。スクリーンには「東京市は給料が安く」とありますけども、野間さんは、「月給16円」と書いていました。

写真7：弟の太郎と農場を開墾（本人は中央、その左に太郎）

それが高いか低いかは正直、私には判断が難しいところがあります。ただ、「絵画を売って生活」ということなんです。おそらく、少しでも生活を楽にしようということだったのではないでしょうか。もともと北海道を周ったときの旅行記を香川新報に載せてもらったりしていて、書くことに自信があったんでしょうね。東京朝日新聞社の社主である村山龍平さんに、俺を働かせてくれと手紙を出すわけです（写真9）。

その旅行記ですが、1カ月弱の行程でした。札幌から岩見沢、室蘭、日高地方、十勝地方を巡り、函館、小樽を経由して戻ってくるというルートで、その様子が香川新報に60回以上掲載されました。北海道のことが正確に報じられてないというのが動機の一つだったようです。こちらが香川新報の初回（写真10）です。そのあたりのことが書いてあるんですが、

写真8：妻治子と

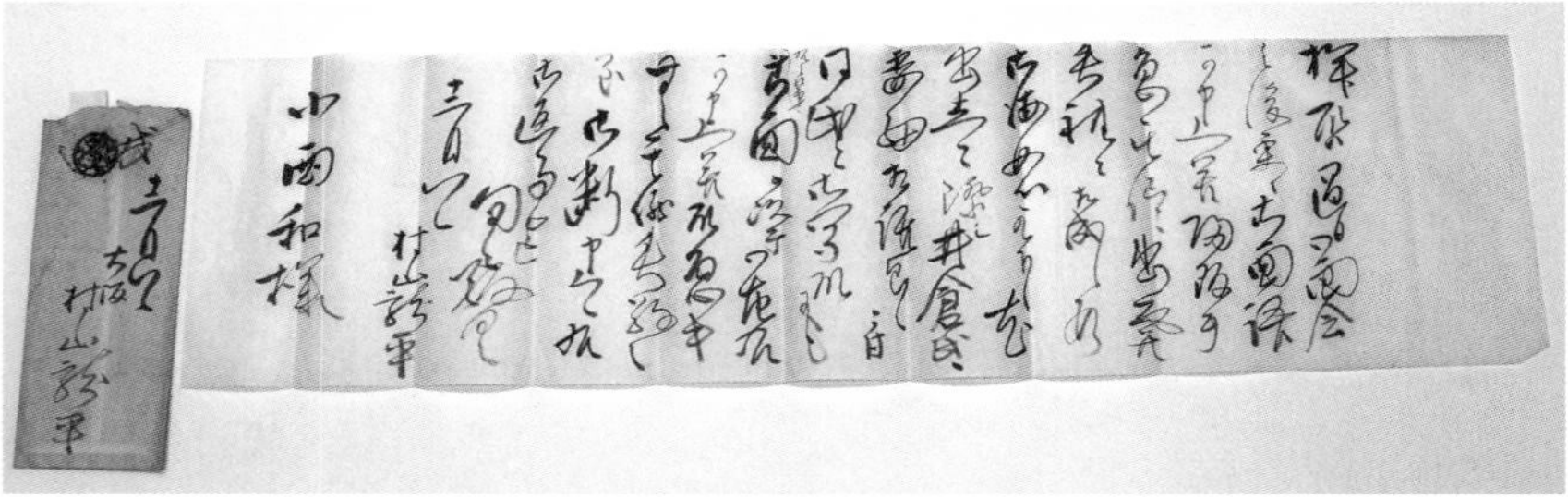

写真9：村山社主から小西和宛の手紙

詳しく説明すると、「新聞では、最近、北海道のことを記事にしていて、いろいろ意見を言っているようだけれども、誤りが多過ぎて笑っちゃう」「七月八日に札幌を出発し、三十日間、旅行しながら調査してきた。とりわけ十勝平野の香川県からの移民の状況などは深く調べてきた」ことが書かれています。自分が正確に伝えるという気概が小西和にはとてもあったんですね。

また余談になりますが、もうすぐ夏の甲子園大会が始まりますね。村山龍平といえば、第一回全国中等学校優勝野球大会で始球式を行った方です。

幸い小西和は村山社主の目に留まり、朝日新聞社に採用されて、日露戦争の従軍記者として活躍するわけです。彼は絵がうまかったんですね。戦争の様子を丁寧に伝えるべく、絵を効果的に用いています（写真11）。ここで、文章は「小西海南」、絵は「松亭生」と記しています。それから農場を経営していたくらいですから、気象とか気候とかそういうものにとても関心があったんだと思います。現地の状況をいかに分かりやすく伝

北海道旅行日誌（第一）
札幌農學校、小西和太郎

写真10：「北海道旅行日誌（第一）」

えるかということで、グラフや地図などを活用しているんです。そのあたりが、小西和の表現法という意味で、『瀬戸内海論』につながっていったんだろうと思います。

そして従軍記者として、最後は第2次上陸部隊と一緒に樺太北部のアルコワ湾付近に入り、ロシア降伏後も樺太に残って気象や植生などの自然の様子、農林漁業や炭田の状況などを細かく調査して新聞紙上で紹介しています。日露戦争終了後、樺太の北緯50度から南半分は日本の領土になるわけですけれども、その後の日本の樺太開発に、小西和の事前調査というか新聞報道が非常に役に立ったんだと思うんです。もちろん従軍記者ですから、命に関わるような中で仕事をして、任務を全うしてご苦労さまでしたということで、1年間の休暇と2000円をもらいます。でも、実際のところは、さっきの樺太開発への貢献に加えて、戦況記事が好評で販売部数が増えたといった

写真11：従軍記者時代の掲載記事

こともあったのではないでしょうか？　さて、２０００円というのがどのくらいなのかというと、朝日新聞に入ったときの給料が交通費と合わせて１２０円です。１２０円だと、お手伝いさんとかが雇えるような給料なんだそうです。そして、２０００円を報償金としてもらうわけですが、考えてみますと単純に給料の16カ月分ぐらいになるわけです。そうなると非常に大きなお金だったと思います。それを小西和は、『瀬戸内海論』を書くために使っていくわけです。

なぜ『日本の高山植物』を著したのか？

その『瀬戸内海論』の前、１９０６（明治39）年に、『日本の高山植物』（写真12）という本を著しています。小西和は札幌農学校で植物学を学んでいた（『代議士群覧』１９２４［大正13］年、泰山堂）ことから、植物の知識があり、関心も高かったようです。東京朝日新聞（１９０５［明治38］年11月26日）では「田圃の間には白色の風鈴を着けたらん如き無数の小花極めて多く頗る可憐なるものあり、（中略）十字科植物に属しシシリンキユムと稱するもの、欧州に於ては廣く培養さるる草本植物なるも東洋方面には絶えて見ざりしが近年我國に傳来し稀に之を認むるに至り白玉草と名けて愛玩す」と書いており、それらのことを窺い知ることができます。序文は植物学者の三好学なんですね。この『日本の高山植物』の下地は、朝日新聞の連載記事です。一方で、この時期に三好学は、『日本高山植物図譜 第1巻』、１９０８（明治41）年には『日本高山植物図譜 第2巻』を出しています。これらは牧野富太郎と共著です。後で出てきますが、三好学と牧野富太郎の関係を調べていたら面白かったです。さて、『日本の高山植物』に戻りまして、写真13の右側が朝日新聞に連載されていた記事に用いられていた植物画で、左側が『日本の高山植物』のもので、新聞のものを色付けしています。いずれも『日本高山植物図譜』のものとよく似ていますね（写真14）。序文といい、植物画といい、三好学と小西和はそのくらい関係が深かったということになるかと思います。

今回、三好学と小西和の関係というのは、よく分からなかったんですが、三好学と牧野富太郎の関係は分かりました。『草木とともに　牧野富太郎自伝』（角川ソフィア文庫）の中に、「日本の植物学に、生理学、生態学を導入した功労者三好学博士は、サクラの博士としても名高いが、私と三好学とは、青年時代からの親友だった」ということが書かれていたり、『評伝　三好學　日本近代植物の開拓者』（八

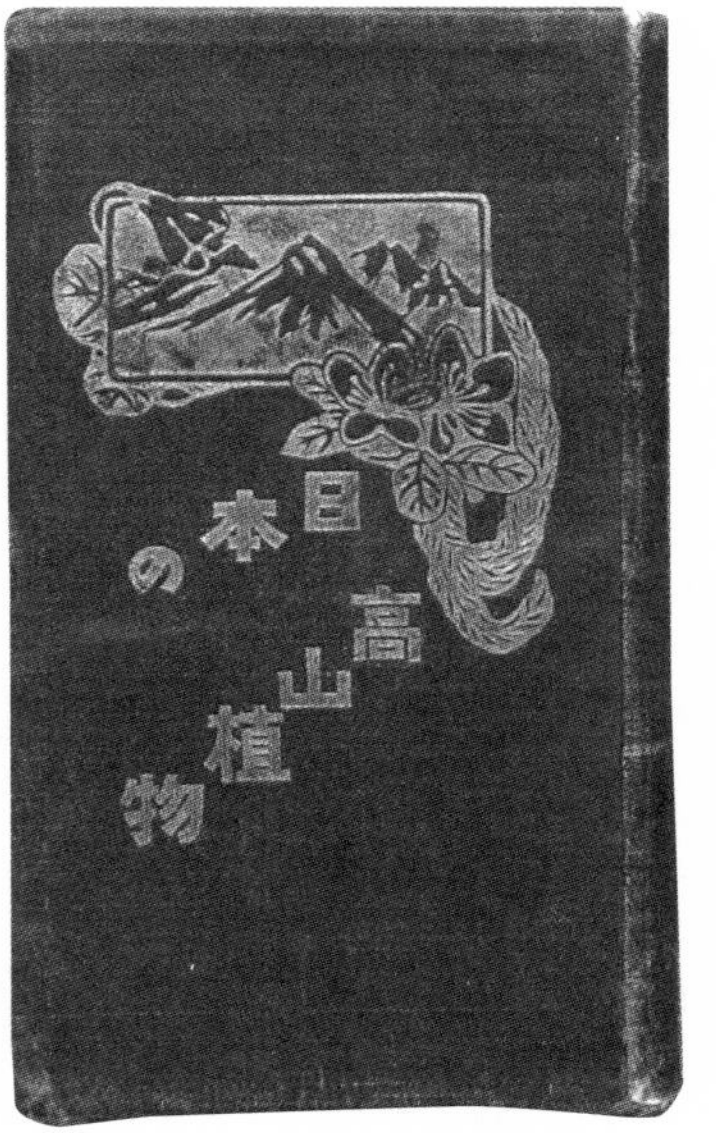

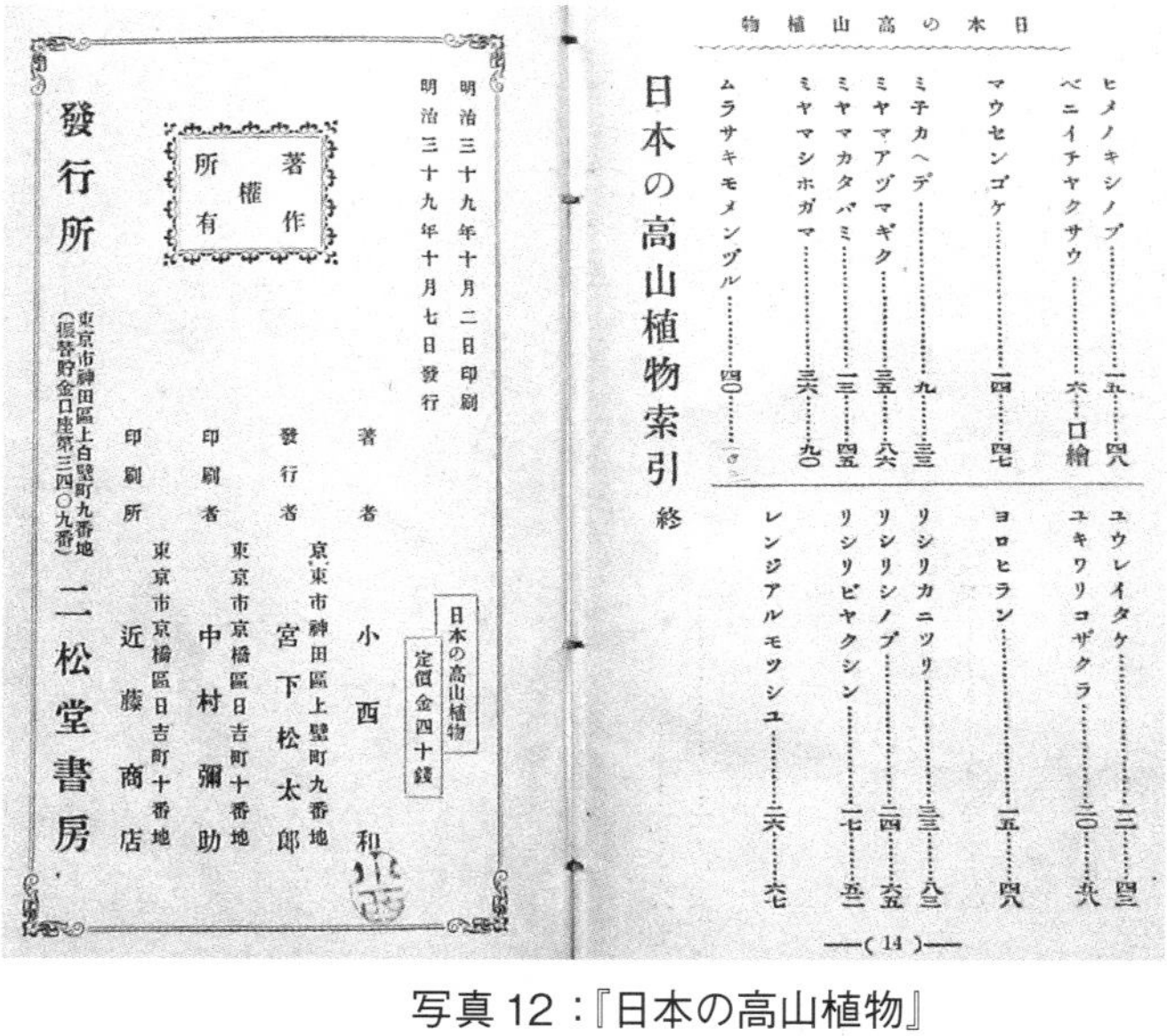
日本の高山植物

ヒメノキシノブ……一五……四八
ベニイチヤクサウ……六……口絵
マウセンゴケ……一四……四七
ミチカヘデ……九……三
ミヤマアヅマギク……三五……八六
ミヤマカタバミ……一三……四五
ミヤマシホガマ……三六……九〇
ムラサキモメンヅル……四〇……

ユウレイタケ……三……四三
ユキワリコザクラ……二〇……九八
ヨロヒラン……一五……四八
リシリカニツリ……三……八三
リシリシノブ……二四……六五
リシリビヤクシン……一七……五三
レンジアルモツシユ……二六……六七

日本の高山植物索引　終

—(14)—

明治三十九年十月二日印刷
明治三十九年十月七日發行

著作權所有

日本の高山植物
定價金四十錢

著者　小西和
發行者　東京市神田區上白壁町九番地　宮下松太郎
印刷者　東京市京橋區日吉町十番地　中村彌助
印刷所　東京市京橋區日吉町十番地　近藤商店

發行所　東京市神田區上白壁町九番地（振替貯金口座第三四〇九番）　二松堂書房

写真12：『日本の高山植物』

坂書房）によると、「その時三好も牧野も二十四歳であった。その後この二人は五十年以上の永きにわたって親しく交わり、それぞれが立派な学者となり」と酒井敏雄さんが書いています。いくら共著とはいえ、三好学と牧野富太郎の信頼関係が深くなければ、自分たちが出したばかりの『日本高山植物図譜 第一巻』の植物画を小西和が利用するということは難しかったんじゃないかと思います。

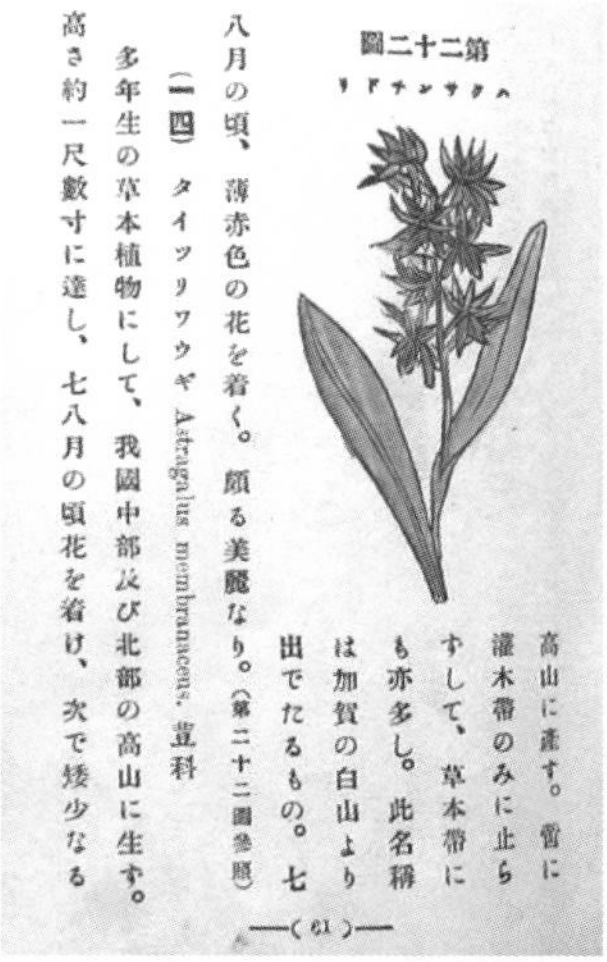
第二十二圖
ハクサンチドリ

高山に産す。當に灌木帶のみに止らずして、草本帶にも亦多し。此名稱は加賀の白山より出でたるもの。七八月の頃、薄赤色の花を着く。頗る美麗なり。（第二十二圖參照）

（一四）タイツリワウギ Astragalus membranaceus. 荳科

多年生の草本植物にして、我國中部及び北部の高山に生ず。高さ約一尺數寸に達し、七八月の頃花を着け、次で矮少なる

—（21）—

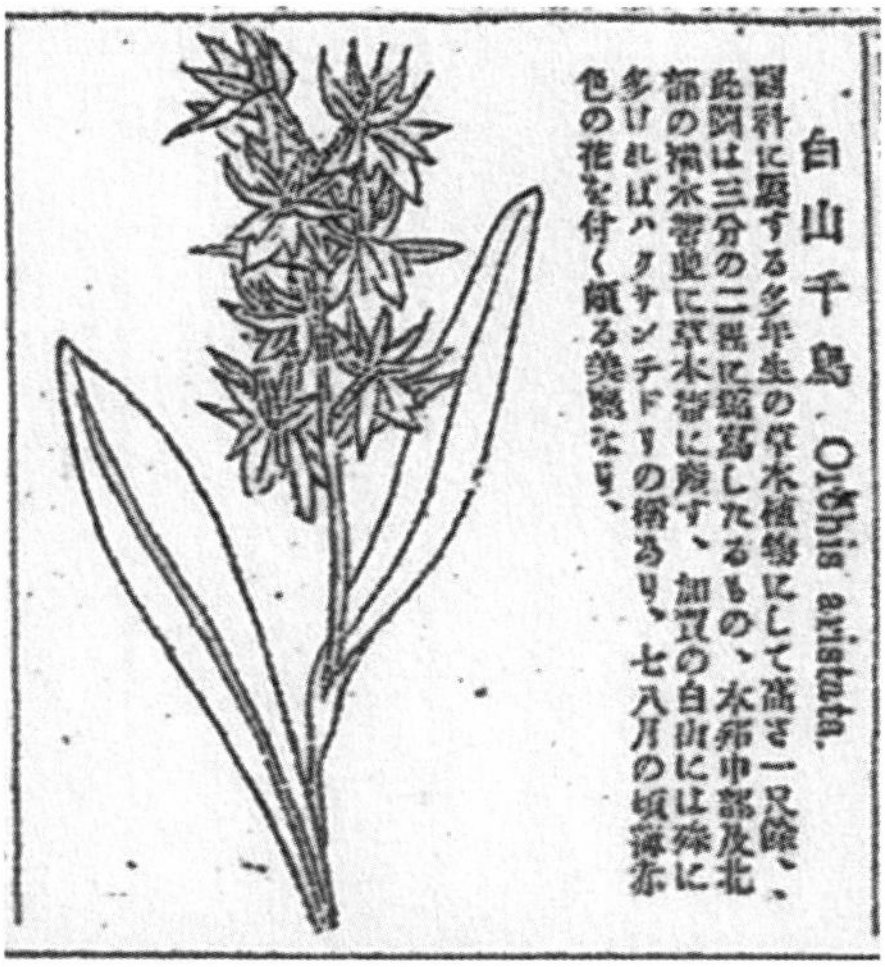
白山千鳥 Orchis aristata.

蘭科に屬する多年生の草本植物にして高さ一尺餘、此圖は三分の二强に縮寫したるもの、本邦中部及北部の灌木帶迄に草木帶に産す、加賀の白山には殊に多ければハクサンチドリの稱あり、七八月の頃薄赤色の花を付く頗る美麗なり、

写真13：ハクサンチドリの植物画
（左）『日本の高山植物』　（右）『高山植物（上）』

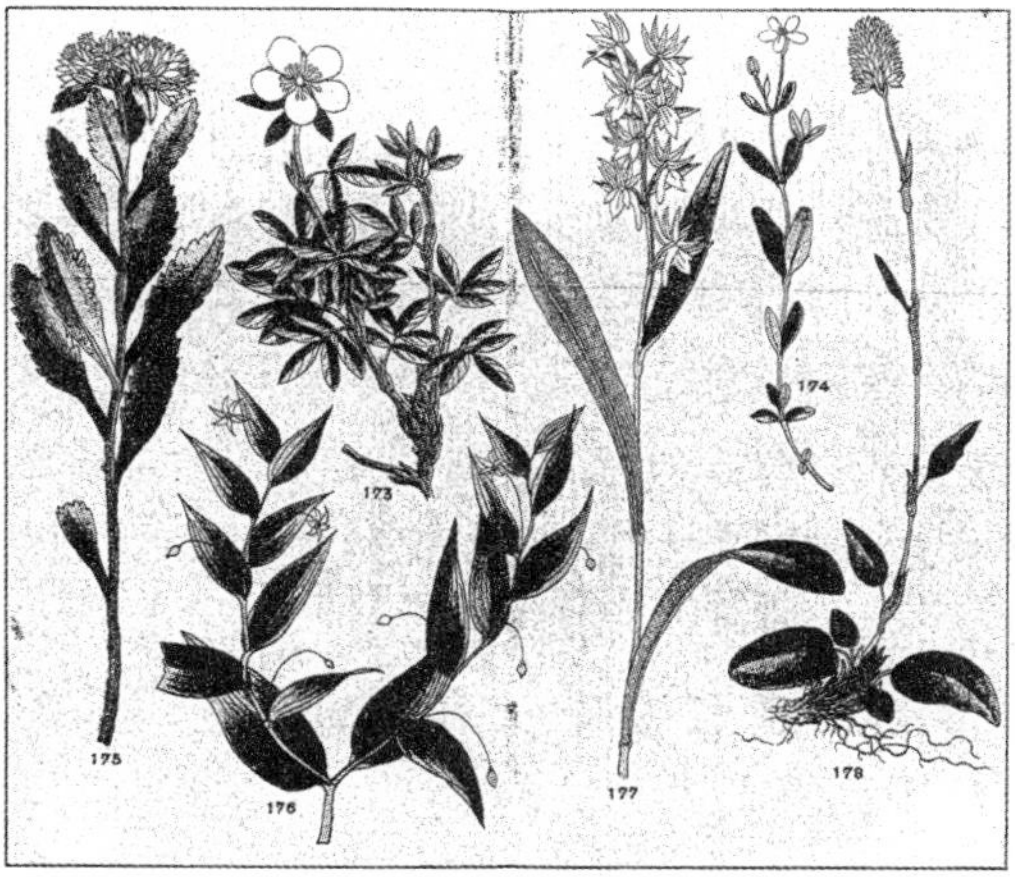

写真14：『日本高山植物図譜 第1巻』

では、『日本の高山植物』をどうして書くことになったのかということですが、ちょうどわが国では登山ブームになって、その中で高山植物を見たり、採取したり、あるいは育てたりと、そういう文化を日本でも広めるというのが大事なんじゃないか。そういう文化、楽しみ方が欧米ではやっているし。ということのようでした。そのあたりの考え方が三好学と小西和は波長が合ったんだろうと思っています（三好学は1919［大正8］年に制定された「史蹟名勝天然紀念物保存法」の成立に向けて尽力したことでも知られているが、この本が出版された1906［明治39］年は三好学が『東洋學藝雑誌』（23（301）に「名木ノ伐滅幷ニ其保存ノ必要」を発表した年でもある）。

確かに、1894（明治27）年に『日本風景論』が出版されて、高松生まれの小島烏水が、1905（明治28）年には山岳会（後の日本山岳会）を創設しました。そういった状況下、小西和は、登山や高山植物を楽しむことを、日本人の趣味というか文化の一つに早くしたかったけれど良書がないという思いがあったんだろうと考えています。

北海道へ行くと分かるんですけども、内地の高いところに生えている高山植物が、北海道へ行くと低地にあるんです。礼文島などへ行ったりすると、「ああ、ハクサンチドリがこんなところにあるんだ」と思うわけです。小西和は北海道を経験していますから、おそらくそういうことを知っていて、かつ従軍時代の中で、その考えを一層強くし、また、植物から癒やしみたいなものも感じていたんだろうなというふうに私は考えています。

これが発売時の『日本の高山植物』の宣伝広告（写真15）になります。こちらが『日本の高山植物』の巻末に付いている図（写真16）です。写真16は暖かいところの上のほうの植生帯が、寒くなるにつれて、北へいくにつれて、下のほうに下りてくるという植生帯と標高の関係図になります。そして図3は、屋久島が日本の縮図であることを説明するのに講義などで私が使っているものです。気候と植生帯の関係を小西和は、その当時に理解していたんですね。小西和が体験的にも理解していたことは「椴の純林が海岸の平地まで達して居るのと其樹木が意外に矮小なのである、之と同時に樺の意外に少いにも驚いた、此等草木の有様を目撃して其植物の分布が我北海道の海抜の稍高い地方のそれと略一様な○を知り、之が既に同道より餘程気温の低いのを証明して居る抔と思ひ」（1905［明治38］年8月12日東京朝日新聞）と樺太の様子を伝える記事からも察することができます。

写真15：『日本の高山植物』の宣伝広告

実は私が使っている図は、環境省自然環境局生物多様性センターのホームページのものを利用しています。

なぜ郷里にサクラを寄贈したのか？

次の疑問は、「なぜ郷里にサクラを寄贈したのか」ということです。『瀬戸内海論』を出す少し前にサクラを郷里に2500本届けるんですが、この理由は香川新報（1930［昭和5］年4月3日）に書いてありました。まずは亡き父の遺志の継承です。お父さんも宇佐神社に灯籠かなにかを寄贈し

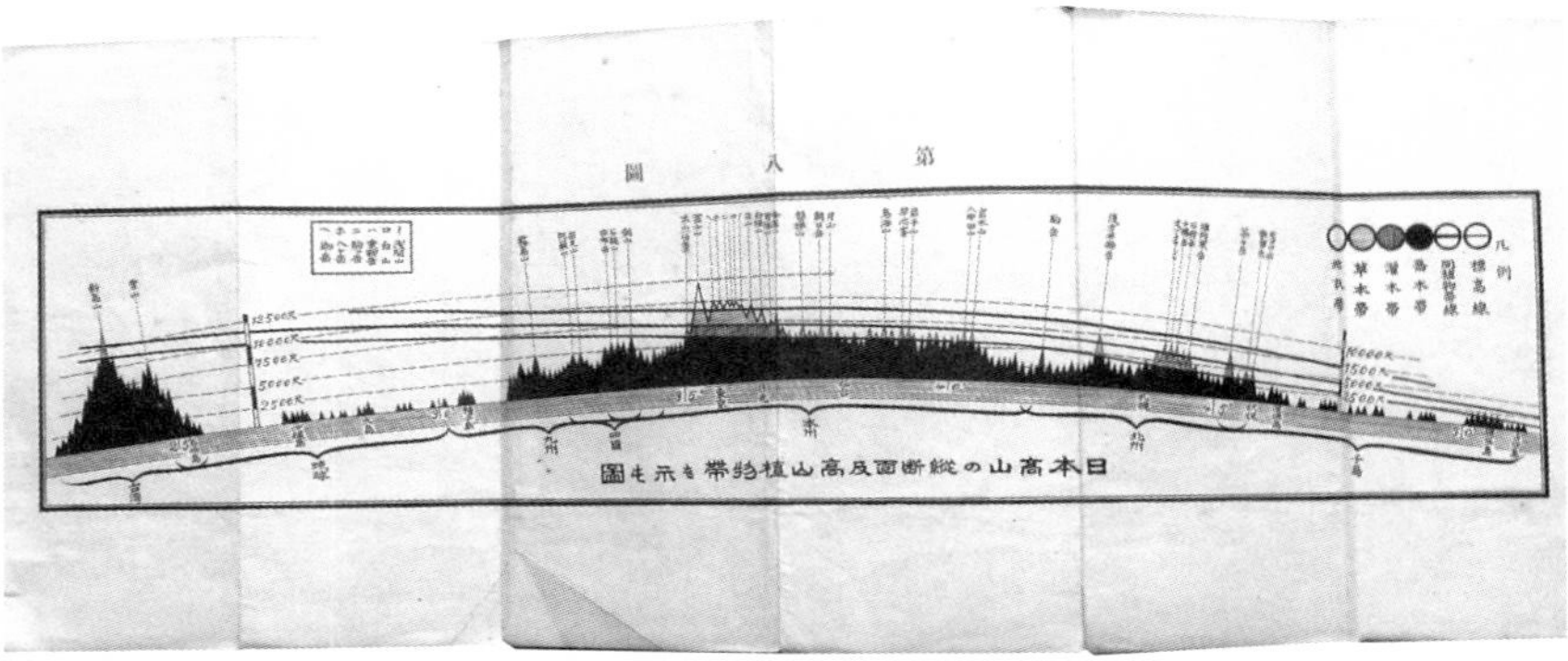

写真16：『日本の高山植物』に添えられた図

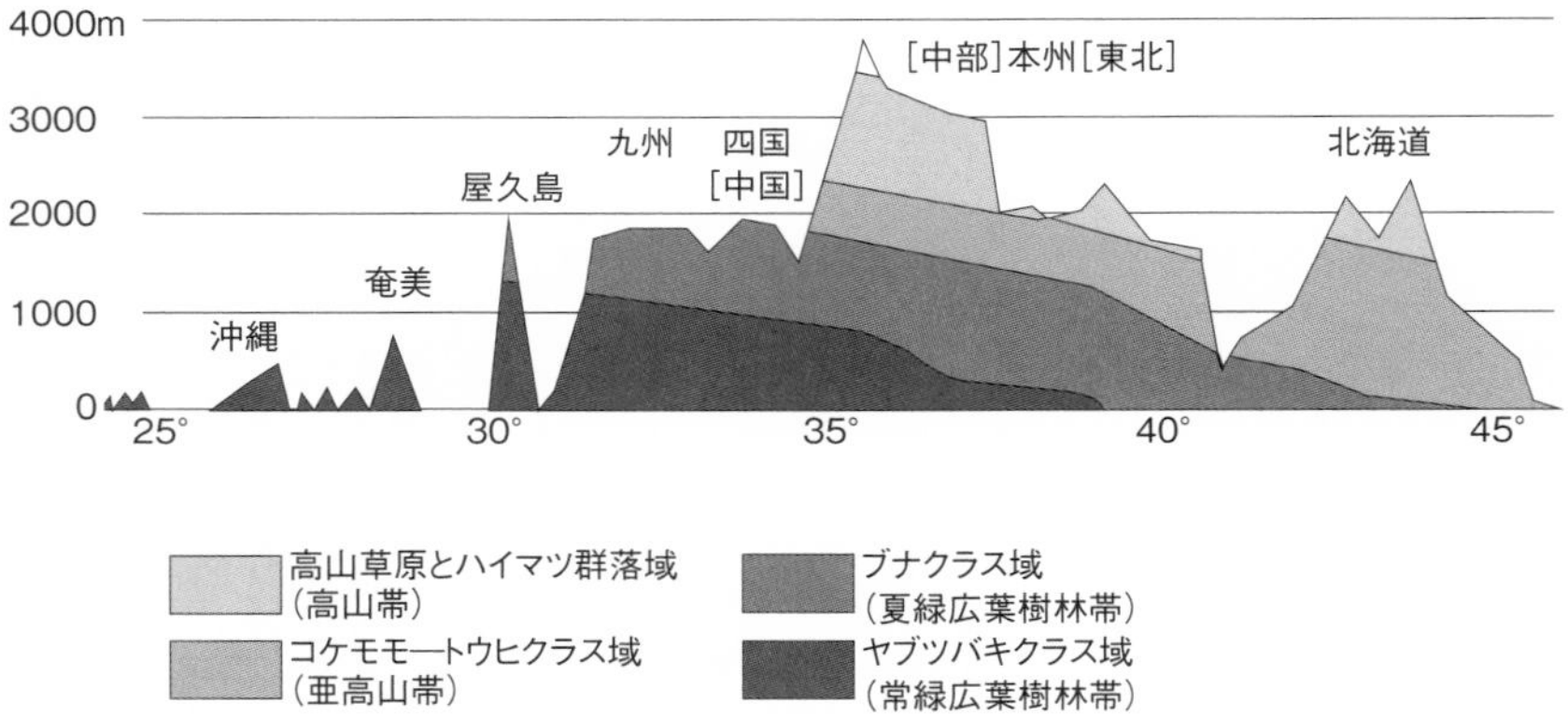

図3：日本の植生帯の垂直分布

たいと考えていたようです。それから、戦争へ行って責任を果たしてきたので、その記念です。そして、産土神、要するに地元の神様を荘厳にしたい。それから、郷土に美観を創出したい。また、大勢の地元の人が楽しみ、遊び、集い、楽しむ場を提供したい。最後に、一般人士のサクラを大切にする気持ちを養いたい。国花、国の花に対する敬愛の精神を満たしたい。その当時、サクラは既に国の花という認識があったんですね。明治時代のサクラに対する状況というのは、東京都千代田区が２００４（平成16）年３月にまとめた「さくら再生計画」によると、「明治維新後は、政府によりソメイヨシノが積極的に全国で植えられた。富国強兵の推進、日清・日露戦争の戦勝祝い、大正、昭和、今上天皇の誕生などによりソメイヨシノの植樹は加速し、ソメイヨシノは北海道北東部をのぞく全国に植えつくされ、現在に至っている」と書かれています。日清・日露戦争の戦勝記念、それから大正天皇のご成婚、こういったところが挙げられています。岡山県でも新庄村に「がいせん桜」があり有名ですが、日露戦争の戦勝記念として植えられたものですよね。

また、話は脱線しますが、牧野富太郎がソメイヨシノの苗を買って郷里の佐川へ送ったのは１９０２（明治35）年ですから、同じ頃なんです。昨日、水谷先生と話をしたんですけども、その供給元は、埼玉県の川口（安行）なんです。いくらサクラが欲しいといっても、供給体制がないと送れないわけですから、当時既にソメイヨシノの供給体制が整っていたんだなということが、このあたりからも分かります。

さらに小西和は「櫻ノ碑」（写真17）を、昭和に入ってから宇佐神社の入口のところに設置します。そこに謂われが書いてあります。「コノ櫻ハ……」から始まって、さっき郷里にサクラを贈った理由を言いましたけど、そういったことが書かれています。『瀬戸内海論』を取りまとめて発刊する前の年までにサクラを届け終えているんです。写真18は２０２２（令和４）年の３月31日に行ったときに撮影したものです。かなりの雨でしたが、こんな感じでサクラの花が咲いて店も出ていました。今も慕われて花見の場所となっているとのことです。実は小西和は「地域の方も協力してください」とお願いし、地元には大正時代に保勝会もできていて、代々守られてきているようです。

なぜ『瀬戸内海論』を書いたのか？

それから、次の疑問は、「なぜ『瀬戸内海論』を書いたのか？」ということです。最大の理由は、内外の人が称賛する我が瀬戸内海地域について、風景を基軸に「一体どんな場所で、今後どうあるべきなのか？」を自らに問い、調査研究を通してその答えを明らかにしたかったのだと思います。わが国の風景論の大きな流れの中で、瀬戸内海に絞ると、志賀重昂の『日本風景論』から、塚越芳太郎の『瀬戸内海』、そして『瀬戸内海論』につながっていくことになります。このか

写真17：宇佐神社「櫻ノ碑」(2022年３月撮影)

たわらにおいて、新渡戸稲造つながりで志賀重昂とは知り合いになったと思います。けれども、一方で塚越芳太郎などに対する対抗意識もあったんだろうというふうに考えています。さらに『瀬戸内海論』は非常に多くの引用文献を駆使しています。和文のタイトルだけで１００近く、それ以外を加えると１３０近くになります。私はこれだけ勉強してますよということも伝えているわけです。

塚越芳太郎の本ですが、「瀬戸内海」がタイトルに使われて1冊にまとめられた書籍というのは、どうやらこれが最初らしいです。塚越芳太郎は群馬県の出身で、何と言っても１９０７（明治40）年の東京勧業博覧会に合わせて出版された『東京案内』の刊行に尽力した人です。死亡したときの記事を見ると、やはり『東京案内』とあり、また東京史の編さんにも大きく関わったというところが、この方の一番のポイントになるようです。

『瀬戸内海』の冒頭には、4カ月半、岡山に滞在して瀬戸内海をなんべんか往来し、風景に心を惹きつけられながら瀬戸内海と日本開化の関係について書いたとあります。小西和としては「塚越芳太郎がまとめてるけど、たった4カ月半ぐらいで書いてるのか」みたいな気持ちがきっとあったんでしょうね。一方で、塚越芳太郎の『瀬戸内海』の最後の方には、「世界の中央公園」という見出しが登場してきます。この言葉を、「世界の公園」という形で『瀬戸内海論』で

写真18：亀鶴公園に植樹されたサクラ（2022年3月撮影）

小西和は使用しているんですね。

その『瀬戸内海論』（写真19）ですけれども、序に志賀重昂が七言律詩を、新渡戸稲造が「瀬戸内海は世界の宝石」と題する文章を寄せています（写真20）。志賀重昂の序文は前述のとおり新渡戸稲造つながりによるものだと思います。そして、新渡戸稲造を介して、小西和と志賀重昂の2人がつながったんだろうと

写真19：『瀬戸内海論』

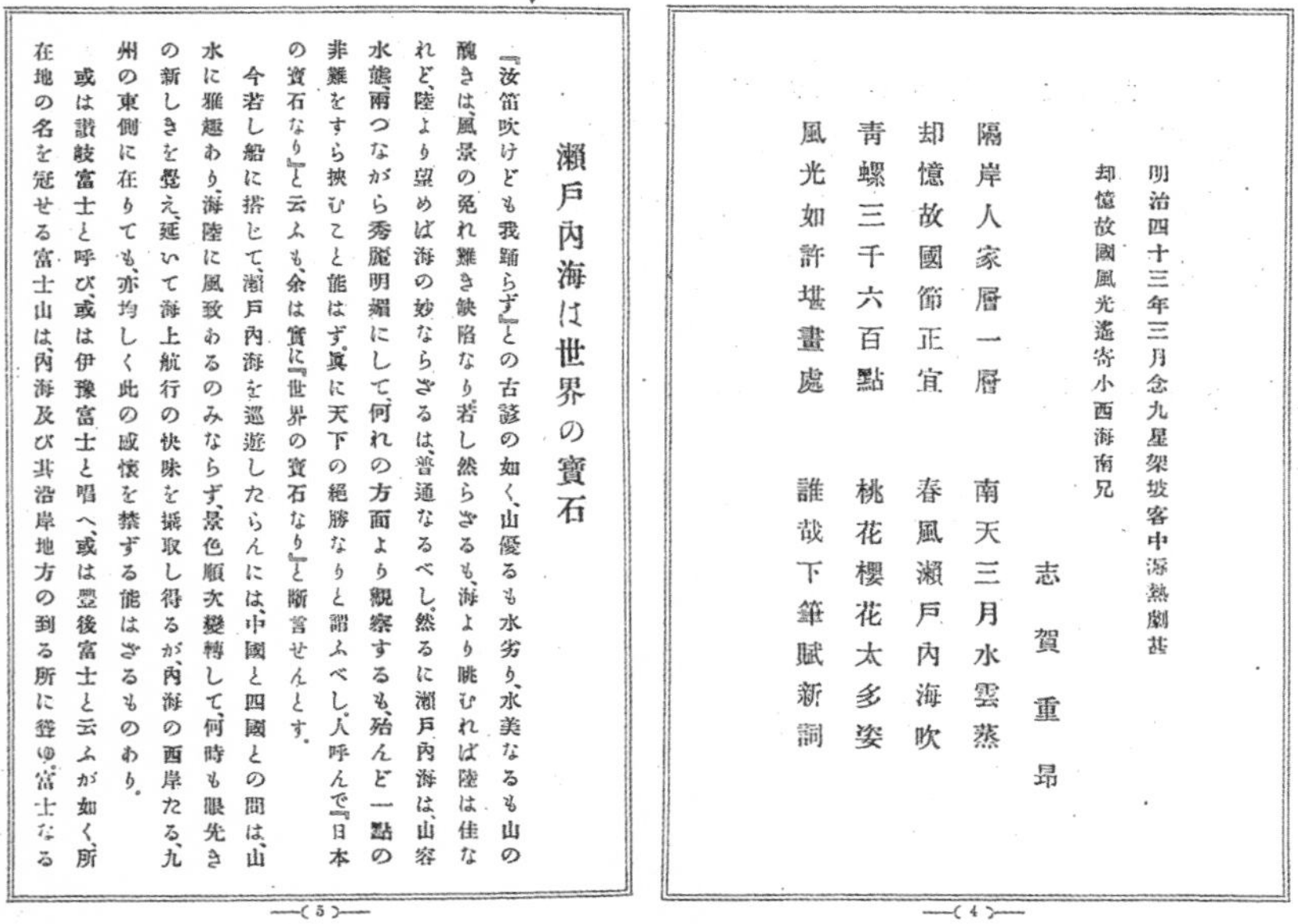

明治四十三年三月念九星架坡客中瘏熱劇甚
却憶故國風光遙寄小西海南兄

志賀重昂

隔岸人家層一層　南天三月水雲蒸
却憶故國節正宜　春風瀬戸内海吹
青螺三千六百點　桃花櫻花太多姿
風光如許堪畫處　誰哉下筆賦新詞

（4）

瀬戸内海は世界の寶石

『汝笛吹けども我踊らず』との古諺の如く、山優るも水劣り、水美なるも山の醜きは、風景の免れ難き缺陥なり若し然らざるも、海より眺むれば陸は佳なれど、陸より望めば海の妙ならざるは、普通なるべし。然るに瀬戸内海は、山容水態、兩つながら秀麗明媚にして、何れの方面より觀察するも、殆んど一點の非難をすら挾むこと能はず。眞に天下の絶勝なりと謂ふべし。人呼んで『日本の寶石なり』と云ふも、余は實に『世界の寶石なり』と斷言せんとす。

今若し船に搭じて、瀬戸内海を巡遊したらんには、中國と四國との間は、山水に雅趣あり、海陸に風致あるのみならず、景色順次變轉して、何時も眼先きの新しきを覺え、延いて海上航行の快味を擷取し得るが、内海の西岸たる九州の東側に在りても、亦均しく此の感懐を禁ずる能はざるものあり。

或は讃岐富士と呼び、或は伊豫富士と唱へ、或は豐後富士と云ふが如く、所在地の名を冠せる富士山は、内海及び其沿岸地方の到る所に聳ゆ。富士なる

（5）

写真20：新渡戸稲造の序文（冒頭）と志賀重昂の七言律詩

想像します。

写真21がその宣伝広告です。「応接室に飾る」「旅行中の退屈をしのぐ」ということが書いてあります。また地学雑誌（24巻1号）では、専門家がこの本を紹介しています。『日本の火山』（隆文館）などを著した小林房太郎が「瀬戸内海に関する地質地形気象生物海洋人文等あらゆる地文人文の諸項を網羅」などと書いています。

ところで、当時の宣伝広告というのは面白くて、『瀬戸内海論』が出て約半年後の三版発行直前の宣伝広告をよく見ると、東京朝日新聞ではこういうふうに書かれていましたとか、大阪朝日新聞ではこうでした、國民新聞ではこうでしたよと。國民新聞というのは今の中日新聞につながっていくようですけど、読売新聞にはこう、地学雑誌にはこう書いてあるということを紹介しています。

写真 21：『瀬戸内海論』の宣伝広告

さて、『瀬戸内海論』は、志賀重昂、塚越芳太郎らを意識しつつ、彼らに学びつつ、取り入れるべきは取り入れてまとめている。志賀重昂の影響は名所図会に似た絵を挿入しているところ、また塚越芳太郎の影響は「世界の公園」に変えて「公園」というワードを取り入れているところなどです。さらに、従軍記者の執筆活動を通じて体現した表現方法（グラフや絵など）、そういうものを惜しみなくちりばめてまとめている。言わば、瀬戸内海について分かりやすくまとめた文理融合の総合学術書が『瀬戸内海論』なのではないでしょうか。

それから、『瀬戸内海論』には様々なタイプの挿絵が盛り込まれています。野間さんの言葉を借りると、「当時のあらゆる製版技術を駆使して製作」している、まさに印刷技術のたっぷり詰まった宝石箱なんです。その当時の印刷技術が日本でどういう水準にあったかというのは『瀬戸内海論』を見ればある程度分かるということになるんだと思います。これは『瀬戸内海論』の少し違った見方かなと思います。

表現法の特長を整理すると、名所図会のような挿絵（写真22）を入れる一方で、地質断面図（写真23）や潮位のグラフ（写真24）、夕凪はこういうふうに起こりますよ（写真25）、潮の流れはこうです（写真26）などを一目で分かるように図示している。加えて、これは自分のオリジナルの絵ですよ、私の発案ですということを入れることを忘れていないんです（写真23）。さらに、目次で「別紙挿入の圖書」を一括して紹介していますが、そこにコロタイプ、銅版、石版、電気凸版、写真銅版、三色版、木版といった情報も載せています（写真26～28）。このような読者への配慮や宣伝などの結果、４円50銭の定価ながら半年ほどで三版発行に至ったのだと思います。

なぜ小西和の評価が低いのか？

そして39歳のときに、帝国議会議員になるわけです。戦争の影響がないように、戦後の日本人の平均寿命から私の方で大胆に試算してみたところ、１９１２（明治45）年の平均寿命は53歳ぐらいにな

写真 22 :『瀬戸内海論』の特色(1)

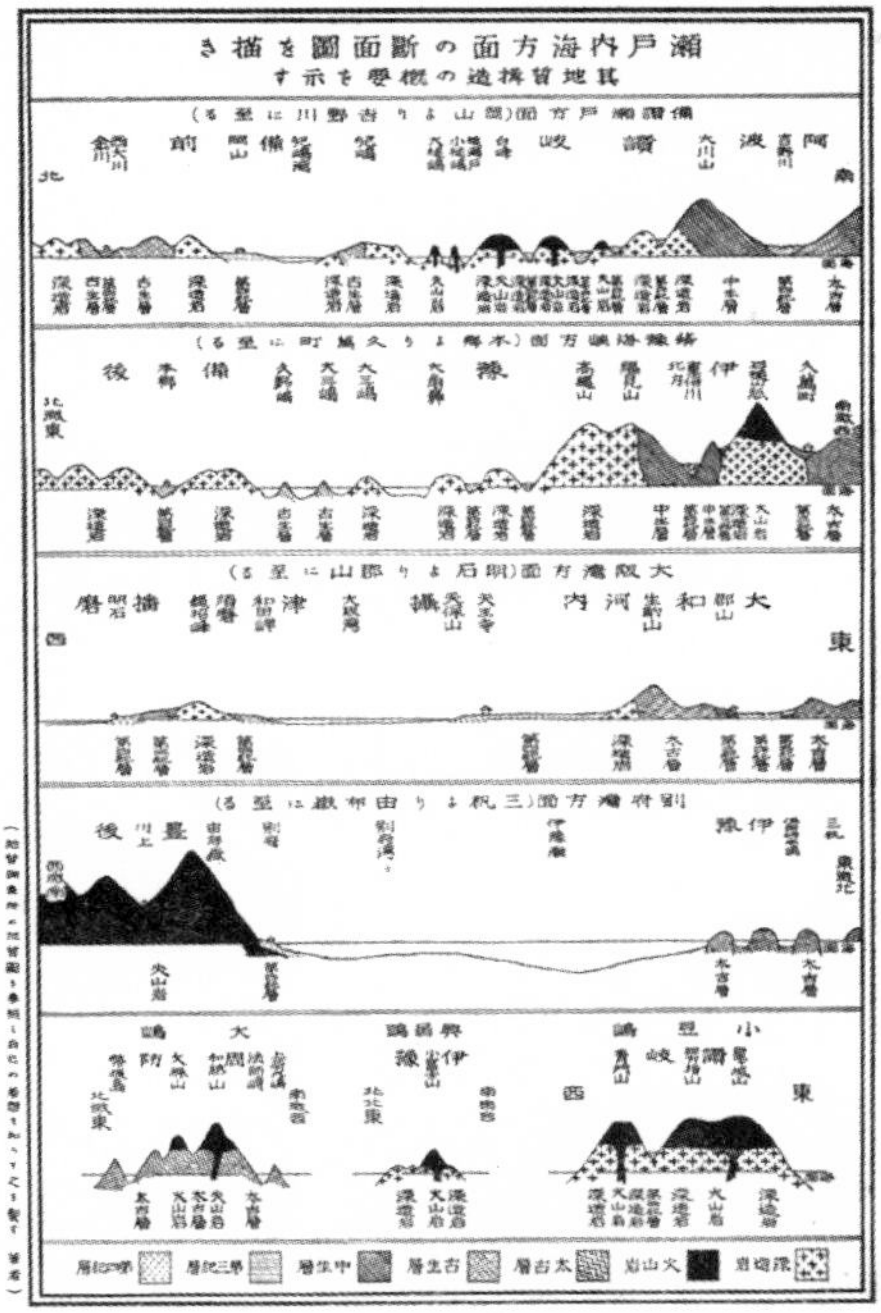

(地質調査所の地質図を参照し自己の着想を加えて之を製す　著者) と記している。(図中、左下)

写真 23 :『瀬戸内海論』の特色(2)

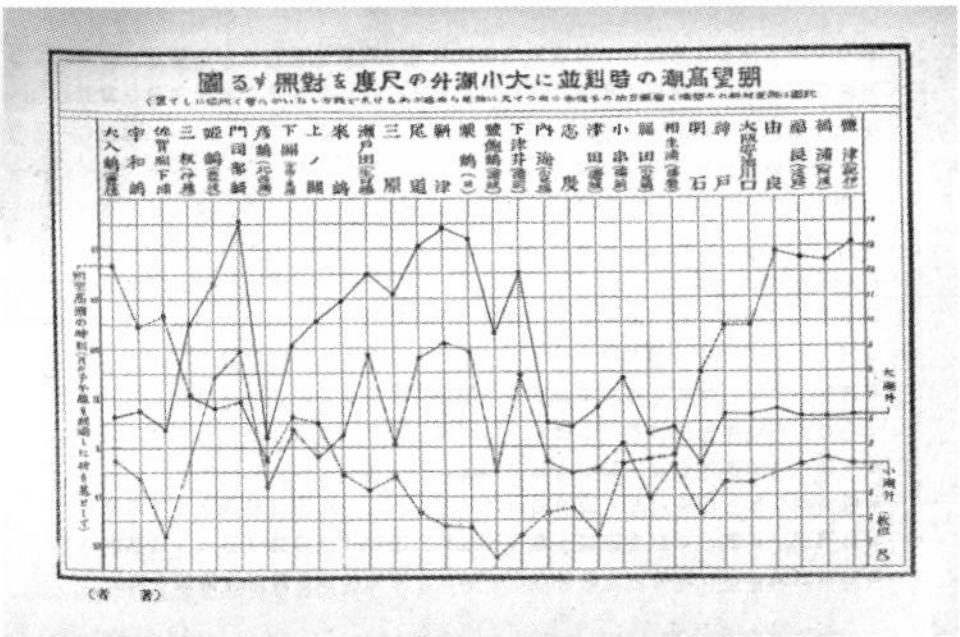

写真 24 :『瀬戸内海論』の特色(3)

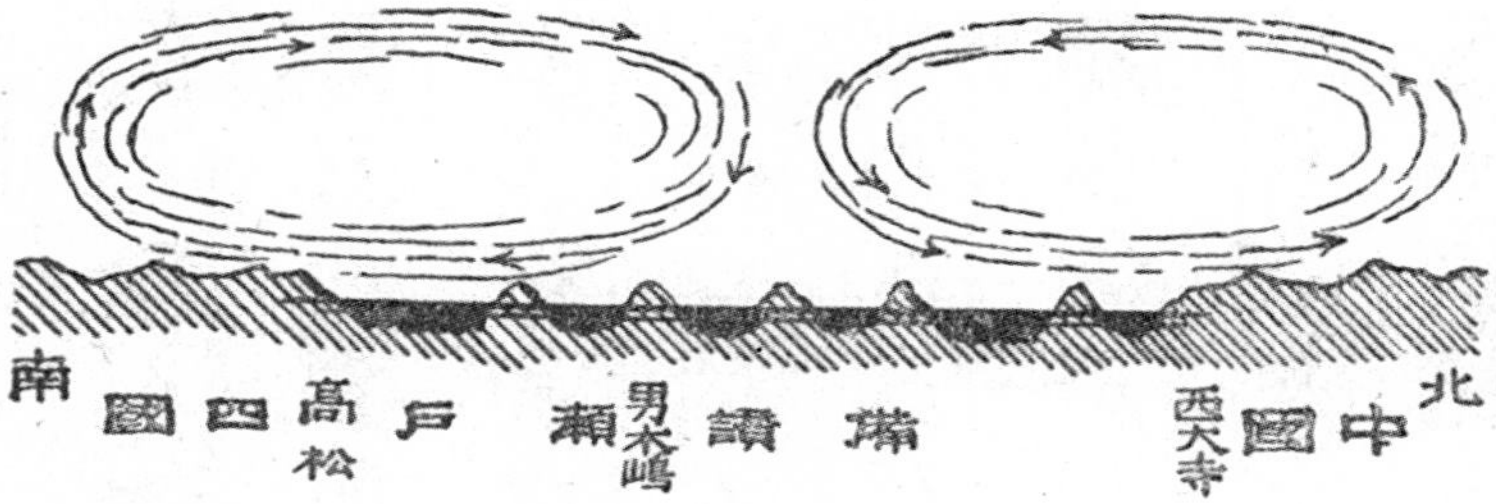

内海の夕《ユウ》凪《ナギ》の原因を示す圖（著者）

写真 25：『瀬戸内海論』の特色(4)

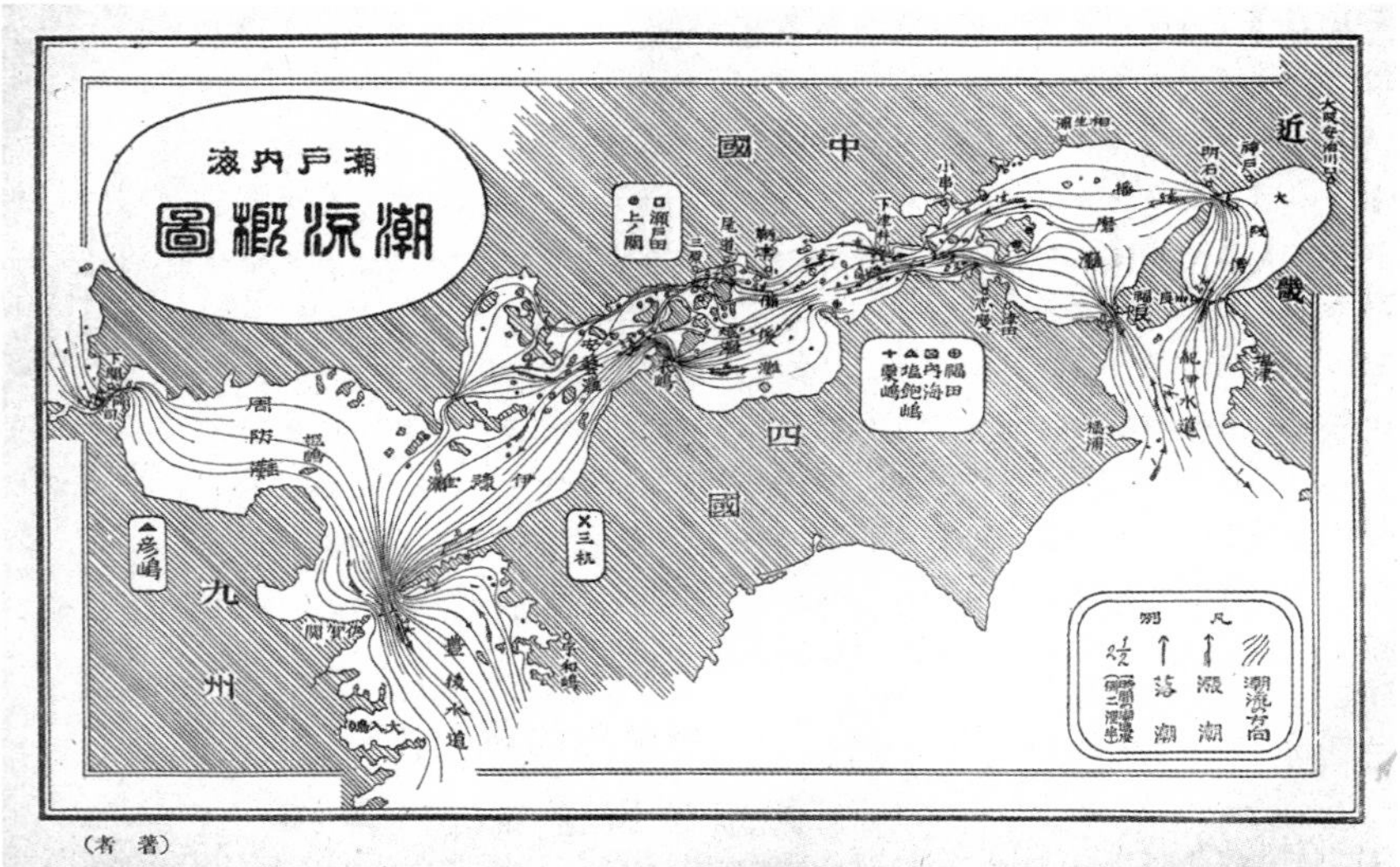

瀬戸内海潮流概図（電気凸版による）
写真 26：『瀬戸内海論』の特色(5)

燧灘の曉色 （岡田三郎助）

別府温泉と鶴見由布の二嶽 （高島北海）

（上）燧灘の暁色（岡田三郎助）（三色版による）
（下）別府温泉場と鶴見由布の二嶽（高島北海）（コロタイプによる）
写真 27：『瀬戸内海論』の特色(6)

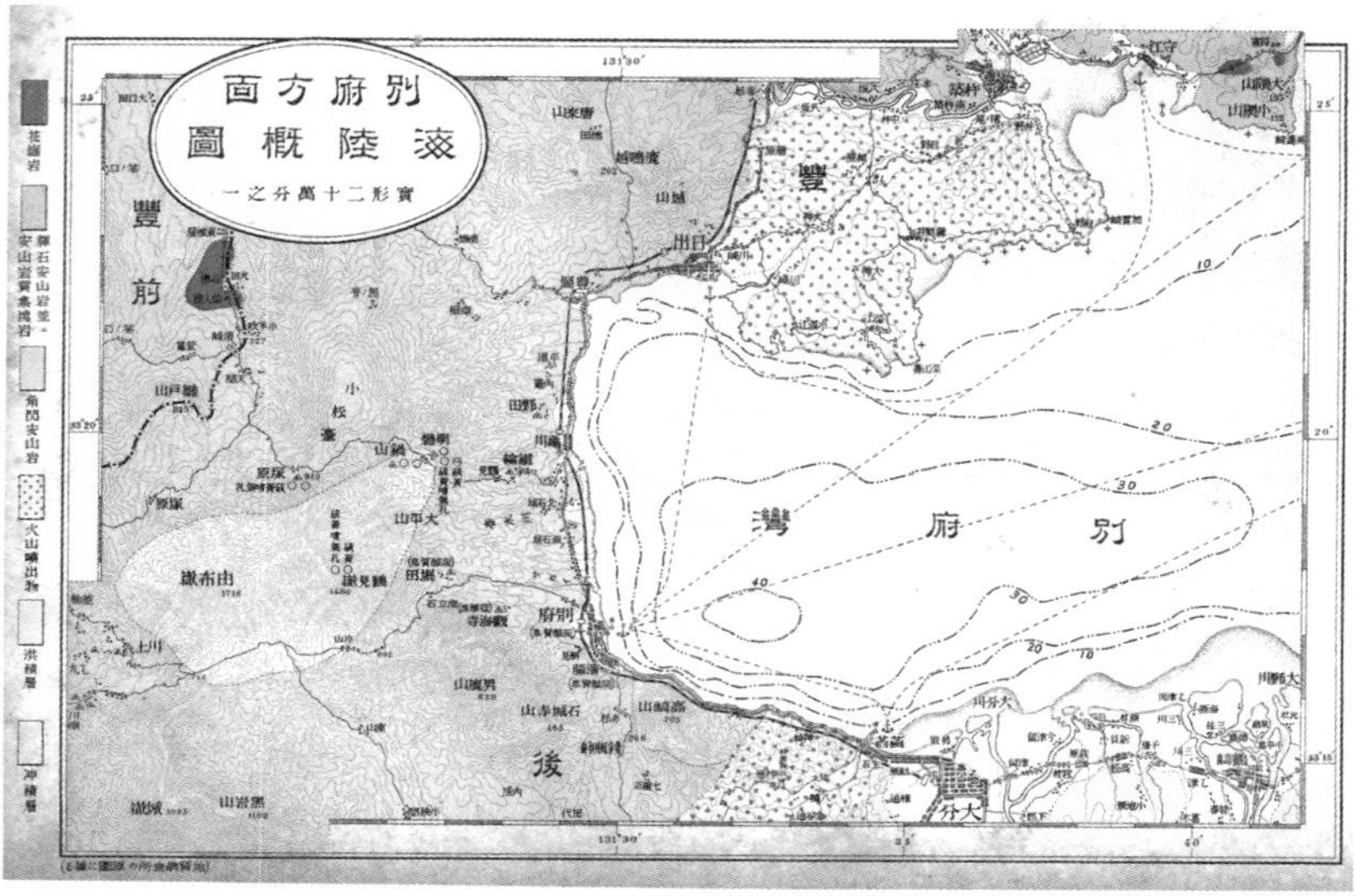

瀬戸内海方面の古圖

これは貞享四年(一六八七年)石川某が僧行基の作と傳へらるゝ大日本國正統圖を基礎として製作せるもの

(上)別府方面海陸概図(銅版、石版による)(下)瀬戸内海方面の古図(電気凸版による)
写真 28:『瀬戸内海論』の特色(7)

りました。この当時の人たちは、人生はおよそ50年と思っていたんじゃないかというのが私の推理なんです。この年齢を念頭に小西和は議員として何か人生の最後に残したいと思ったに違いないと。その一つが瀬戸内海国立公園であった。ただ、選挙結果を見てみると、、ちょうど国立公園の肝腎な動きのときに、小西和は下野しているんです（表3）。1921（大正10）年から内務省衛生局の実際の調査が、上高地から始まるんですが、そのときは帝国議会議員じゃないんです。それから、瀬戸内海国立公園指定時、このときもいない。そういうときにたまたま下野していたことが、小西和が評価されていない要因かなと思います。ただ下野しているときに、香川新報で国立公園選定に関する考えを示しています。海洋国の日本としては、瀬戸内海は当然じゃないかということを訴えています。もちろん議員のときには、「国立公園調査に関する建議」も出しています。後ほど水谷先生がいろいろ解説してくれると思うんですが、瀬戸内海国立公園というのは、当初は小豆島・屋島が中心で、そこから鷲羽山の風景が脚光を浴びてシフトするんです。だ

衆議院選挙名（回）	実施日	結果
第11回	1912（明治45）年5月15日	○
第12回	1915（大正 4）年3月25日	○
第13回	1917（大正 6）年4月20日	○
第14回	1920（大正 9）年5月10日	×
第15回	1923（大正13）年5月10日	○
第16回	1928（昭和 3）年2月20日	○
第17回	1930（昭和 5）年2月20日	○
第18回	1932（昭和 7）年2月20日	×
第19回	1936（昭和11）年2月20日	○
第20回	1937（昭和12）年4月30日	×
第21回	1942（昭和17）年4月30日	×

※内務省調査衛生局調査は1921（大正10）年開始

※瀬戸内海国立公園指定は1934（昭和９）年

表３：小西和の選挙結果と参考事項

から、香川県の風景が少しかすんでしまった部分もあったので、これも後の小西和の評価を妨げた要因だったのかなと思います。

改めて、小西和が正当に評価されない背景は、大事なときにタイミングが非常に悪く下野していたということではないかなと思います。実質的には、その前の１９３７（昭和12）年の選挙も敗れています。１９４２（昭和17）年の選挙が最後だったようですが、最後は静かに郷里で過ごしていたのでしょうか？　きっと、小豆島・屋島から鷲羽山のほうに関心が移ってしまって、瀬戸内海国立公園の中心も香川県から岡山県に変わってしまったことは本人もさぞかし無念だったと思います。

最後に、今回調べた結果を踏まえて私の考える小西和の人物像をまとめますと、文章や絵がうまい。それに字や漢詩も。百聞は一見にしかずで、何でも見てやろうみたいな部分があった。それから、勉強家。チャレンジ精神ももちろん旺盛です。そういうのをトータルで考えると、気骨あふれ、進取の気性に富む「明治の教養男子」ということになると思っております。

少し時間が超過しておりますけれども、このあたりで私の話を終わりにしたいと思います。ご清聴ありがとうございました。

【主要な参考資料】

西田正憲（１９９４）小西和と『瀬戸内海論』（國立公園 No.526）
津森 明（１９９９）小西和の景観論（高松大学紀要第32号）
※瀬戸内海論を口訳した阿津秋良（あづ・あきよし）の本名が津森明
町田三郎（１９９９）明治の青春一小西和の軌跡一（純真紀要 No.40）
山本一伸（２０１５）瀬戸内海国立公園の父 小西和の主な功績
（平成27年度香川大学瀬戸内海圏シンポジウム）
野間晴雄（２０１７）小西和の瀬戸内海論のまなざし（開西大學文学論集第67巻３号）

講演2

昭和初期の国立公園指定と瀬戸内海

奈良県立大学地域創造学部教授
水谷知生（みずたに　ともお）

専門は景観保全、観光史。主に国立公園の成立史など自然と人との関係史を研究している。

1985年京都大学文学部（人文地理学専攻）を卒業後、環境庁に入庁。主に、国立公園・野生生物など自然環境保全関係の業務に従事。その後、中国四国地方環境事務所長、近畿地方環境事務所長などを歴任。2016年より現職。

博士（学術）、技術士（環境部門）、測量士。

著書に『国立公園と風景の政治学』『47都道府県・花風景百科』など。


ただ今ご紹介いただきました水谷でございます。私のほうでは、「昭和初期の国立公園指定と瀬戸内海」ということで、お話をさせていただきます。

岡山倉敷市出身の田村剛《つよし》（写真1）という人は、「国立公園の父」だという話が先ほど佐山先生からありました。この人は、内務省の嘱託となってから、国立公園制度、選定に一貫して関わって、「国立公園の父」といわれています。1979（昭和54）年没です。1890（明治23）年生まれなので、年代的には小西和に遅れること17年、20年弱の年の差があり、活躍したのは大正期以降です。国立公園の仕組みづくりに関わった人物であります。

今回は、国立公園の制度面から瀬戸内海国立公園を見ていこうと考えています。話の流れとしては、一つ目は、国立公園も公園の一部ですから、明治期に最初に公園ができてから、国立公園という仕組みがどうやって出てきたのか。その中で、田村剛がどのように制度を考えて、どの場所を国立公園にしようと動いていったのか。田村剛は、瀬戸内海を国立公園にすることについてどう考えていたのか。先ほど佐山先生のお話の最後にもありましたけれども、最初に計画されたときには、実は「屋島及小豆島国立公園」という耳慣れない名前のプランで、それが「瀬戸内海国立公園」に変わっていったわけです。その過程と、田村が何を悩んでいたか。その話の流れで、瀬戸内海国立公園というものがどうやってできたのかを見ていただければと思っています。

写真1：田村　剛

国立公園は、自然の風景地を保全しつつ利用する場であり、自然と触れあう場所として利用していくということで指定されていて、現在全国で34カ所あります。この辺りだと、瀬戸内海があって、北側にいくと大山、四国にいくと足摺宇和海、九州で阿蘇、近畿で山陰海岸、吉野熊野、伊勢志摩、このようなかたちで国立公園が指定されているわけです。日本で最初に指定された国立公園は、１９３４（昭和９）年の瀬戸内海、雲仙、霧島（写真２）と言われています。昭和９年３月に指定されていて早いのですけれども、12月には阿蘇国立公園など、１９３６（昭和11）年２月には大山や吉野熊野などが指定されていて、実は１９３２（昭和７）年10月に、12カ所の公園を指定するということが既に決まっていました。その12カ所を順次指定していく中で、瀬戸内海、雲仙、霧島が一番準備が早く整ったので先に指定されたということで、12個がセットで選定されたと考えてこれからのお話を聞いていただければと思います。

現在の瀬戸内海国立公園の範囲（図１）は、東は六甲、和歌浦、淡路島から、西は関門海峡、大分県の姫島、国東半島など、非常に広域にわたっていますけれども、その姿になる前に、１９３４（昭

写真２：1934 年３月指定の３国立公園

和9）年から始まって拡張していくわけです。34年に指定されたエリアはこれだけ（図2）です。その後50（昭和25）年、56（昭和31）年に広がっていって図1のエリアになっていきます。実は34（昭和9）年に日本で最初に国立公園が指定されたときの範囲になる前に、「屋島及小豆島国立公園」というのが最初に提案されています。屋島と小豆島の陸のところの

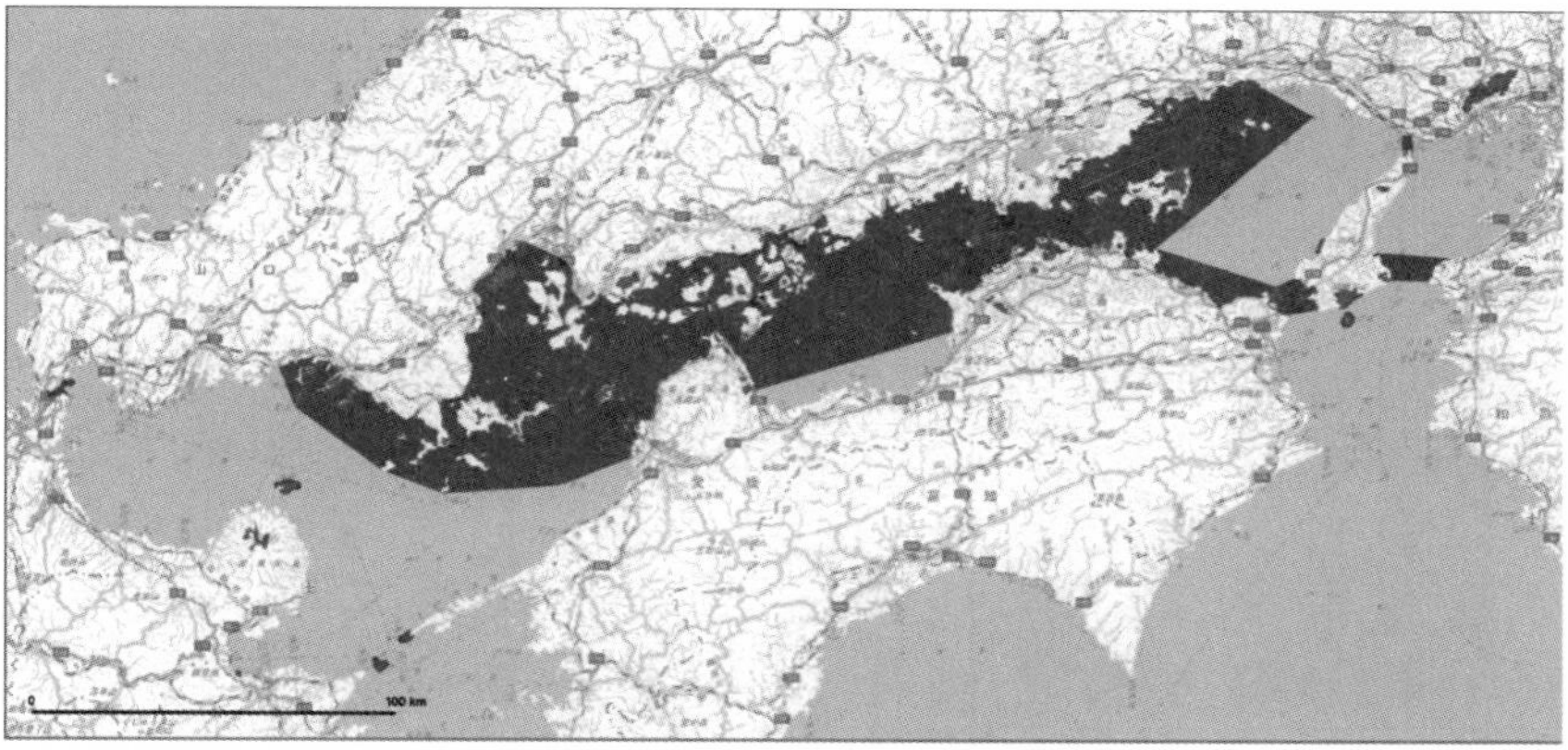

図1：現在の瀬戸内海国立公園の範囲

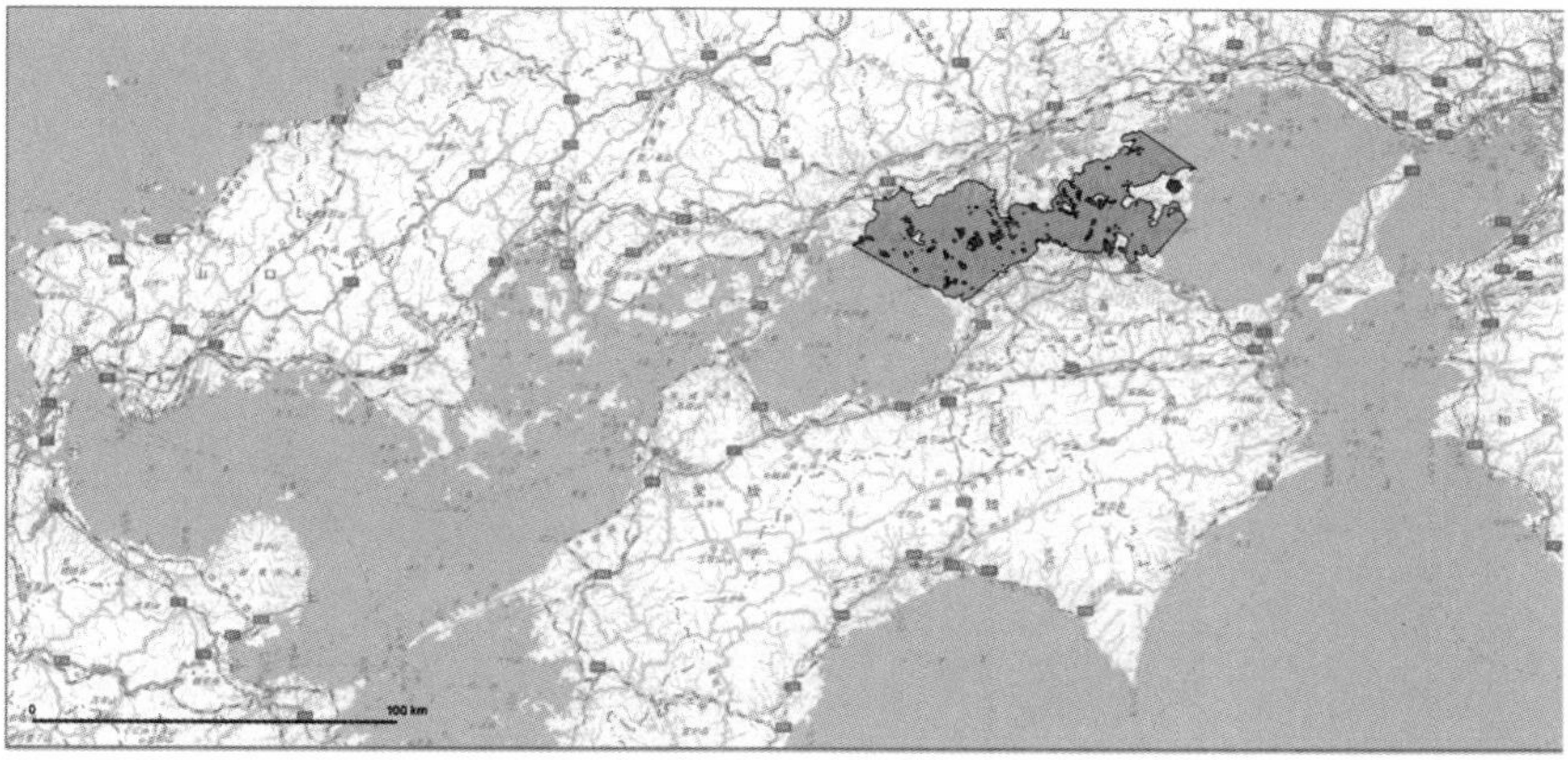

図2：1934（昭和 9）年3月 瀬戸内海国立公園指定時の範囲

二つだけを最初の公園の案として提示していて、本当にこの範囲でいいのだろうかと担当であった田村剛は非常に悩んだという話を、全体の流れの中で追っていければと思っています。

写真３：山城あらし山渡月橋

写真４：江戸浅草市

田村剛が公園の担当になるのは１９２０（大正９）年の話です（表１）。内務省嘱託となって公園の担当になります。内務省という役所は、現在の総務省、国土交通省、厚労省、警察庁くらいの機能を持った巨大官庁として戦前にあり、その中で嘱託となって、公園の担当ということで仕事を任されます。国立公園は公園の一部で、公園から発展して国立公園ができてきたということなので、まず、公園とは何かというところから話を見ていきたいと思います。

日本で、「公園」が名前として最初にできあがるのは１８７３（明治６）年です。江戸時代までの名所、嵐山（写真３）とか、浅草寺（写真４）や寛永寺、八坂神社といった社寺の境内など、市民が集まり楽しんでいた場所を

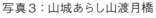

「公園」として定めて、長く市民の楽しみの場所としましょうということで、府県がどこを公園にすればいいのかというのを申し出て、設置されはじめたのが公園です。この時代の公園を「太政官公園」と言ったりしますけれど、こういう時代から公園の設置が始まっていました。

この時代は、昔の社寺境内地、名勝地、城が機能をなくすので城跡、栗林公園に見られるような大名の庭

表1：田村剛関連年譜

西暦	和暦	
1890	明治23	現倉敷市に生まれる
1915	大正4	東京帝国大学農科大学林学科を卒業。明治神宮造営局嘱託
1918	7	『造園概論』刊行
1919	8	東京帝大農学部実科講師。翌年「日本庭園の発達に就て」で林学博士 内務省衛生局保健課嘱託⇒公園行政を担当し、1921年から国立公園設置の調査を進める
1923	12	欧米の公園・国有林休養施設視察　～1924年まで
1927	昭和2	内務省嘱託に復帰
1928	3	台湾調査の帰途に事故にあい片足を失う
1929	4	財団法人国立公園協会設立。常務理事就任
1931	6	国立公園法が成立
1934	9	3月瀬戸内海、雲仙、霧島が日本初の国立公園に指定 1936年2月までに12の国立公園指定
1947	22	国立公園中央審議会委員
1949	24	尾瀬保存期成同盟発足、参加 財団法人国立公園協会再設立、理事長就任
1951	26	日本自然保護協会設立、理事長就任
1958	33	第6回国際自然保護連合（IUCN）総会出席、名誉会員となる 同会議で世界国立公園会議開催を提案
1960	35	日本自然保護協会財団法人化、理事長就任（～1966）
1962	37	IUCN主催第１回世界国立公園会議に名誉副会長として招聘 同会議で海中公園設置勧告
1967	42	財団法人海中公園センター設立、理事長就任
1979	54	田村剛 死去　88歳

園などを一般開放して公園にしたりということで、よく知られている公園は１８８７（明治20）年頃までに設定されたものが多いかと思います。この時代に、厳島も公園になっています。社寺境内やお城跡などに公園が徐々に設定されていって、市民が利用してきた名所が維持されていくわけです。

明治の初期はそんな感じで公園が設定されていくわけですけれども、その後の明治の中後期から名所の保存に関して二つの流れが出てきます。

一つ目が、「史蹟名勝の保存」ということで、明治維新のときに、廃仏毀釈や社寺の領地を明治政府が取り上げるといったことが行われた反作用から、昔から価値があったものは捨て去るのではなくてしっかり保存していかなければいけないだろうという動きが出てきます。古社寺保存法や内務省が名勝旧蹟の調査を始めたりと、史蹟名勝天然記念物を保存していくべきではないかという動きが出てきます。

もう一つは、アメリカに行く人が結構出てきて、アメリカでナショナルパークを見てきた人が「あれはいいいんじゃないの？　日本も似たような公園を設けたほうがいいんじゃない？」ということで、「国設の大公園を設置」したらどうかという動きが出てきます。この二つの動きを見てみます。

史蹟名勝の保存のほうは、１９１９（大正８）年に「史蹟名勝天然記念物保存法」という今の文化財保護法の前身になる史蹟や名勝や天然記念物という保存すべきものを指定することで現状を変更せずに保存していきましょうという動きができてきます。これは、内務省の大臣官房地理課というところが担当しているのですけれども、調査を始めて、それぞれ史蹟・名勝・天然記念物にふさわしいところを順次指定していくということになります。岡山、香川県で大正期に指定された史蹟名勝天然記念物をざっと見ていただくと、自然の風景地なども含まれる名勝という区分には、後楽園や栗林公園、自然の風景としては豪渓、寒霞渓辺りが指定されています。

これを全国で見ていきますと、自然の風景で名勝になっているのは、天橋立、松島、厳島という従来日本三景といわれていたところが真っ先に指定されていて、それ以外にも、旧来の日本の名所という評価がされていた場所が順次名勝に指定されていきます。瀬戸内海で見ていきますと、寒霞渓と厳島、それから鞆公園。鷲羽山が1930（昭和5）年に指定されて、次に鳴門。屋島は実は、史蹟と天然記念物には指定されていますけれども、名勝に指定されていないという若干不思議なことが起こっています。日本の名所と呼ばれていたようなところは、瀬戸内海も含めて各地で順次指定されていって、主要な名所の保存が進んでいくということで、点というかたちでいろいろな名所が保存されていく動きが出てきます。

そして、もう一つの動きとして、アメリカの国立公園にならったような、国が設置する大きな公園を作っていけばどうかという話が出てきて、1911（明治44）年に当時の帝国議会に対して、富士山を中心とした国設の大公園を設置したらどうかという要請が出ます。この要請は議員から帝国議会に対する建議ですので、議会で審議されます。そもそもアメリカの国立公園はどんなものかという説明を、木下淑夫《としお》（写真5）という人がします。この人は当時、鉄道院の営業課長をしていた人で、1873（明治6）年京都の久美浜生まれで、小西和と同年代です。鉄道院に入って鉄道事業の近代化に貢献したと言われていますけれども、一方でジャパン・ツーリスト・ビューロー（現JTB）を設立して、観光政策の礎を作った、観光政策の生みの親であるといわれている人です。この人は留学経験もあって、アメリカの国立公園をよく知っていたので、富士山を中心とする大公園設置に関して帝国議会で状況の説明をしました。その後、実は国立公園の検討を最初にし始めたのはこの木下淑夫であり、国立公園の父といわれている田村剛が最初ではないということです。

写真５：木下淑夫

木下は１９１４（大正３）年に先ほどのジャパン・ツーリスト・ビューローが出す雑誌『ツーリスト』の中で、国立公園を設置したらどうかということを書いていて、政府として取り上げたのが１９１６（大正５）年の大隈重信内閣です。第一次世界大戦が終わって、経済的に不況になってくる。お金もうけをする手段として、「漫遊外客誘致」、外国観光客を誘致したらどうかということで経済調査会で外客誘致施設について調査を行いました。そのときに検討を行った主メンバーが木下淑夫でした。検討の結果、１９１６（大正５）年９月に「風景の秀麗なる地方を選み国立公園を設置し（例へは箱根を中心とし富士山を背景とし其の山麓一帯を囲繞し伊豆半島に連亙《こう》する自働車週遊道路を築造し又は瀬戸内海一帯の勝地を包括し大遊覧地と為し遊覧快遊船を泛《うか》へ主要地点に簡便なる「ホテル」を設置する等）漫遊外客をして自然の楽境に悠々娯楽を盡さしむるか如き最好適の方法なるへし」との決議が出されます。自然の風景を楽しむ大規模な公園を国で設置したらどうか。ホテルも整備して、外国人誘客をしっかりしていこうと。そして具体的に検討対象とした風景地は、富士～箱根～伊豆をめぐる自動車周遊のコースと、瀬戸内海を遊覧船で巡るコースを例示として出しています。1916（大正5）年の国立公園の最初の政府の検討の段階で、この2カ所が国立公園のターゲットになっていたことが分かります。

では、そのまま国立公園設置に動くかというと、10月に大隈内閣が総辞職になってこの話は途切れてしまいます。やや時期尚早だと言われていて、本当に国がそんなものを設置できるのかという意見も片やあったという記録もあるので、政権が変わった段階で長続きしなくて、消え去ってしまうかたちになりました。

その頃、片や瀬戸内海に外客を誘致しようという話が起こっていて、先ほど佐山先生が紹介されました小西和の『瀬戸内海論』が1911（明治44）年に出ています。この中で、瀬戸内海は世界の公園であるということを言った上で、その後の1919（大正8）年に小西和が帝国議会に対して、「外客ノ招致及待遇ニ関スル建議案」と「名勝旧蹟其ノ他ノ著シキ事歴アル樹石並特殊ノ植物保存及利用ニ関スル建議案」の二つを出していて、瀬戸内海と富士山地方の二つが日本で言えば独特の景観で、外国人観光客を誘致するのに適当な場所であるとしています。これは、さっき見た1916（大正5）年の鉄道院の検討の結論と同じなのですけれども、この2カ所が外国人客を誘致する場所としていいだろうと。そういった場所にホテルや施設を整備するとともに、天然の風光明媚な場所は、天然の国宝として保存しながら利用していけばいいじゃないかということを、小西は政府に述べています。

もう一人、広島の新聞社である芸備日々新聞の主筆をやっていた前田三遊（写真6）という人が、外国人観光客を誘致するという意味では同じなのですけれども、ちょっと違った見方で1916（大正

5）年に「瀬戸内海共同設営論」を『ツーリスト』の中で発表しています。世界の公園であるというのはいいのだけれど、点在する主要な利用地点を、関係する各県がそれぞれしっかり整備していかなければ、瀬戸内海全体として外国人観光客を誘致するような世界の公園にはならない、各県が共同して整備していくべきだということを言っています。瀬戸内海は東西に広く関係県も多いので、そこが歩調を合わせて整備していく必要があるということも言っています。

鉄道院を中心として行われていた検討が頓挫してしまって、その後、では公園は誰が検討するのかとなると、実は本来の担当機関は内務省だということで、内務省で検討することになっていきます。

ちょっと話が複雑になるのですけれども、鉄道院の木下は観光面から国立公園を検討していました。そもそも公園というのは、先ほど見た１８７３（明治６）年の公園に関する太政官達が出て以来、内務省が実は担当しています。内務省は公園も担当していたし、史蹟名勝も担当していましたが、明治30年代くらいの古社寺保存法ができるあたりから、史蹟名勝のところは、内務省の中の社寺局というところが担当するようになりました。一方で公園は、内務省の中の衛生局が担当することになり、地理局にあった担当が二つに分かれていく（図３）ということになります。

公園は衛生局の担当になって、１９３８（昭和13）年に厚生省ができたときに厚生省の担当になっ

写真６：前田三遊

て、戦後もずっと厚生省の担当で、その後、1971（昭和46）年に環境庁ができたときに環境庁に移管されて、今は環境省が担当しています。都市計画公園の部分は内務省都市計画課の担当となり、戦後に建設省の所管となります。史蹟名勝に関する業務は、社寺局から内務省の中でちょっと移動して、1928（昭和3）年に文部省に所管が移って、現在は文化庁が担当しています。この頃役割の整理が行われたものが現在まで引き継がれており、大正時代に公園について検討するのがどこかと言われれば内務省の衛生局が担当になります。衛生局保健課長の湯澤三千男が田村剛を引っ張ってきて、内務省の嘱託として公園の検討をさせたところから、田村剛が出てくることになります。

世の中に、国立公園設置をしてほしいという要請はあった中で、帝国議会で国立公園設置について内務省はどう考えているんだという質問があって、当時の内務省トップの内務次官小橋一太が答弁をし

	公園＜　＞は都市計画公園部分	史蹟名勝	
1873（明治6）	大蔵省→内務省地理寮		1873年 公園に関する太政官達 1897年 古社寺保存法 1919年　都市計画法 史蹟名勝天然記念物保存法 1931年　国立公園法
1873（明治6〜）	内務省地理局		
1890年代後半（明治30年代）	内務省衛生局	内務省社寺局	
1910年代（大正前半）	内務省衛生局 ＜官房都市計画課＞	内務省官房地理課	
1928（昭和3）	内務省衛生局 ＜官房都市計画課＞	文部省宗教局	
1938（昭和13）	厚生省体力局 ＜内務省計画局＞	文部省宗教局	
1948（昭和23）	厚生省＜建設省＞	文部省	
1971（昭和46）	環境省＜建設省＞	文部省	
	環境省自然環境局 ＜国土交通省都市局＞	文部科学省 文化庁	←現在の担当部署

図3：公園と名所（名勝）を扱う担当機関

ています。なぜか例示が日光になっているのですけれども、国立公園になる日光などは、史蹟名勝地として保存するという面と、国立公園として相当の施設であるホテルや道路を造って外国人客を招待するという二つの面があって、その両面から公園を考えていきたいと思っているという答弁をしています。

当時、アメリカの国立公園は保全しながら利用するというタイプだったのですけれども、スイスは保全する場所としての国立公園で、日本国内でも、実はどういうかたちに国立公園を作ればいいのかという議論がありました。佐山先生の話の中でも植物学の三好学が出てきましたけれども、三好学や上原敬二は、スイスのような自然の保存をする場所にすればよいと考え、田村剛は、アメリカのナショナルパークを参考にして、日本で大規模な風景の保存をしながら利用していこうと考えました。この二つの考えがあって、それぞれがそれぞれ調査するという非常に不思議なことが内務省の中で起こりました。片や、史蹟名勝記念物調査会による大規模な名勝の調査が行われ、片や、内務省衛生局による利用と保全を考えた国立公園の調査が始まって、同じようなところで同じように調査をしていくことが進められていきます。

後者を担当したのが田村剛です。田村剛は最初に上高地に調査に行きます。上高地に行って、「国立公園候補地の絶景に驚いて帰京した田村博士　日本アルプスの美を語る」と新聞で報道（写真7）されます。報道の関心は非常に高く、どこが公園になるかと直接結び付いているので、逐一報道されるというかたちになってきます。白馬に行って日本アルプス全体を調査した後に、国立公園に当確だというような報道もされ、報道自体も結構過熱化していきます。一方、史蹟名勝天然記念物調査会のほ

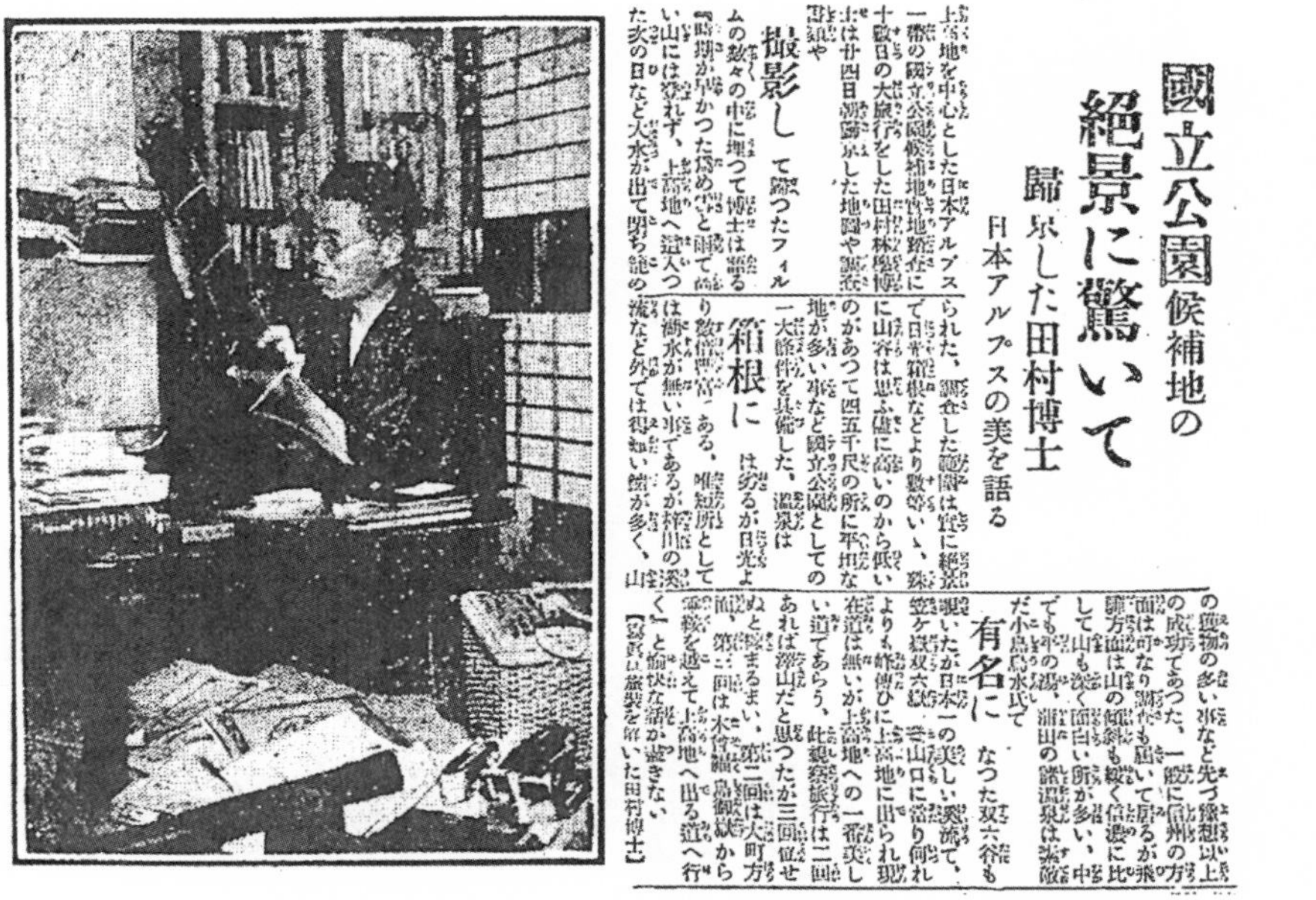
國立公園候補地の
絶景に驚いて
歸京した田村博士
日本アルプスの美を語る
撮影し
箱根に
有名に

写真７：新聞記事「日本アルプスの美を語る」

うも調査をしていて、富士山の公園化のようなことを言っています。実は内務省系の調査なので、どっちの調査かよく分からないまま報道しているという不思議なことが起こって、史蹟名勝天然記念物調査会の調査で行った原熙博士、東京帝大の農学の先生を、地元が、熊本の庭園調査に来たのに阿蘇山まで「見てくれ」と引っ張って行って見せたのだけれど、霧でよく見えなかったということが報道されています。地元の要望が非常に強いということが、こういった記事から分かります。霧に閉ざされて調査できなかった翌月にまた内務省から来るぞということで、実はそのときには田村剛が行きます。地元も二者の調査の区別がよく分からないまま、来てくれと要請していた姿が分かってきています。田村は見てきた後に、「いや、なかなか阿蘇はいいですよね。世界の阿蘇と評価できますよね」というようなことを言って地元は喜んでいます。地元へのリップサービスみたいなことも、結構田村はうまくやっていたことが記事を見ると分かってきています。

田村剛については、どうしても年をとった後の写真が多いのですけれども、1922（大正11）年の若かりし32歳の田村剛が調査していたときの写真（写真8）です。ジャケットを着てネクタイをして調査をしています。こういう姿が当時ふつうだったのだろうなと、調査風景も今想像するのとはやや違う感じでした。

調査を始めた頃、田村はどんな場所を国立公園にしたいと考えていたのか、新聞などに書いています。これを見ると、「日本の風景は山で代表される。従来の海の遊覧地避暑地の多くは自然が破壊されている。だから山がいい。高標高の山があって、湖があって、温泉がある場所がいい。面積は結構大きいほうがいい。山岳を代表するものは日本アルプスである」というようなことを記事に書いていたりしています。よく読むと別に瀬戸内海を否定はしていないのですけれ

写真8：調査中の田村（後列左から2番目）

ども、山が中心であるということが強調されています。

　これを見た小西和が、瀬戸内海はどうなっているんだ、1921（大正10）年6月から上高地や白馬の調査を始めていろいろな報道をなされている中で、何かおかしいぞと、「国立公園選定は瀬戸内海を以てするのが海洋国として当然」であるといった寄稿を香川新報に載せます（同内容のものが東京朝日新聞にも掲載、写真9）。この記事の切り抜きは先ほど佐山先生が写真で紹介されていましたけれども、何を言っているかというと、現在候補地として呼び声が高いのは日本アルプスであって、富士山なども調査をしているけれども、瀬戸内海がまったく閑却されているのはなぜなのだろうか。そもそも自分は、瀬戸内海の方面と富士山を中心とした2カ所が外国人客を誘致するのに良いと言っていて、その二つからやらないといけないと言っているのに何事だ。一体誰が調査をやっているのだ。「史蹟名勝天然記念物乃至国立公園の調査や選定に関係せるものは概して立派な人物に相違ないけれど（中略）斯る問題に対し全般の上から広く観察して最も適切な解決を下し得る人物と云ふ段になると遺

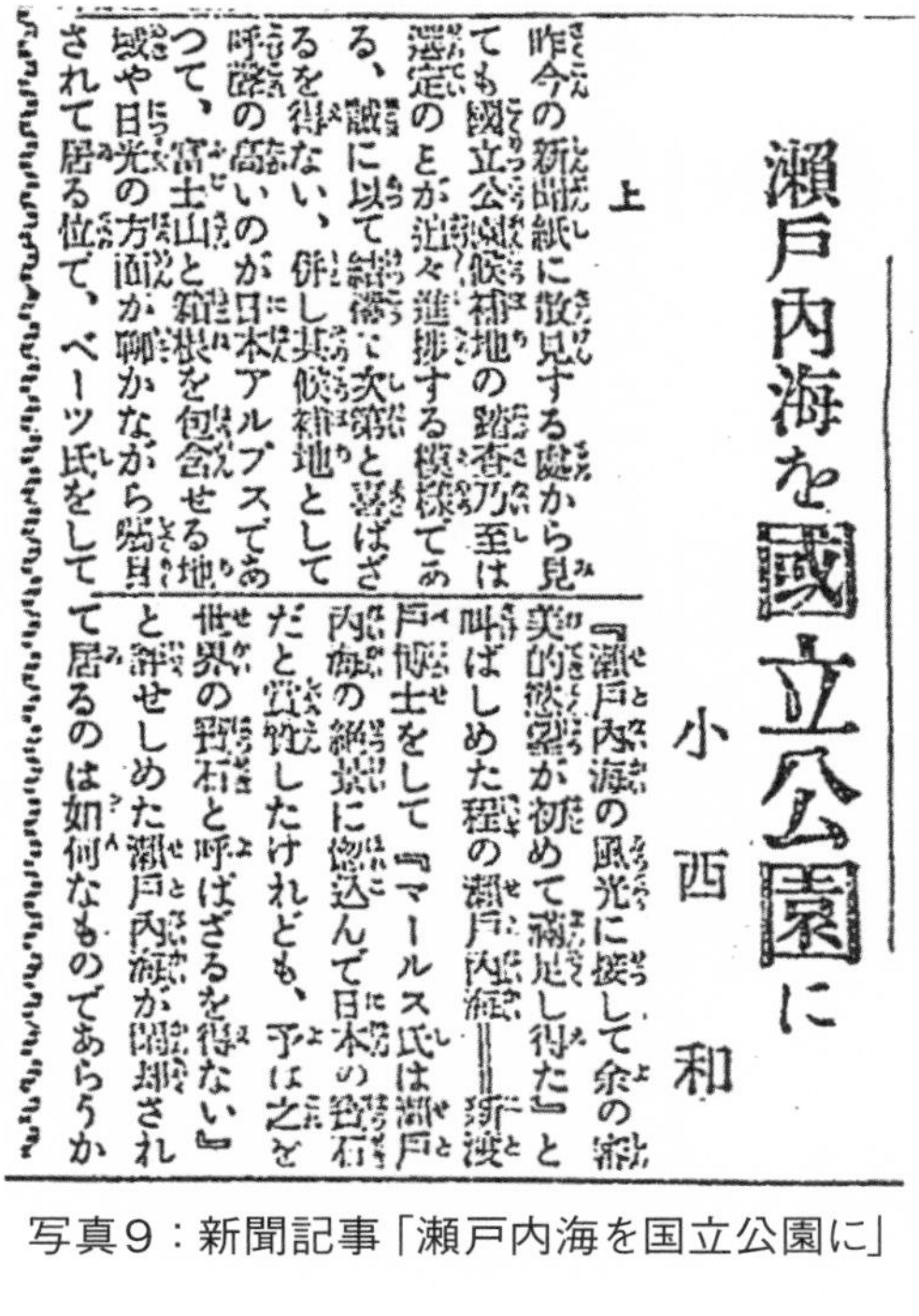
瀬戸内海を國立公園に
小西和
上
昨今の新聞紙に散見する處から見ても國立公園候補地の踏査乃至は選定のことが近々進捗する模様である、誠に以て結構な次第と謂はざるを得ない、併し其候補地として呼聲の高いのが日本アルプスであつて、富士山と箱根を包含せる地域や日光の方面が聊かながら矚目されて居る位で、ベーツ氏をして『瀬戸内海の風光に接して余の審美的慾望が初めて滿足し得た』と叫ばしめた程の瀬戸内海――新渡戸博士をして『マールス氏は瀬戸内海の絶景に惚込んで日本の寶石だと賞讃したけれども、予は之を世界の寶石と呼ばざるを得ない』と評せしめた瀬戸内海が閑却されて居るのは如何なものであらうか

写真9：新聞記事「瀬戸内海を国立公園に」

憾ながら欠陥なきを得ないのではあるまいか」と欠陥があるというように言っていて、誰が選んでいるんだ、ちゃんと見ているのかという怒りの気持ちが入った記事を書いています。真のアルプスの十分の一にも足らない日本アルプスを評価して、地中海よりもいいような瀬戸内海を全く評価もしないのが論外であるということで、怒っています。それほど、山を中心に調査がされていて、報道されていたということが分かるかと思います。

両方の調査は進んでいくのですけれども、史蹟名勝天然記念物調査会のほうの調査は、実は保全が中心だったので、地元の受けがあまりよくありませんでした。衛生局のほうは、保全しながら宿泊施設を作ろうとか、道路を作っていこうというようなことが入っていて、地元の受けがなかなかよいので、地元から要請があった場所を中心に継続的に調査が進められたのはこちら側になりました。二派あった調査は衛生局側に最終的には収れんされていくことになって、田村が中心となって調査したものがその後の国立公園調査のメインになっていくことになります。

史蹟名勝天然記念物調査会の調査では、いろいろな人が調査に関わっていたのですけれども、福田嘉太郎という東京帝大農学部の人は香川県出身で、香川新報に「讃岐と国立公園」という記事を10回にわたって連載していて、結構現実的に考えていた人でした。名勝の中心部というのは確かにしっかり保全しなければいけないけれども、その周辺部は利用しないと公園として機能を果たさないのではないかということで、中心部は保全、周辺部で利用をセットとして考えていくということを述べています。かなり現実的な考えを持っています。ただし、史蹟名勝天然記念物保存法は保存しかできないので、その法律に基づいた指定ではうまくいかないよねということで、最終的には調査が実を結ぶことはあまりなかったということになります。ただ、こういった香川県出身の人物がいたというのは、着目しておいていいと思います。

国立公園選定は全国の関心事で、各地から帝国議会に「うちを」「うちを」というような要請が出てくることになります。１９２１（大正10）年に調査が始まって、その翌年になると、全国のいろいろなところから要請が出ているということが記事で報道されています。ただ、瀬戸内海に関するものは、先ほど小西和のところでありましたけれど、あまり「ここを」というようなことが出てこない、淡路島の話が出てくるぐらいで、そんなに強く押されたかたちはないのです。それは、小西和が下野していたからというのが一つあるのかもしれません。

いろいろなところから要請がある中で、帝国議会で国立公園の予定地はどうするんだということを問われて、当時の衛生局長の横山助成が、16カ所調査を進めていきたいと答弁をしています。上高地、白馬山などがあり、「瀬戸内海の或区域」という微妙な言い方をしています。この16カ所は、既に調査したところもこれから調査するところもあって、それの調査を進めていきたいということを言っています。事実上、この16カ所の中から最終的に12カ所が選ばれていくことになっていきます。要請があったところは大体入っているのですけれども、松島が実は入っていなくて、地元の要望をベースにしているのですけれども、やはり山を重視していたという姿勢が若干ある気がします。

横山衛生局長が答弁をする前に、数カ所の調査は終わっていて、その後、小豆島・屋島、大山、十和田湖、立山の調査が行われた辺りで、実は予算もなくなって、国立公園の検討は一時中断状況になります。このままだめになるのかなというようなことで、いったん検討が下火状態になっていってしまいます。

その頃の社会的な状況を見てみると、実は下火になった後、1928（昭和3）年に、不況になったので何か金もうけの手段を考えないといけないということから、大隈内閣が考えたのと同じように、外国人観光客を呼んで来て外貨を獲得しようという話がまた出てきます。その流れの中で、経済審議会の中で検討されて、風景の保護開発によって外客を誘致する、国立公園をしっかり作って外国人旅行客を誘致すればいいじゃないかという決議が出て、また国立公園の議論が復活してくることになります。不況と対抗してまたこの議論が出てきました。

当時の外国人観光客は少しずつ増えていて、お金はいっぱい落としてくれる(図4)。ただ絶対量としては、ほかの国に比べると全然来ていない(図5)。これをもうちょっと増やせばもうかるんじゃな

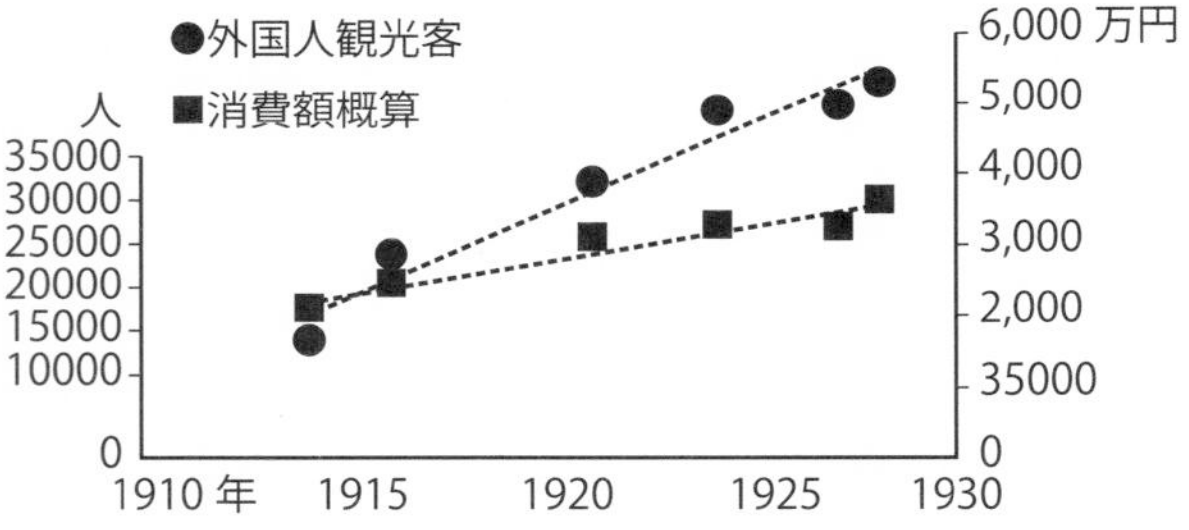

図4：来日外国人の推移

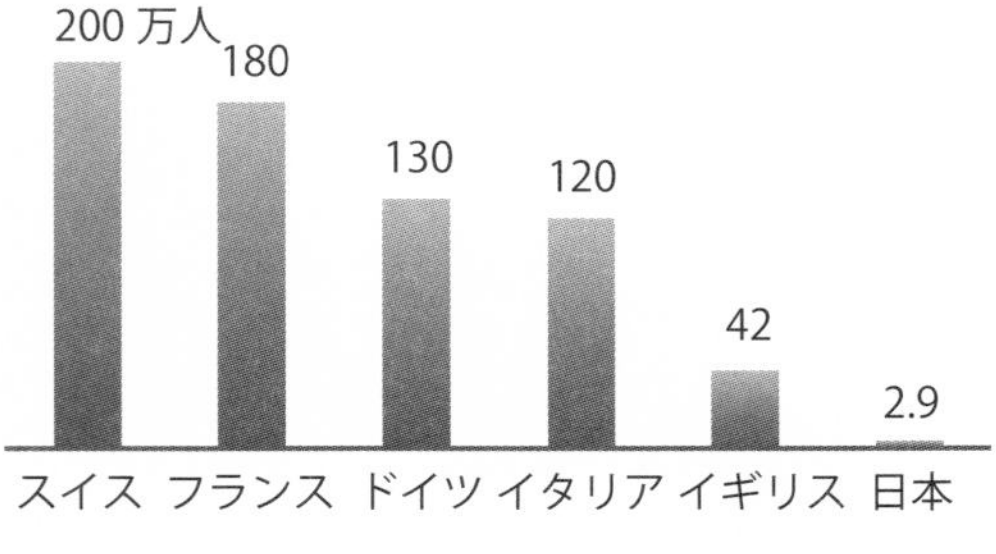

図5：各国への外国人訪問者数（1928年）

いかと。今でも外国人旅行客を招こうという話はずっと続いていますけれども、この当時も発想としてはまったく同じです。

田中義一内閣の後、浜口内閣に替わるのですけれども、内閣が替わって頓挫するのかというと頓挫しません。外客誘致はやはり必要だということで、別の審議会で引き続き議論されて、風景の保護開発によって外客を誘致しましょう、政府の部内に中央機関を設置しようという流れになって開発していこうという答申が出て、ここからは動きが速くなってきます。１９３０（昭和５）年の1月には内務省に国立公園調査会が設置されて、鉄道省には国際観光局が置かれて、外国人観光客を呼んでこようという動きが進んでいきます。国立公園に関しては調査会で検討されて、法律の案がすぐに示されて、ここから先は非常にスピーディーに進んでいくことになります。

１９３１（昭和６）年に国立公園法ができあがります。明治初期から太政官公園があったのですが、それは官有地、国有地でないと指定できなかったわけです。国立公園は非常に広い範囲を公園として指定する必要があるので、土地所有に関係なく指定できるといった仕組みとしました。その点で、それまでの公園と劇的に違った制度として国立公園は作り上げられました。指定された場所は土地利用に制限がかかって、公園の中に施設を作って人を呼んでくるということもセットになった仕組みとしてできあがっていくわけです。

仕組みはできた。ではどこを公園に指定するのかということでいろいろ調査をしていたわけですけれども、すったもんだがあって、12カ所の国立公園の指定になっていきます。その経過をザッと見ていきます。国立公園委員会が１９３１（昭和６）年11月に、国立公園選定方針を作って、選定特別委員会というのが作られて議論が進められます。１年くらい議論して、見に行って、12カ所を選定していくことになります。32（昭和７）年10月に12カ所が選定されて、その後、現地調査が行われて、34（昭和９）年と36（昭和11）年に12カ所の国立公園が指定されていくことになります。

指定されたのは図６の12カ所です。内務省は９カ所くらいがいいかなと思っていたのですけれども、議論していく過程で３カ所プラスされて合計12カ所になりました。その議論の過程はいろいろあるのですけれども、瀬戸内海は最初から候補地に入っていました。誰が議論していたのかというと、選定に関する特別委員会が設けられ、役所の関係者、林学博士本多静六、田村剛は事務局でありながら委員であるという立場で入っています。植物学の三好学もこのときかなり高齢ですが入っています。それから、ポイントになるのが脇水鉄五郎という岐阜出身の地学者で、名前を覚えおいてく

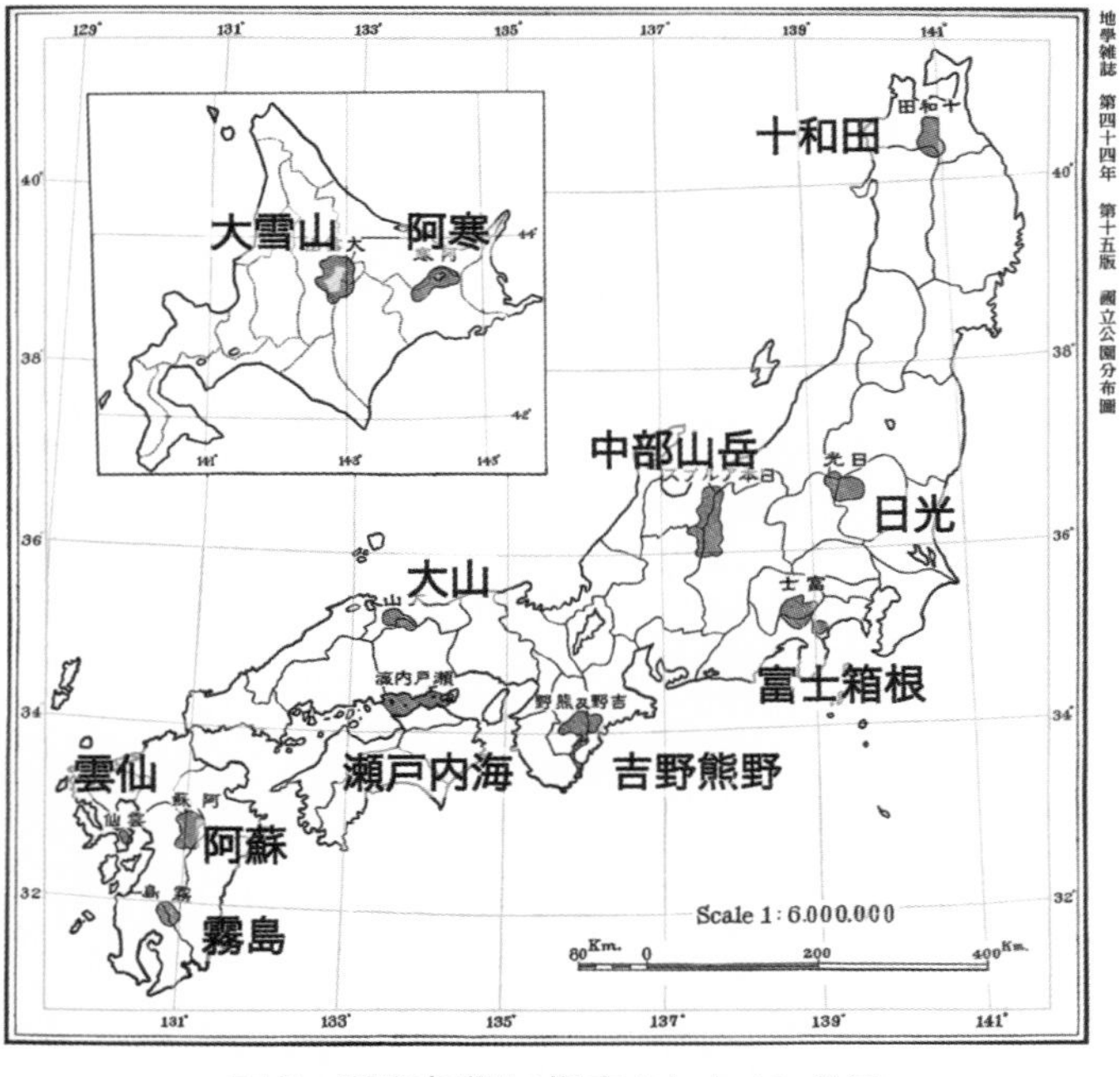

図６：昭和初期に指定された12公園

だされればと思います。こういったメンバーで、どこがいいのかという議論が1年くらい行われて、12カ所に絞られていくわけです。

瀬戸内海はどうなっていたのかということについてです。16カ所調査して3つが一つの日本アルプス国立公園になったので、合計14の計画図が１９３０（昭和５）年にできあがっています。瀬戸内海に関する候補地の地図は、「屋島及小豆島国立公園候補地」となっていて、寒霞渓と屋島の2カ所だけを公園にするという図面（写真10）です。国立公園調査会選定特別委員会も開かれ、この図面が最初に国立公園のかたちとして提示されて、議論に入ろうとしていたことが分かります。

その後区域案は変更されていって、写真11は１９３２（昭和７）年の最終的に12カ所設定したときの図面です。このときは、小豆島と屋島だけではなくて、海も島も含んだ広いエリアが「瀬戸内海国立公園」と名前を付けられて提示されていて、最終的にはこのかたちで瀬戸内海国立公園が12カ所の中の一つとして選定されていくことになります。その後いろいろ調査して、瀬戸内海国立公園が指定されています。この図面になかった地域も後で含まれています。

この指定にずっと関わっていた田村は、瀬戸内海を国立公園としてどう捉えていたのかという話です。田村が言ったり書いたりしたものは結構たくさんあります。それを総合してみると、実は彼の考えが相当揺れていたということが分かります（図7）。図の中の曲線は指定が難しいと思うか、指定ができると思うかのラインを示しています。１９２１（大正10）年頃は、ちょっとどうなんだろうなと思っていて、できるんじゃないかな、やっぱり難しいんじゃないかなと揺れ動き、最後には指定できると確信するに至るのですけれども、気持ちが行ったり来たりしているのは記事を見ると分かるので、

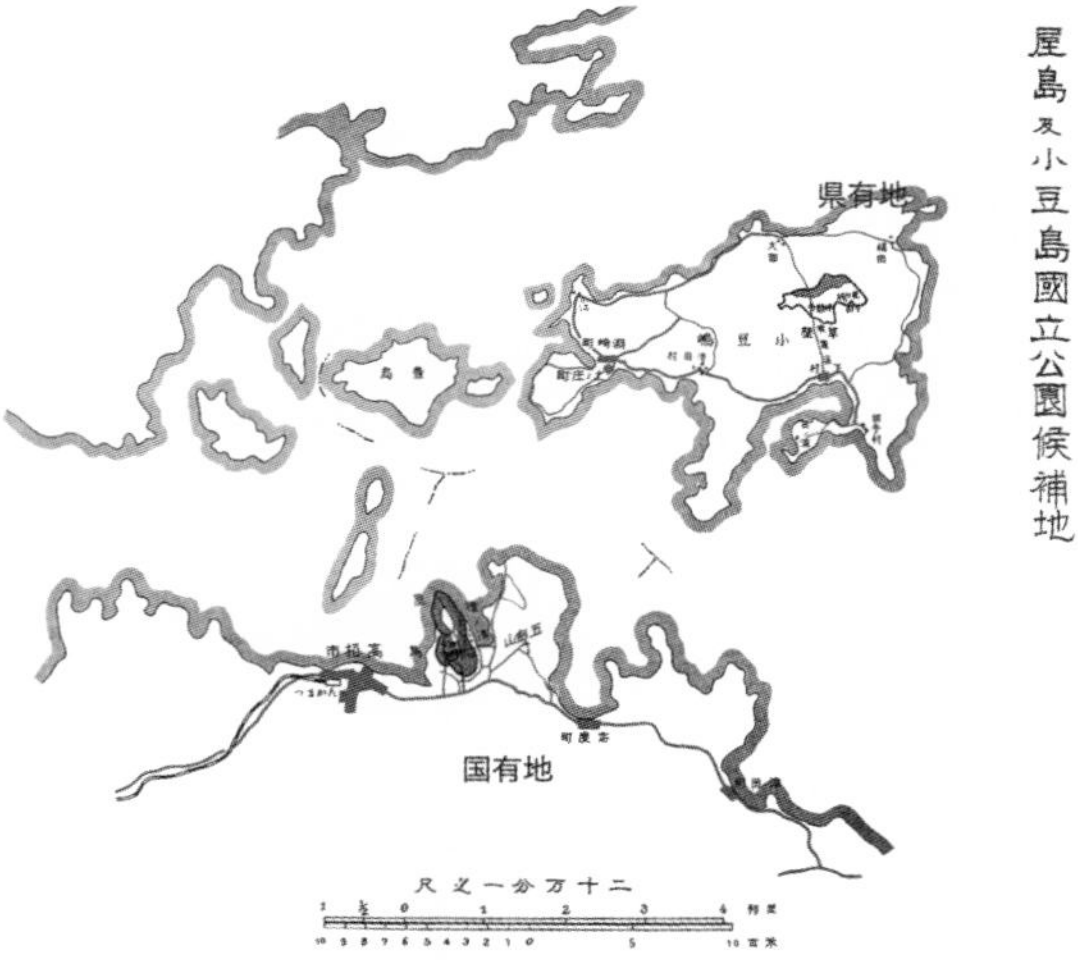

写真10：候補地地図（屋島及小豆島国立公園）

写真11：候補地地図（瀬戸内海国立公園）

それを少し追っていきたいと思います。

最初の頃は、海よりは山と言っていたということもあり、海の風景にはかなり否定的なことを言っているのですけれども、その後なんとなく評価する方向になっていきます。実際に瀬戸内海全体として公園にできるかどうか難しいとなったときに、屋島と小豆島という案が先ほどありましたけれども、それだけで本当に大丈夫かということでかなり苦悩して、そこに鷲羽山を加えることによっていいかたちになるのではないかと自信を深めていったという流れです。そこを少し細かく見ていきたいと思います。

田村が何を言っていたかです。1921（大正10）年6月から国立公園の調査を始めるのですけれども、その前にいろいろ書いています。1916（大正5）年頃、寒霞渓や屋島や厳島など、ポイントポイントでは評価していて、「瀬戸内海というのはいいかもしれないね」というのをなんとなく言っています。ただ、上高地や白馬の国立公園の調査を始める頃に、「海よりは山。瀬戸内海は世界の公園だと言われていて、誠にその通りであるのだけれども、ただ惜しむらくは公園としての経営上に幾多の欠陥があるのでなかなか難しかろう」ということを言っています。この記事は東京朝日新聞に書いているのですけれども、同じ頃山陽新報に「瀬戸内海の絶景を世界的の大公園に」（大正10年9月25日付、写真12）という記事があって、こ

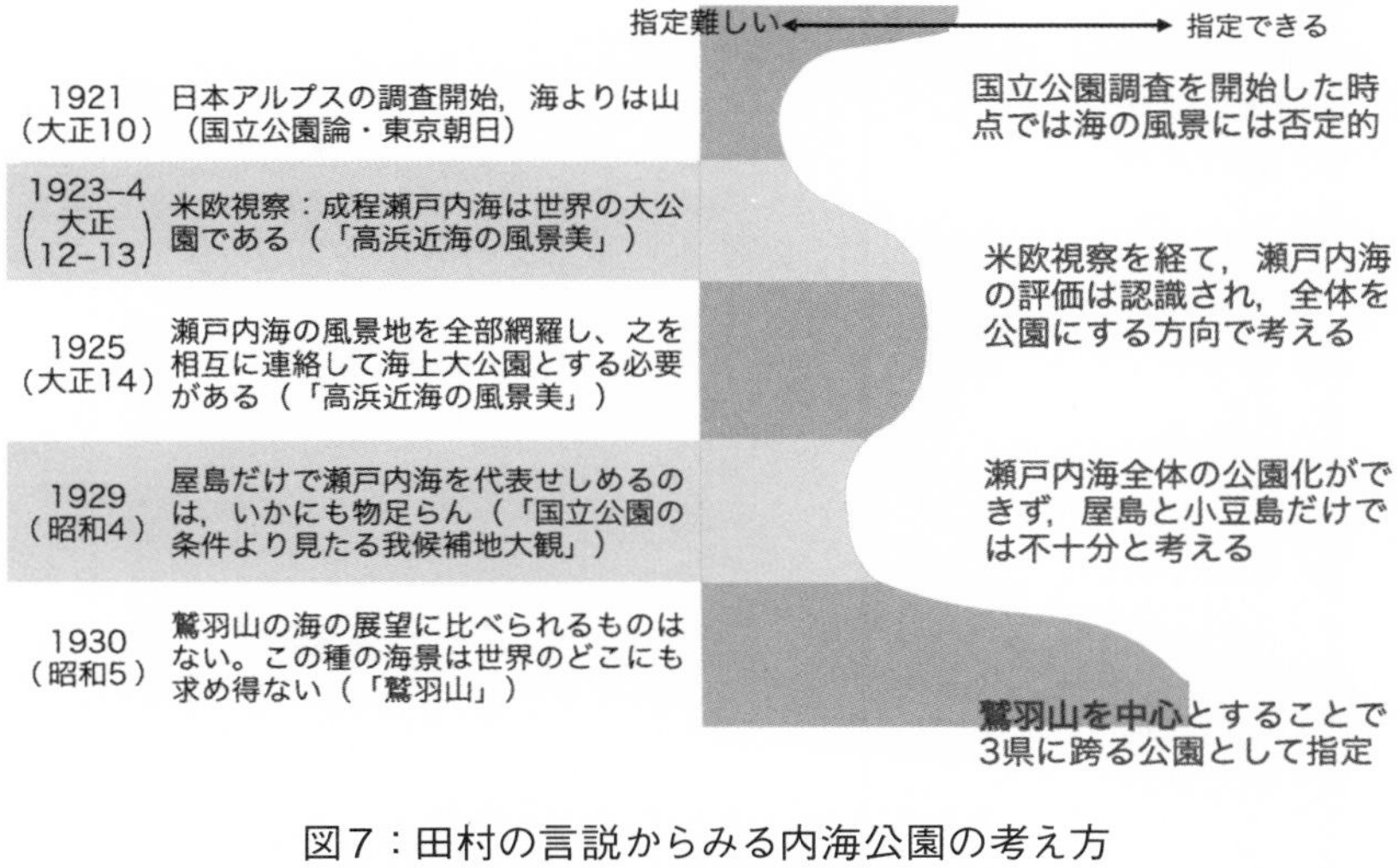
指定難しい
指定できる
1921（大正10）
日本アルプスの調査開始，海よりは山（国立公園論・東京朝日）
国立公園調査を開始した時点では海の風景には否定的
1923–4（大正12–13）
米欧視察：成程瀬戸内海は世界の大公園である（「高浜近海の風景美」）
米欧視察を経て，瀬戸内海の評価は認識され，全体を公園にする方向で考える
1925（大正14）
瀬戸内海の風景地を全部網羅し、之を相互に連絡して海上大公園とする必要がある（「高浜近海の風景美」）
1929（昭和4）
屋島だけで瀬戸内海を代表せしめるのは，いかにも物足らん（「国立公園の条件より見たる我候補地大観」）
瀬戸内海全体の公園化ができず，屋島と小豆島だけでは不十分と考える
1930（昭和5）
鷲羽山の海の展望に比べられるものはない。この種の海景は世界のどこにも求め得ない（「鷲羽山」）
鷲羽山を中心とすることで3県に跨る公園として指定

図7：田村の言説からみる内海公園の考え方

こに結構細かく考え方が書かれています。

瀬戸内海の絶景を世界的な国立公園にすればいいじゃないかという記事なのかというと、そうではなくて、よく読むと、瀬戸内海が国立公園として適当かどうかというのを自問自答しているような記事です。実は、小西和が瀬戸内海をなぜ国立公園にしないのかと怒った記事があって、その直後にこれを出しています。片や香川新報に出して、こちらは山陽新報に出しているのですけれども、小西の論を読んでそれに対する見解ということで、応答を意図していた可能性はあるんじゃないか、かなり意識して書いている部分はあると思います。

では、この記事の中で何を言っているのかというと、「瀬戸内海は果たして公園たり得るものであるか何うか……」ということから記事が書かれ始めていて、公園というのは人が遊んだり楽しんだりするところで、海面だけで公園になるわけがないじゃないかということを言っています。要は、島と海岸を含めたところが公園である。どのエリアを公園にすればいいのかというのは、結構ちゃんと考えないといけない。瀬戸内海の風景の点から言えば海の公園と言えるかもしれないけれども、公園と考

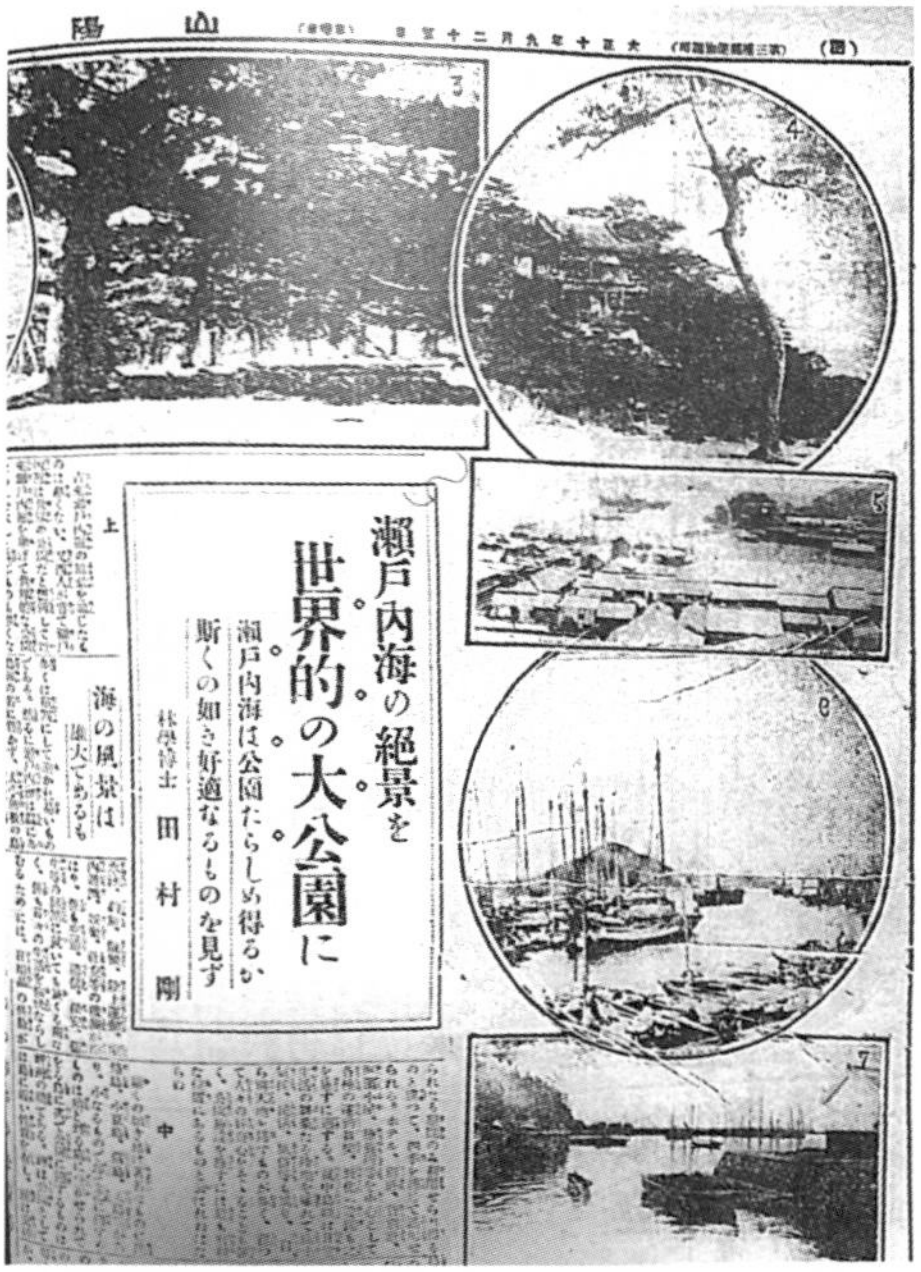
山陽

瀬戸内海の絶景を

世界的の大公園に

瀬戸内海は公園たらしめ得るか

斯くの如き好適なるものを見ず

林學博士　田村　剛

上

海の風景は雄大であるも

中

写真12：新聞記事
「瀬戸内海の絶景を世界的の大公園に」

えると島と海岸のどのエリアを入れるのか考えないといけない。水面だけでは公園にならないから、島や海のどの部分を公園とするのかはよく考える必要があるということを、非常に理屈っぽく言っています。島と陸のどこを入れるのか、何をイメージしたかというと、厳島が中心だろうと。西の中心は最初に佐山先生が紹介した別府、東の中心は小豆島、この範囲を瀬戸内海として捉えていて、それを一体として考える必要があるのではないかと言っています。

大正時代の瀬戸内海沿岸では、どういう場所を興味地点として人々が訪れていたのか。瀬戸内航路を運行していた大阪商船が１９１３（大正２）年に作成した遊覧図（写真13）や大阪商船の広報誌の中で見ていくと、１番が金比羅さん、厳島、道後温泉、別府温泉で、これらが最大の観光地です。次が寒霞渓ぐらいで、次が屋島、栗林公園かなというような重要度がこの図

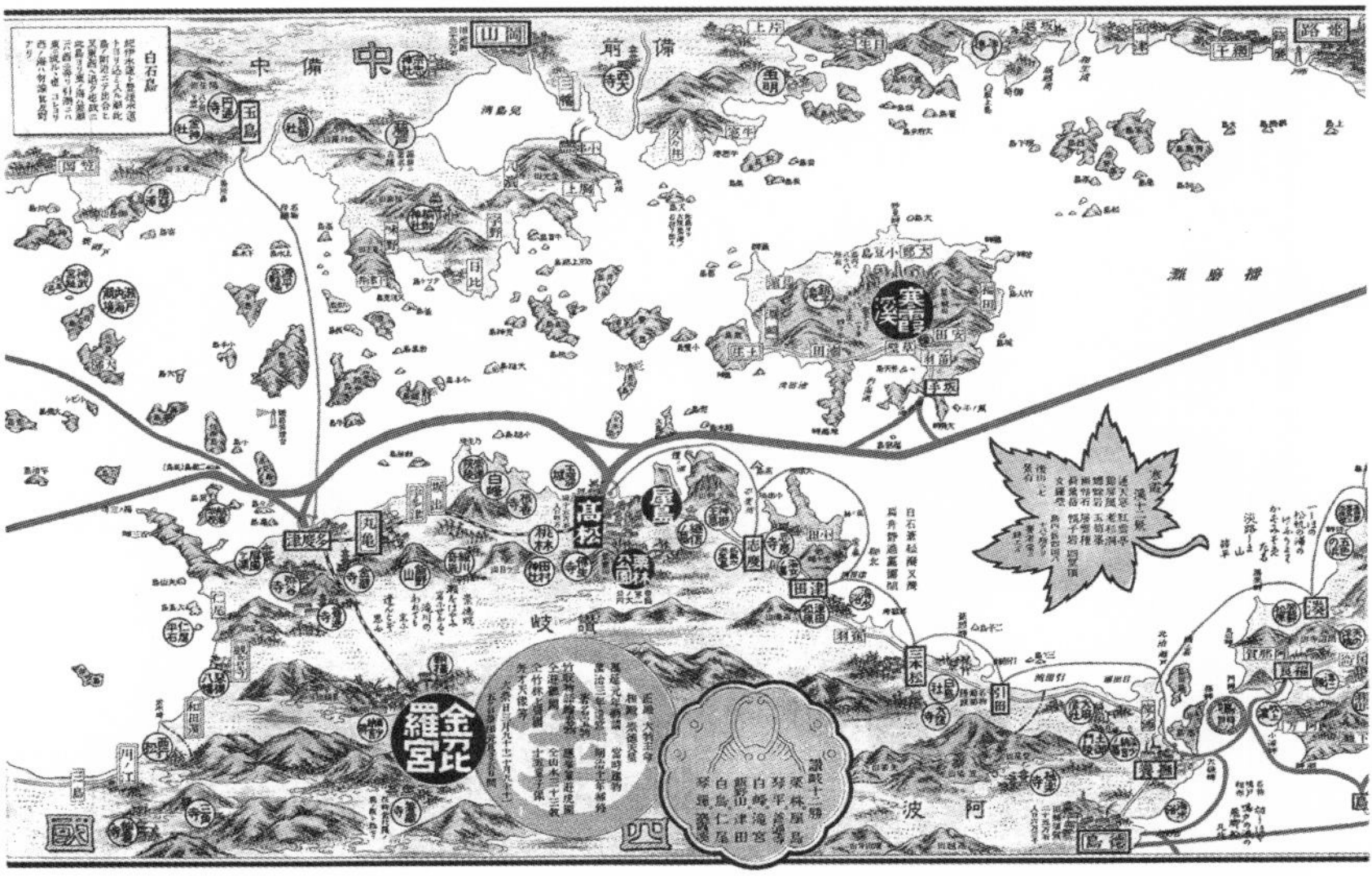

写真13：世界の公園 内海遊覧図

や紹介記事から分かっています。よく見ると、金比羅さんは大きな丸になっていて、寒霞渓は中くらいの丸で、屋島や栗林公園はさらに小さい丸になっています。これは1913（大正2）年の地図で、その後屋島は県が公園として整備に力を入れていきますので、もう少し丸は大きくなっていた可能性もありますけれども、当時、瀬戸内海の訪れる場所としてどこが考えられていたのかといったときに、このイメージが参考になるかと思います。その全体を公園にするということを、田村も考えていたということです。

ただ、瀬戸内海全体を本当に公園にするのか、その前に各府県で、香川県なら香川県が主要なところを公園としてしっかり作ればいいじゃないか。広島は広島で厳島をしっかり公園として作ればいいじゃないか。それが先決なんじゃないか。そういう主要地点にホテルを造って、それを結ぶ汽船を就航させて、港があれば、瀬戸内海は全体として公園だと言わなくても、世界的公園になるんじゃないかと。その頃の海外の国立公園では、海を含んだものがなかったということもあって、この時点で瀬戸内海を国が設置する公園とする必要があるのかどうかを、実は田村は整理できていません。本当に国立公園になり得るのかというようなことを書いていて、その疑問を投げかけて記事が終わっています。このときには、前田三遊が言っていた「瀬戸内海共同設営論」に近い考え、各府県でしっかり公園的な整備をポイントポイントですれば、全体を国立公園と言おうが言うまいが関係なく公園になるんじゃないのという考えを持っていたようです。

その後、内務省が調査地として、「瀬戸内海の或区域」を16地域の中に挙げていくのですけれども、直後に田村は、アメリカ、ヨーロッパの公園を見たことがなかったので旅立ってしまいます。1年半くらいいなくなって、その間に小豆島、屋島の調査は内務省のほかの技師がすることになって、実は田村は直接は小豆島、屋島の調査はしていません。

田村はアメリカ、ヨーロッパに行って帰ってきて、瀬戸内海は世界の公園であるということは随分言われ、ちょっと言い過ぎかなと思っていたが、海外を見てきたらやっぱり世界の大公園であることを信じるに至ったと。どこまで本心か分からないですけれども、世界の大公園という認識を深めて帰ってきます。その間に屋島と小豆島については調査をしているのだけれども、屋島と小豆島のように部分的に選定するのではなくて、瀬戸内海の風景全体を網羅して相互に連絡する公園とすべきだということを考えとしては述べています。それができるのかどうかという辺りが問題になってくるわけです。

瀬戸内海の名所は点在していたわけですけれども、広域に公園にすることはできなかったのかというと、結果として実はできませんでした。なぜかというと、戦後の国立公園中央委員会で語られているのですけれども、「東部淡路島一帯と西部芸予叢島（諸島）以西の一帯は指定の際軍事上の関係から除外の止むなきに至った」とあります。要は、人が行っても写真を撮ってはいけないという時代だったので、外国人客をいっぱい入れて訪問させるような地域にできるのか、それはだめだろうという話で、はなから公園の対象地にはなれなかったのです。１９２３（大正12）年の段階で、衛生局長が16地域を調査しますということを言っていますが、その中で「瀬戸内海の或地域」と少し濁しているのは、確証はないですけれども、実はこの時点で既に、瀬戸内海を広域にとはできないと分かっていて、軍事上のことを背景にして「或区域」と言ったのかとも推察されます。実際に調査したのは、そこから外れている小豆島と屋島で、瀬戸内海全体を公園にするのはなかなか難しかったという状況です。

話がちょっと変わるのですけれども、１９２９（昭和４）年頃に、鷲羽山の眺望が良いという記事が山陽新報にちらちらと出てくることが見られます。一つ目が同じ29（昭和４）年７月の山陽新報の記事です。山本徳三郎という、治山事業を担当をしていて山陽地方の山をよく観察して歩いたといわれる岡山県の技師が、「鷲羽山絶頂の大見晴らしこそはいい。この展望は、内海の景勝を一手に引き受け、日本百景、それ以上の価値がある。瀬戸内海を中心とする国立公園ができたら、その遊覧船は、鷲羽山麓に上陸してその絶頂を極めるべきである」と言って、眺望が良いことを評価して紹介しています。それを追いかけるように山陽新報の記事として、「展望が良い。国立公園を設けるならば、必ず屋島か下津井付近を入れるべきであろう」ということで、鷲羽山の眺望が世の中にやや知られるようになったのは、この時期でした。

再び田村、内務省の話に戻りますけれども、国立公園の仕組みを作るという話が徐々に進みつつあって、調査はしているのだけれども、屋島、小豆島だけだとちょっと不足だよねというようなことを田村はつぶやき続けます。片や、国立公園調査会が設置されて、ここしか調査していないということもあって、先ほど見たような「屋島及小豆島」という資料を作らざるを得なくなるわけです。この案を準備して議論はどんどん進むわけです。そんな中で、選定委員として先ほど挙げた脇水鉄五郎が鷲羽山を訪れます。１９２９（昭和４）年の夏くらいに山本徳三郎の記事などが出ていて、どこでどういうふうに知ったのかというのは状況がはっきりしないところがあるのですが、翌30（昭和５）年５月に国府犀東と脇水鉄五郎が名勝天然記念物の調査に訪れたときに、鷲羽山も訪問する機会が得られて、このときに脇水は鷲羽山からの展望を非常に評価します。5月に行って、10月に出た『日本地理風俗大系』というシリーズものの本の中国地方篇で、巻頭の写真として下津井鷲羽山（写真14上）からの多島海と宮島（写真14下）が、中国地方の代表的風景だと早速紹介するということがあって、いきなり鷲羽山からの風景が知れ渡るようになっていきます。脇水は、『日本地理風俗大系』の編集に関わっていたということもあり、鷲羽山を推して写真も撮らせて載せたというのは大きかったんじゃないかと思います。

選定委員の脇水が5月に調査をして、その後11月に田村も訪れます。田村は、「鷲羽山に登つた。そして私は意外な絶勝を発見して暫くはうつとりとして無言でいた。恥かしいことに、私はこうした風景が郷里にあろうとは夢にも知らなかつた」と書いています。倉敷市出身ですから近いと言えば近い。それでも知らなかった。「先に、脇水博士が超八景（日本八景を超えるような八景）という讃辞を与えたそうだが同感。日本アルプスのような山は欧州にもカナダにもある」。向こうが本場なわけですけれども。「しかし鷲

写真14：『日本地理風俗大系 X中国地方篇』の巻頭写真
（上：下津井鷲羽山、下：宮島）

羽山の海の展望に比べられるものはない。この種の海景は世界のどこにも求め得ない」と言って、激賞するということになります。ここで、鷲羽山というものの位置付けが田村の中で初めてできあがっていきます。

片や法律ができて、どこを選定しようかという議論が進んでおり、先ほどの屋島、小豆島国立公園という案が議論されかかっている中で、バタバタッと、小豆島、屋島だけではなくて下津井、鞆も含めた地域をもう一回田村は自分で調査して、どの範囲を公園にすればいいのかというのを考えます。こうして鷲羽山を中心として、陸だけではなくて海の部分を公園に含めるというかたちで、まとまった地域を公園にするという案を作ることができました。この海を含めるという発想がどこから来たのかはちょっと分からないのですけれども、海面を入れることで、地図の上で示し得るようなまとまった区域にすることができたということです。

ようやく「瀬戸内海国立公園」という名前もついて、国立公園の姿ができてきたのが１９３１（昭和６）年の後半で、検討が進んでいた国立公園調査会に、これがありますよと提案ができました。国立公園調査会の検討にぎりぎり間に合った、鷲羽山の価値が分かった上で、それを中心に公園の計画を組み直すという作業がバタバタと行われて、瀬戸内海が国立公園になったという経過が分かってきています。この後、そのエリアに調査に行ったりと、粛々と調査が進められて指定に至るということになっていきます。国立公園指定の範囲が屋島及小豆島から瀬戸内海にガラッと変わったのが、１９３０（昭和５）年から翌31（昭和６）年の間というかたちになります。

なぜ屋島・小豆島では瀬戸内海国立公園にならないのか、まず、そんなに眺望が違うのかということです。写真15は鷲羽山からの眺望です。１９８８（昭和63）年に本四架橋が架けられてこのようになっています。写真16は屋島からの眺望です。多島海ですね。屋島は北嶺と南嶺とに三つ展望地点があって、南嶺からは半分半分しか見えないのですけれど、多島海としてはそこそこなのではないかと思います。

我々がどういう風景を良いと感じるかは、いくつかのパターンがあると言われています。見下ろすような風景の場合には、大体視線は水平からマイナス10度くらいのところを見ているといわれていて、この辺りに見たいものがあるのが一番いいと感じるポイントになります。マイナス２度より遠くに見るものがあると、すごく広がった風景だと感じることができるということが言われています。多島海の場合は、マイナス10度のところが陸だと良くなくて海であり、マイナス２〜４度の間に島が点在しているといいと感じると言われています。

鷲羽山からの眺望を見てみますと、確かにマイナス10度のところが海で、マイナス２〜４度くらいに島が点在しています。マイナス10度のところに陸があるとやはりちょっと違うかなという気がするので、鷲羽山からの展望は理にかなった数字に

写真15：鷲羽山からの眺望（上：瀬戸大橋架橋前、下：架橋後）

あったものだとなります。それで屋島を見ると、やはりマイナス10度くらいのところに海があって、マイナス2～4度くらいのところに島があります。やや女木島が大きいのですけれども、島が点在する風景としては、鷲羽山と遜色はないと考えられるわけです。それから小豆島から見るとどうかというと、実はマイナス10度のところは陸で、多島海の風景としてはちょっと違うかなと思います。小豆島はいくつか展望地点がありますけれども、なかなか理にかなった多島海の風景にはなりにくいなというところがあります。

多島海の風景として、鷲羽山も屋島も見栄えはどちらも秀逸です。公園としての区域と考えるとどうなのかというと、田村は、「公園として経営するならば瀬戸内海の風景地を全部網羅し、之を相互に連絡して海上大公園とする必要がある」という考えでした。軍事上の理由で一部しか指定できないとしても、小豆島、屋島では香川県だけに限定されて、広く風景地を相互に連絡して、国が公園として設定する意味がない。小豆島、屋島だったら県がやるべきだということで、国が設定する公園としての意味があるのかどうかということを悩んでいます。

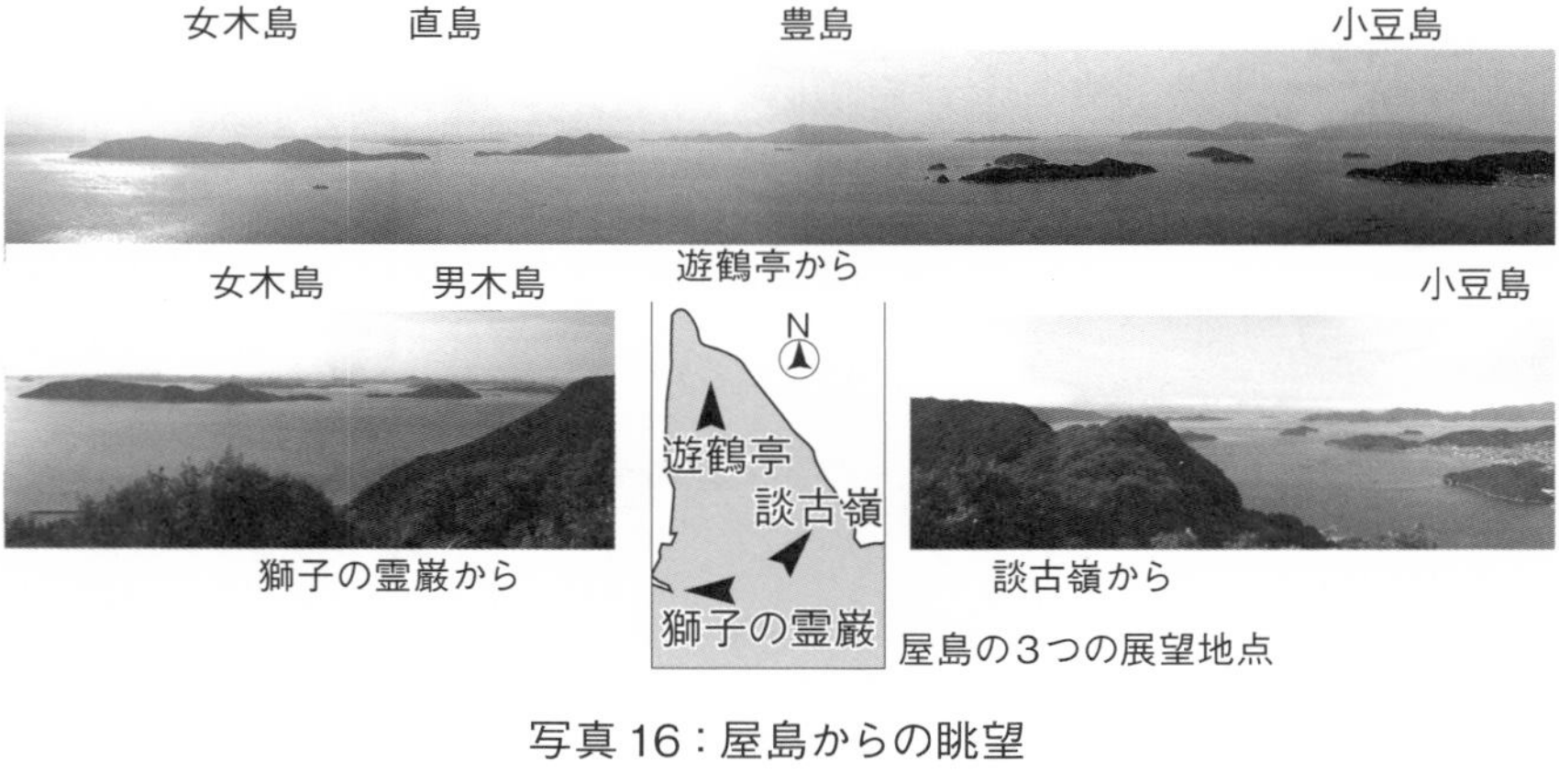

写真16：屋島からの眺望

屋島を中心にして考えた場合と鷲羽山を中心として考えた場合で、公園の区域の取り方がどう変わってくるのかというのを見てみます。図8の上の図では屋島を中心とした屋島の北嶺を中心としたときに、どこの部分が見えるのかという部分を着色しています。

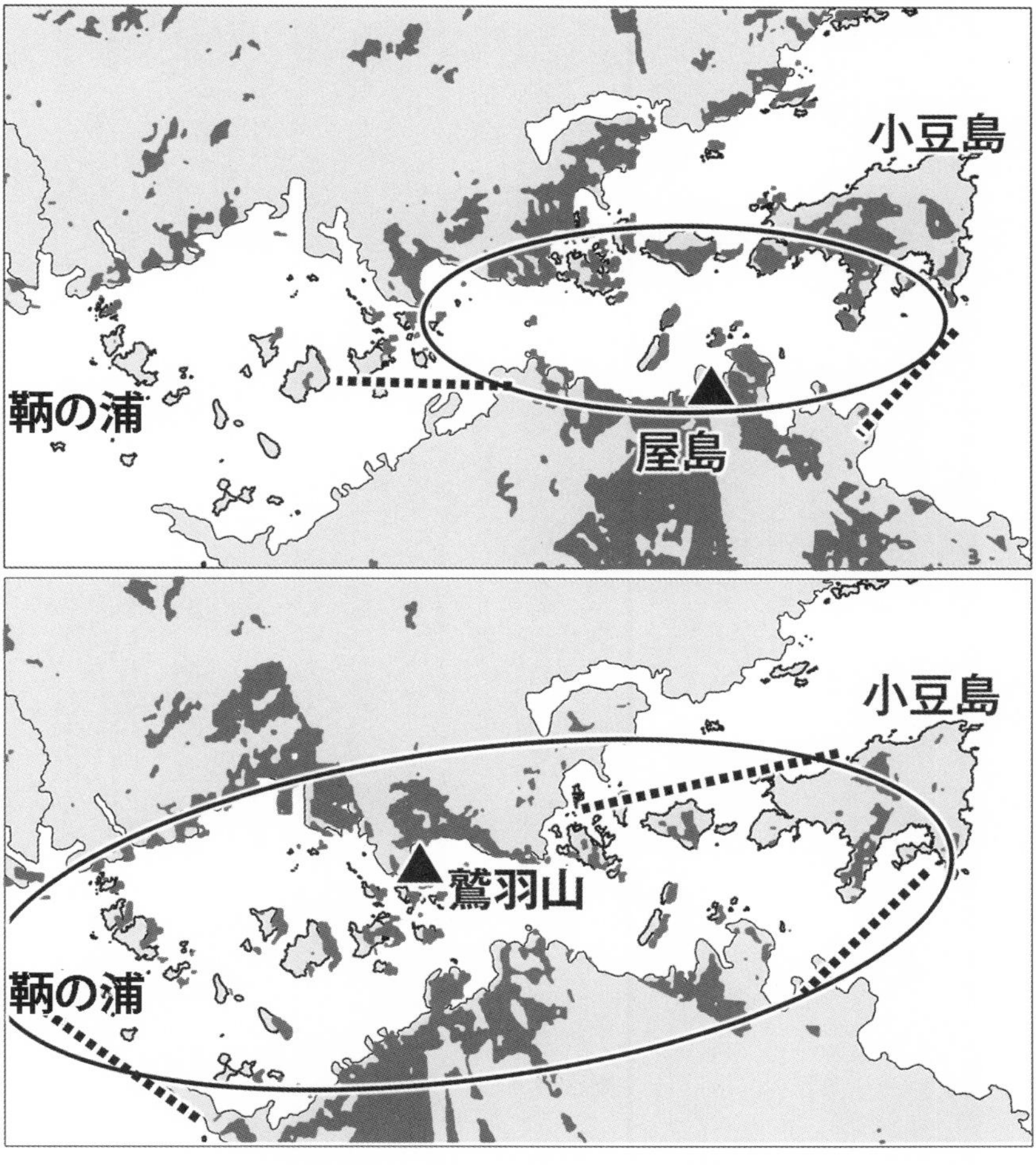

図8：屋島（上）と鷲羽山（下）の可視範囲

小豆島から鷲羽山に至る、屋島の北にある島々は見えますけれども、備讃瀬戸の島は見えないし、鞆の浦は遠すぎて入りません。鷲羽山を中心にすると（図8の下）、鷲羽山から南側に備讃瀬戸の島々がほぼ見える、小豆島も見える、さらに香川県の特徴的な山も見える、鞆の浦まで一応入るということで、中心を鷲羽山にすることで、3県にまたがるエリアを瀬戸内海国立公園と呼ぶにふさわしいものとして設定できるのではないかと、田村は考えたのだろうと思います。

多島海の風景としては、屋島でも鷲羽山でも眺望としてはそれぞれ一流だと考えられますけれども、公園の区域を一つのまとまりとして設定する上では違いがありました。岡山県人だからそうしたいと思ったかどうかはよく分かりませんが、岡山の鷲羽山を公園の中心とすることによって、広島の鞆、仙酔島まで含め、香川、岡山、広島にまたがる区域をまとめて設定できて、初めてこれで瀬戸内海国立公園と呼べるものにできるのではないか、広島の厳島や淡路島が入らないにしても、ある程度広いエリアを設定できると確信したのだろう思います。もし鷲羽山がなくて、「屋島及小豆島国立公園」として設定されていたら、その後も陸域を部分的に設定する「厳島及び○○国立公園」みたいなものが、いくつか瀬戸内海沿岸にできあがるかたちになったかもしれません。そうすると、瀬戸内海国立公園という名前は現れなかったかもしれないと考えると、このとき鷲羽山というものを見い出して、海面を国立公園の区域に入れるという発想に転換をしたことによって、初めて瀬戸内海国立公園ができあがったと言えるのではないかと思います。

戦後、要塞地帯がなくなってそういうところも世界に公開していいことになったので、ガンガン入れましょうということで、第二次世界大戦後の公園の指定の見直しに際して、真っ先に淡路島から芸予諸島の西側まで広げて、瀬戸内海国立公園を拡大していくことになります。最初のエリアを瀬戸内海国立公園として設定したことよって、その後、非常に広域になる瀬戸内海国立公園の基礎を作ったというふうに言えるのかなと思います。屋島及小豆島国立公園だったら、こんなかたちになったかはよく分からないです。

それではまとめとして、田村剛は、瀬戸内海国立公園を実際に生み出した人だと言っていいのかなと思います。ナショナルパークを設置していけばいいという話がでてきた最初の頃から、富士箱根伊豆を中心とする地域と瀬戸内海が候補地になっていました。その背景には、小西和の『瀬戸内海論』も大いに影響していたと言えます。その後、公園の指定を考えていった田村は、要塞地帯があってな

写真 17：1934 年に国立公園区域に含まれた笠岡諸島

かなか広域の公園にすることは困難だった中で、屋島と小豆島という案を作るわけですけれど、これで本当にいいのかと苦悩し続けます。その後、ちょうどいいタイミングで鷲羽山を見出して、そこを中心として海面を区域に含むことで、瀬戸内海国立公園を生み出すことになったのです。鷲羽山については、そういう意味で、その存在をクローズアップした人たちの貢献は非常に大きいだろうと思います。そもそも、瀬戸内海を大規模な公園として外国人旅行客を誘致するという考えは、大正期には、みんなそうすべきだと言っていたわけですから、田村剛は瀬戸内海を公園にするという使命を半ば負わされていたと考えたほうがいいのかと思います。しかしながら、時節柄、厳島などを入れられない中で、では具体的にどこを公園化できるのかと悩んで、最終的に備讃瀬戸を中心としたかたちを作り世の中の期待に応えたという意味で、瀬戸内海国立公園を世の中の期待に応えて生み出すことをした、実務的に非常に優れた人として評価できるのではないかと考えます。この人がいなかったら、瀬戸内海国立公園はかたちにならなかっただ

ろうということが、この全体の流れの中で分かってくるかと思います。

私の話は以上とさせていただきます。ご清聴ありがとうございました。

質問に答えて

関西学院大学総合政策学部教授　佐山　浩
奈良県立大学地域創造学部教授　水谷知生
司会
ＲＳＫ山陽放送アナウンサー　千神彩花

司会：質問コーナーに移ります。ここからは会場の皆さんから寄せられた質問にお答えいただきます。佐山先生、水谷先生、よろしくお願いします。

最初の質問です。1911（明治44）年に出版された『瀬戸内海論』は大変な大作ということですが、佐山先生と水谷先生が受けた『瀬戸内海論』の印象をそれぞれ教えてください、というご質問です。

佐山先生、いかがでしょうか。

佐山：1000ページを超えるということで非常に圧倒されて、私も十分に吟味できておりません。ただ、これを携えて瀬戸内海を巡ったら非常にいろいろなことが学べるんだろうなというふうに思いました。携えていくには重いですけど、そう考えると西田正憲先生の『瀬戸内海の発見—意味の風景から視覚の風景へ—』（中公新書）というのは、現代版『瀬戸内海論』なのかなと思っています。私は瀬戸内海を巡るときに、西田先生の本をいつも携え、ガイドブックのように使っていました。

司会：水谷先生はいかがでしょうか。

水谷：私は小西和《かなう》の担当ではなかったのでじっくり読んではないのですが、非常に立派な本で、佐山先生が紹介されたように、内容からすると「文理融合」というのはまさに言われたとおりで、当時、自然の状況というのをここまで詳しく書かれていたことにわりと衝撃を受けた記憶があります。

それから、この中身というより、本自体に印刷技術とか図とか、結構きれいなものが使われているという意味では、辞典的に一家に一冊という感じで置いておく本なのかなと思っていました。読むというより、何かあるとき必ずそれを見るというような、そんな本ではないのかなという印象を持ちました。

司会：1000ページを超える大作、そしてかなり細かく書かれているということで、たくさんの方が携わったのでしょうか？

水谷：いろいろな関係機関とかに照会していて、資料をたくさんいただいて書いているので、取材はよほど入念にやっているという印象を受けました。

司会：ありがとうございます。

続いての質問にまいります。小西和が瀬戸内海を国立公園にすべきと考えた理由はなんだったのでしょうか。

佐山：小西和は決して「国立公園」という言葉は使っておらず、「世界の公園」を用いています。おそらく小西和の頭の中の「公園」のイメージは、人々が集うようなにぎやかな場所、そういうものだったと思うんです。そこに外国人を誘客するためにホテルを設置するとか、公園はそのような捉え方なんです。ですから、おそらくその当時、「国立公園」という言葉を聞いて人々がイメージできるものではなかったと思われますが、少なくとも「公園」については、人々が集うにぎやかな交流の場、あるいは安らぎの場ということだったのだと思います。

司会：その「交流の場」としてということなんですが、観光地とは違っていたのでしょうか。水谷先生、いかがですか。

水谷：まさに、今言う「観光地」というものと同じなんだろうと思いますね。

司会：その観光地ということなんですが、国立公園指定の当初の目的、つまり外国人客を招き入れるということに対してどの程度効果があったのか、ということも併せてお願いします。

水谷：1916（大正5）年とか1928～29（昭和3～4）年の頃に、政府で国立公園が必要という議論が行われていて、外国人客に来てもらってお金を落としてもらうというのが一つの理由付けというか背景になっていたということがあるのですが、実際の効果ということになりますと、指定されてすぐに戦争に入っているので、戦時中には全く現れていなくて、当然施設の整備もそんなには進まなかったわけですが、戦後になって少しずつ施設を整備していって効果が出て来たのではないかと感じています。ですから、昭和の初期の頃に速効の効果があったかというと、それはあまりなかったと言わざるを得ないと思います。

司会：すぐに戦争もありましたからね。

続いてです。国立公園の指定が外国人を受け入れるためということで、今の「瀬戸内国際芸術祭」につながるのかというご質問がきています。その点はいかがでしょうか。

水谷：おそらくつながっているのだろうと思います。戦後に国立公園を整備しようというなかでは、主だったお客さんというのは国内の人がメインだったわけですが、国立公園の最初から外国人客をどうやって呼ぼうかということにてこ入れし始めて今に至っていると。そのなかで、「瀬戸内国際芸術祭」というのは、典型的なというか自然を背景にしてそこに芸術作品を置いて、外国人客の目に留まるというかたちにしているという意味ではつながってきているんだろうなと思います。

司会：その地元の人たちが瀬戸内の良さに気づくということもありますが、やはり外国人の方に気づいていただくという機会にはなっていますよね。佐山先生はどのようにお考えですか。

佐山：全くそのとおりで。要するにインバウンドで日本にたくさん来るようになって、瀬戸内海をいろいろと知ってもらいたいという意図があるんだと思うんです。そして、それぞれの国に戻って発信してもらいたいと。「日本に行って、瀬戸内海という所へ行ってきたよ。良い所だったよ」みたいな、

そういう意味合いがあるのではないかと思います

司会：ありがとうございます。

続きまして、江戸時代にも一部の欧米人は日本を訪れていたわけですが、明治期の欧米人も含めて、彼らはこの多島美の瀬戸内海を訪れて、どのように旅の評価をしていたのかということについて、お二人からお話しいただけますか。

佐山：これも西田先生の本に書かれていますけれども、その欧米人たちというのは、いわゆるシークエンスというか船に乗って移りゆく風景を楽しんでいました。そして、地理学や地学などの知識をもとに科学的な見方をしていたというのがポイントです。一方、日本人の場合は、展望地から風景を眺めて「素晴らしい」と。つまり、留まって眺めるみたいな見方なので違いがありました。ですから、きっと評価の中身というものも随分違っていたということなんでしょうね。

水谷：そうですね。佐山先生が言われるとおりで、先ほど私も地図で示しましたが、神戸から瀬戸内海航路があったわけですけれども、海外に行くときもそこを通っているわけで、瀬戸内海を通りながら見え隠れする島々を海外の人は評価しているとともに、見ていると島の中では畑がずっと続いて耕作しているとか、そういう人文的な景観というものも非常に評価しているということが見えてきます。ただ、日本人はそれを同じように見ていたかというと、必ずしもそうでもなかったのではないかと思うのですが、海外の人にとっては、島が見え隠れするという物理的なものと共に、島でどんなふうに人が耕作したりしているのかというところも近い所では見えますから、そのあたりも含めて、ある意味、感動していたのではないかと思います。

司会：ありがとうございました。たくさん質問をいただいておりますが、これで最後の質問とさせていただきます。

最初の質問で『瀬戸内海論』についてお聞きしたのですが、写真技術がそれほど広まっていない当時において、小西和の挿絵入りの記事は評判であったと聞いておりますが、『瀬戸内海論』が刊行された1911（明治44）年当時、観光地としての瀬戸内海の注目度は高まっていたのでしょうか、というご質問です。お二人からお聞きできればと思いますので、よろしくお願いいたします。

佐山：もともと屋島というのは、源平の合戦から始まって非常に古くから有名な所ですよね。そういった所は当然知られていたと思いますが、それから『瀬戸内海論』などが出てきます。実は別府なども詳しく紹介されているんですが、明治末期に新しい見どころも兼ね備えて、『瀬戸内海論』にまとめられているというところがポイントなので、このことを踏まえると、観光面で『瀬戸内海論』が果たした役割というものは大きかったと思います。

水谷：先ほど私の話で中で示したスライドでは、『瀬戸内海論』が出たのと同じ頃に、どこが観光ポイントとしてみんなの関心を得ていたのかということでは、金毘羅さんと別府、厳島、道後という、温泉と神社仏閣というのが大きなポイントだったということをご紹介しましたけれども、どこの場所に人が行くのかというのが少しずつ変わっていくなかで、『瀬戸内海論』が書かれていた当時のポイントになる所は、そういった場所でした。

寒霞渓は、明治初期の頃から地元がかなり観光面で整備していたりして、それに次ぐような場所としてもうかなり人が入ってきていました。それから屋島は、史跡という点もありますけれども、これは若干遅れて、大正に入ってからくらいに皇太子殿下が来たりしたので県が整備をして、展望地点としての紹介も大正に入ってから出て来たのかなということで、『瀬戸内海論』が書かれた頃の瀬戸内海の観光地点というのはそんな状況だったのではないかと思います。

司会：これは、ほんとに最後です。「瀬戸内海国立公園」と指定された当時、世界からどういった評価があったのか、その点はいかがですか、佐山先生。

佐山：先ほども水谷先生がお話しされましたが、すぐに戦争に入ってしまうんですよね。また、外貨獲得という点では、指定される前後、１９２９（昭和４）年というのは本当に世界大恐慌でした。そのために外貨獲得という大きなことを国立公園は課せられて、それで「国立公園法」が１９３１（昭和６）年にできるという流れになります。随分期待されていたのだと思いますが、いかんせんその後の戦争の影響というものは当然あって、そのあたりがうやむやになってしまったんじゃないですかね。

また、先ほどに加えて「国立公園満喫プロジェクト」を、私の前の職場の環境省が積極的に推進して頑張っています。「国立公園法」ができたときの願いというものが今の時代になってようやく達成されようとしていたんですが、コロナの影響でちょっと今は難しい状況になっています。これが落ち着いたらぜひ環境省が中心になってまた「国立公園満喫プロジェクト」を盛り上げていってほしいなと思っています。

司会：ありがとうございます。たくさんの質問をいただいていますが、時間となりましたので、これで質問コーナーを終わらせていただきます。佐山先生、水谷先生、ありがとうございました。

図版所蔵・提供一覧　講演1

10頁　写真1：小西和　西田正憲氏蔵
11頁　写真2：油屋熊八像と台座に刻まれた文字　佐山浩氏撮影
13頁　写真3：小西和　さぬき市歴史民俗資料館蔵
　　　写真4：田村剛　環境省提供
14頁　写真5：小西和が写した米国（ヨセミテ）　さぬき市歴史民俗資料館蔵「小西和写真帳」より
　　　写真6：ヨセミテ国立公園（1994年撮影）　佐山浩氏、1994年撮影
15頁　表1：小西和と交流のあった主な人物　山本一伸氏作成を佐山浩氏加筆
16頁　表2：小西和のあゆみ　佐山浩氏作成
18頁　図1：四国における設置県の変遷　石井裕晶氏作成
20頁　図2：小西和が開拓した場所付近の地図　佐山浩氏作成（カシミール3D使用）
21頁　写真7：弟の太郎と農場を開墾（本人は中央、その左に太郎）　1897（明治30）年　さぬき市歴史民俗資料館蔵
22頁　写真8：妻治子と　1899（明治32）年　さぬき市歴史民俗資料館蔵
　　　写真9：村山社主から小西和宛の手紙　さぬき市歴史民俗資料館蔵
23頁　写真10：「北海道旅行日誌（第一）」　香川新報、1892（明治25）年8月30日付
24頁　写真11：従軍記者時代の掲載記事　東京朝日新聞、1904（明治37）年7月25日付
26頁　写真12：『日本の高山植物』　佐山浩氏蔵
27頁　写真13：ハクサンチドリの植物画　（左）『日本の高山植物』　佐山浩氏蔵　（右）『高山植物（上）』　東京朝日新聞、1906（明治39）年8月28日付
　　　写真14：『日本高山植物図譜（第1巻）』　国立国会図書館蔵
29頁　写真15：『日本の高山植物』の宣伝広告　東京朝日新聞、1906（明治39）年10月6日付
30頁　写真16：『日本の高山植物』に添えられた図　佐山浩氏蔵
　　　図3：日本の植生帯の垂直分布　環境省自然環境局生物多様性センターホームページより
32頁　写真17：宇佐神社「櫻ノ碑」（2022年3月撮影）　佐山浩氏撮影
33頁　写真18：亀鶴公園に植樹されたサクラ（2022年3月撮影）　佐山浩氏撮影
34頁　写真19：『瀬戸内海論』　佐山浩氏蔵
　　　写真20：新渡戸稲造の序文（冒頭）と志賀重昂の七言律詩　佐山浩氏蔵『瀬戸内海論』より
35頁　写真21：『瀬戸内海論』の宣伝広告　東京朝日新聞、1911（明治44）年12月18日付

37頁　写真22:『瀬戸内海論』の特色(1)　佐山浩氏蔵『瀬戸内海論』より
　　　写真23:『瀬戸内海論』の特色(2)　佐山浩氏蔵『瀬戸内海論』より
　　　写真24:『瀬戸内海論』の特色(3)　佐山浩氏蔵『瀬戸内海論』より
38頁　写真25:『瀬戸内海論』の特色(4)　内海の夕凪の原因を示す圖　佐山浩氏蔵『瀬戸内海論』より
　　　写真26:『瀬戸内海論』の特色(5)　瀬戸内海潮流概図(電気凸版による)　佐山浩氏蔵『瀬戸内海論』より
39頁　写真27:『瀬戸内海論』の特色(6)　(上)燧灘の暁色(岡田三郎助)(三色版による)、(下)別府温泉場と鶴見由布の二嶽(高島北海)(コロタイプによる)　佐山浩氏蔵『瀬戸内海論』より
40頁　写真28:『瀬戸内海論』の特色(7)　(上)別府方面海陸概図(銅版、石版による)、(下)瀬戸内海方面の古図(電気凸版による)　佐山浩氏蔵『瀬戸内海論』より
41頁　表3:小西和の選挙結果と参考事項　佐山浩氏作成

図版所蔵・提供一覧　講演2
45頁　写真1:田村剛　小松原貢氏蔵
46頁　写真2:1934年3月指定の3国立公園　『國立公園』411/412号1984より
47頁　図1:現在の瀬戸内海国立公園の範囲　水谷知生氏作成
　　　図2:1934(昭和9)年3月 瀬戸内海国立公園指定時の範囲　水谷知生氏作成
48頁　写真3:山城あらし山渡月橋　国立国会図書館蔵『六十余州名所図会』広重
　　　写真4:江戸浅草市　国立国会図書館蔵『六十余州名所図会』広重
49頁　表1:田村剛関連年譜　水谷知生氏作成
52頁　写真5:木下淑夫　『国鉄興隆時代　木下運輸二十年』青木槐三、山中忠雄編著　日本交通協会　1957より
54頁　写真6:前田三遊　国立国会図書館蔵
55頁　図3:公園と名所(名勝)を扱う担当機関　水谷知生氏作成
57頁　写真7:新聞記事「日本アルプスの美を語る」　東京朝日新聞、1921(大正10)年6月25日付
58頁　写真8:調査中の田村(後列左から2番目)　大淀町教育委員会蔵
59頁　写真9:新聞記事「瀬戸内海を国立公園に」　東京朝日新聞、1921(大正10)年8月24日付
62頁　図4:来日外国人の推移　『海外諸国における外客誘致施設』ジャパン・ツーリスト・ビューロー　1929より水谷知生氏作成
　　　図5:各国への外国人訪問者数(1928(昭和3)年)

『海外諸国における外客誘致施設』ジャパン・ツーリスト・ビューロー　1929より水谷知生氏作成
64頁　図6：昭和初期に指定された12公園　『地学雑誌44(12)』1932より水谷知生氏作成
66頁　写真10：候補地地図(屋島及び小豆島国立公園)　1930(昭和5)年　『国立公園候補地地図』内務省衛生局　1930より
写真11：候補地地図(瀬戸内海国立公園)　1932(昭和7)年　『国立公園候補地地図』内務省衛生局　1932より
67頁　図7：田村の言説からみる内海公園の考え方　水谷知生氏作成
68頁　写真12：新聞記事「瀬戸内海の絶景を世界的の大公園に」　山陽新報、1921(大正10)年9月25日付
69頁　写真13：世界の公園　内海遊覧図　1913年　大阪商船会社内航部作成資料より
73頁　写真14：『日本地理風俗大系　X中国地方篇』の巻頭写真(上：下津井鷲羽山、下：宮島)　『日本地理風俗大系　X中国地方篇』新光社　1930より
75頁　写真15：鷲羽山からの眺望(上：瀬戸大橋架橋前、下：架橋後)　(上)『日本地理風俗大系　X中国地方篇』新光社　1930より、(下)水谷知生氏撮影
76頁　写真16：屋島からの眺望　水谷知生氏撮影
77頁　図8：屋島(上)と鷲羽山(下)の可視範囲　水谷知生氏作成(カシミール3D使用)
79頁　写真17：1934(昭和9)年に国立公園区域に含まれた笠岡諸島　岡山県蔵

大久保諶之丞　景山甚右衛門

四国をひとつにした男

大久保諶之丞　（おおくぼ・じんのじょう　１８４９〜１８９１）

讃岐山脈の麓、讃岐国財田上村（現三豊市財田町）に生まれた大久保諶之丞。急峻な悪路に苦しんだ経験から道路や橋梁の改良を続け、四国をつなぐ道路・四国新道の建設を構想。その実現のため奔走し、大久保自身も工事を請け負い、私財を投げ打って、１８９０（明治23）年、讃岐・阿波の工区を完成させた。また、讃岐鉄道の建設や後の香川用水、瀬戸大橋の提唱、北海道開拓移民の支援をしたことでも知られている。

景山甚右衛門　（かげやま・じんえもん　１８５５〜１９３７）

若いとき上京して見た鉄道に驚愕した景山甚右衛門。１８８９（明治22）年、金毘羅参りの玄関口であった多度津を起点として丸亀から多度津、琴平を結ぶ「讃岐鉄道」の開通に尽力した。その後、堅実経営をモットーに安定経営に努めて路線を延伸させ、四国の鉄道網の基礎をつくった。景山はまた、多度津銀行や四国水力電気（現四国電力）などを創設したほか、衆議院議員としても活躍した。

講演1

史料から見た大久保諶之丞

香川県立ミュージアム学芸課長
野村美紀（のむら　みき）

専門は日本近代史。特に、城・大名庭園・大名家墓所の近代以降の変化について研究している。
奈良女子大学大学院修士課程（史学専攻）修了後、香川県庁に入庁。歴史博物館建設準備室等を経て、学芸員として郷土ゆかりの人物や事象の調査研究に携わり、また「時代をつなぐ写真」など数々の特別展も担当している。
共著に『戦争と地域社会』『坂出市史 通史 下 近代篇』『坂出市史 通史 下 現代篇』など。

皆さん、こんにちは。ただ今ご紹介いただきました香川県立ミュージアムの野村と申します。本日はどうぞよろしくお願いいたします。今日のテーマは、「四国をひとつにした男」ということで、一人目が大久保諶之丞《じんのじょう》です（写真1）。私のほうから、大久保諶之丞についてお話をしたいと思います。

大久保諶之丞は、香川県ではかなり有名な人物だと私は思っています。これまでさまざまな研究書籍が出されたり、小学校の副読本、小説、漫画なども出版されておりまして、香川県の方には広くなじみがある方ではないかと思っています。私自身は実は香川県の出身ではないので、香川に来るまでまったく聞いたことがなかったのですけれども、香川では有名な人物だろうと思っています。

写真1：大久保諶之丞

瀬戸大橋の提唱者

それで、どういうことで知られているかですが、私財を投じて四国をつなぐ道路を建設したということが、一番大きな業績として知られていると思います。それから、後の瀬戸大橋や香川用水につながる構想を、なんと明治時代にすでに提唱していたということでも知られていると思います。私は香川県に来たばかりのときに、諶之丞の出身地である財田町に調査に行くことが多かったのですけれども、そこには「瀬戸大橋発想の町」と書いてありました。当時はどういう意味だろうかと思っていたのですが、瀬戸大橋を初めて考えた、提唱した人物の出身地という意味だということを後で知りました。財田町にそのような看板が掲げられていたことを今でも覚えております。

そして、香川県立ミュージアムと大久保諶之丞の関わりといいますか、私の仕事との関わりについてお話しします。ミュージアムの前身になります香川県歴史博物館の建設準備に私も携わっておりまして、その展示の中で「四国新道起工式のビラ」という史料を展示室に展示するため、レプリカを作らせていただいたのが最初でした。こちらは、現在もこのミュージアムの3階の歴史展示室で展示をして、諶之丞のことを紹介しています。

その後2012（平成24）年度から、諶之丞の子孫の方から史料をお預かりして調査するという機会に恵まれました。この調査は2012年度から2018（平成30年）度に行うことができまして、調査終了後は、そのまま史料をお預けいただいて、今でも収蔵庫のほうで保管しています。

資料調査が一段落した2018年度は、ちょうど瀬戸大橋開通30周年の記念の年でありましたので、調査の成果を紹介するということもありまして、関連の展示を行いました。「四国を繋ぐ」というテーマで四国新道を中心とした展示をしまして、諶之丞が瀬戸大橋の架橋について提唱したことも合わせて紹介いたしました。

諶之丞の関係史料を私どものミュージアムで収蔵している関係から、今回講演の依頼をいただき、お引き受けすることにいたしました。よくご存じの方もいらっしゃると思うのですが、本日は大久保家からお預かりしている史料もできるだけ紹介しながら、その中から見えてくる諶之丞の姿をご紹介していきたいと思っております。

生涯と多岐にわたる事績

具体的な史料の話に入っていく前に、諶之丞の生涯と史料群全体の概要を見ていきたいと思います。お手元にも年表（表1）をお配りしていると思うのですけれども、さらに簡略化した諶之丞の略歴をスライドでは紹介しております。

大久保諶之丞が生まれたのは、１８４９（嘉永２）年です。現在の三豊市財田町にあたる、財田上村というところに生まれました。地図では位置が分かりづらいかと思いますが、財田町は徳島県との県境に近い辺りだということをイメージしながらお聞きいただければと思います。生まれたのは幕末で、ペリー来航の４年くらい前です。

明治になったときには諶之丞は満19歳ということで、幕末から明

表1：大久保諶之丞関連年譜

西暦	和暦	大久保諶之丞 関連年譜
1849年	嘉永2年	讃岐国財田上村（現三豊市財田町）の大久保森治・ソノの三男として生まれる
1866年	慶応2年	大久保利吉の娘タメと結婚、長女キクヱが生まれる
1872年	明治5年	第70区（財田上村、財田中村、神田村）村役人となる
1873年	6年	西讃竹槍騒動で自宅家屋焼失
1875年	8年	第11大区6小区戸長となる
1879年	12年	三野豊田郡勧業掛となる
1884年	17年	四国新道開鑿について有志集会を開く
1885年	18年	猪ノ鼻隧道・吉野川導水を提唱
		高知・愛媛・徳島の3県で四国新道工事について申し合わせ
		3県令、四国新道視察巡行（諶之丞同行）
1886年	19年	琴平で新道起工式
		財田上村外1ヶ村戸長となる
1887年	20年	北海道移住民周旋委員となる
		私設鉄道願（讃岐鉄道建設請願）提出
		愛媛県知事から四国新道讃岐分悉皆請負を命じられる
1888年	21年	愛媛県会議員となる
1889年	22年	香川県会議員となる
		讃岐鉄道開業式で祝辞を述べる
1890年	23年	四国新道のうち、讃岐・阿波の工区完成
1891年	24年	県会開会中に倒れ、入院先の高松病院で死去　42歳
1894年	27年	四国新道完成

治前半を生きた人ですけれども、実際にいろいろな仕事をしたのは明治に入ってからということになろうかと思います。父の後を継いで村の仕事をし始めたのが１８７２（明治５）年ごろです。その後、戸長などを歴任しまして、１８８８（明治21）年には愛媛県会議員になります。この１８８８（明治21）年と１８８９（明治22）年の間に、愛媛県から独立して香川県ができるということがありましたので、翌年には香川県会議員となります。１８９１（明治24）年の県会開会中に議場で倒れて入院し、そのまま亡くなりました。42歳で亡くなっています。当時としても若すぎる、本当に働き盛りのときに亡くなったということが言えるかと思います。

この年表を見ていくと、諶之丞が活動した時期というのは、明治の初めから亡くなるまでの大体20年間ということになります。20年の間に本当に大きな事業を成し遂げているということには驚きますけれども、たくさんの仕事をこの20年の間に並行してやっていたことや、おそらく寝る間も惜しんで仕事に邁進《まいしん》していたのだろうということが想像できます。

次に、諶之丞を中心とした大久保家の系図（図１）になります。大久保家は先ほど言いましたように財田上村にありまして、その村の豪農、有力な家でありました。諶之丞の父森治は、村の庄屋の職にありまして、村のためにいろいろと尽くしていた人物ということになります。また、大久保家は幕末には多度津藩からの御用も請け負っていたこともありまして、それを考えても、村の中でかなり有力でリーダー的な存在だったことが分かるかと思います。

それで諶之丞の兄弟ですけれども、諶之丞は三男で上に二人の兄がいます。一番上の兄菊治は、明治になる前に分家しています。二番目の兄は、明治になる前に亡くなっています。ということで、三男の諶之丞が大久保家を継ぐことになりました。ほかにも、姉が一人、下には弟が二人、妹が二人います。一番下の弟の彦三郎は、諶之丞と10歳も年が離れているのですけれども、史料を見ていくと、何かと諶之丞が頼りにして相談していたことが分かります。手紙のやり取りも多く残されています。この彦三郎は、忠誠塾（のちの尽誠舎）、現在の尽誠学園の創立者として知られている人物です。

　諶之丞自身は、17歳のときに大久保利吉の娘タメと結婚して、長女キクヱが生まれます。子どもはキクヱ一人しかいなかったので、同じ村から養子をとって、この人がキクヱと結婚し、諶之丞の死後大久保家を継ぐことになります。

　次に、諶之丞の主な事績を紹介します。こちらの写真は諶之丞の死後に建立された顕彰碑（写真2）です。ここに文字がびっしりと書かれていまして、諶之丞がどんなことをしたのかが記されています。主な事績として、七つくらいの項目がこの石碑の中に

図1：大久保家系図

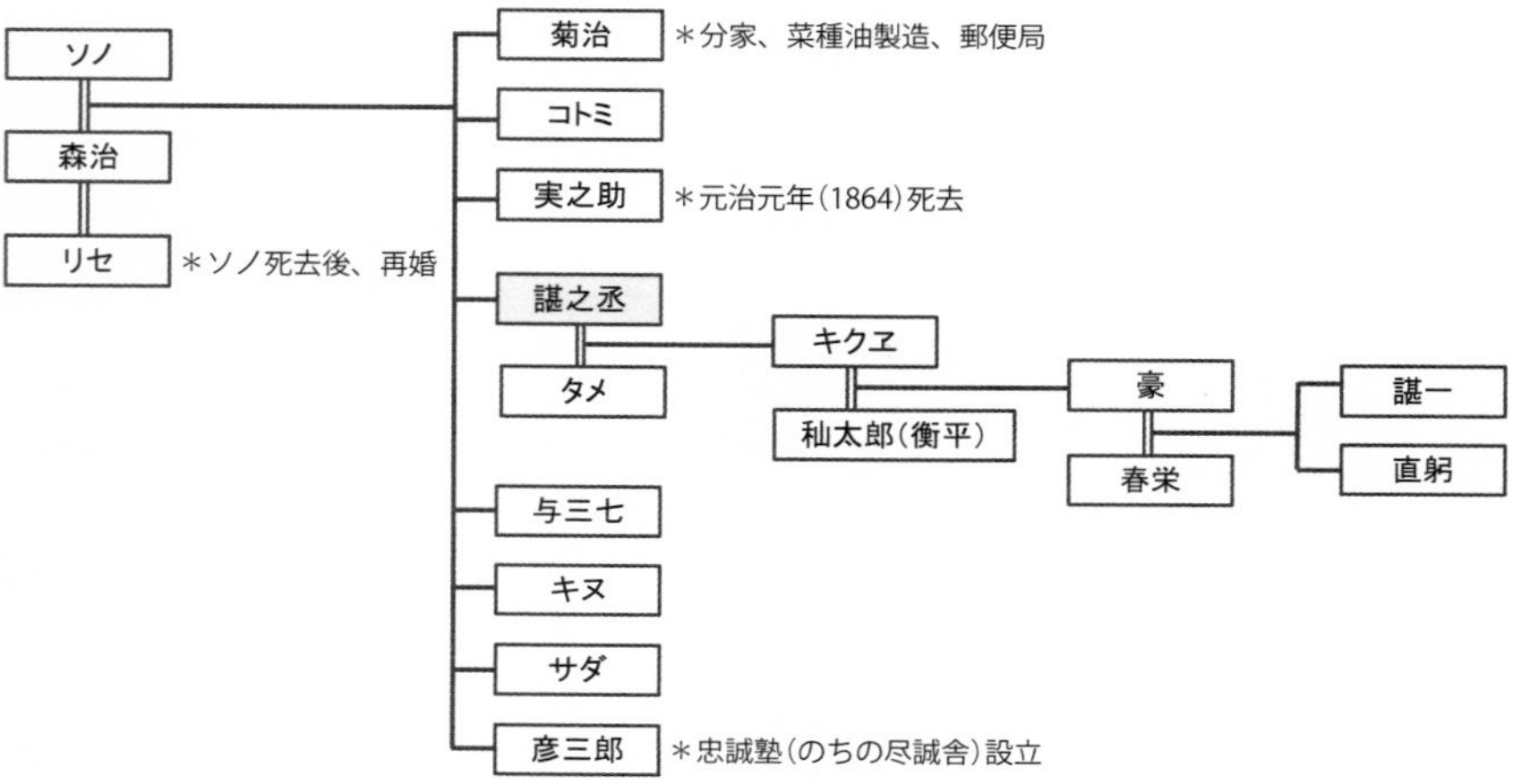

記されています。四国新道の開削や讃岐鉄道の開通は、後ほど史料も見ながらご説明したいと思います。そのほかに、村の中の橋を架けたり、池を作ったり、養蚕を村の中で広めようとしたり、村の貧しい子どもたちの修学を支援したり、北海道への移住を奨励し、移住する人たちの資金援助や人を募って送り出すということもしています。多岐にわたる仕事をしていることが分かると思います。

写真2：大久保諶之丞顕彰碑

大久保諶之丞関係史料の概要

続きまして、県立ミュージアムで収蔵している大久保諶之丞関係の史料の概要についてお話をしたいと思います。先ほども言いましたように、2012～2018年度に調査をいたしました。1点ずつリストにしていくと、1万3190点となりました。お預かりした時点で、既に年代や内容によって分類が行われておりました。これまでいろいろな方がこの史料を使って研究をしてこられていますので、その過程で、ある程度の調査や分類が行われていたと考えられます。今回、その分類を生かすかたちで、もう一度全部の史料に番号を与えてリスト化し、写真撮影をしました。こういう基礎的な作業ができましたので、今後は諶之丞の研究のために活用がしやすくなるのではないかと思っております。

それから、大久保家に伝来した史料、いわゆる家史料は、年代としては江戸中期から昭和時代のものまで含まれています。必ずしも諶之丞が生きた時代のものだけではないのですけれども、諶之丞に関係するもの、四国新道関係の史料、諶之丞宛に送られてきた書簡などがまとまっているのが特徴でして、家史料でありながら諶之丞の関係史料という色合いが強い史料群ということができます。

こちらは史料の写真です（写真3）。全体像はこんな感じで、手前の箱が書簡類になります。このように、書簡類は大体1カ月分ぐらいずつこよりで束ねられて整理が行われていました。そのほかに、日記、手控え、主に金銭の出入りなどを記したメモのようなものもたくさん含まれています。こちらの史料のリストについては、ミュージアムのほうで刊行している『調査研究報告第11号』に概要等を掲

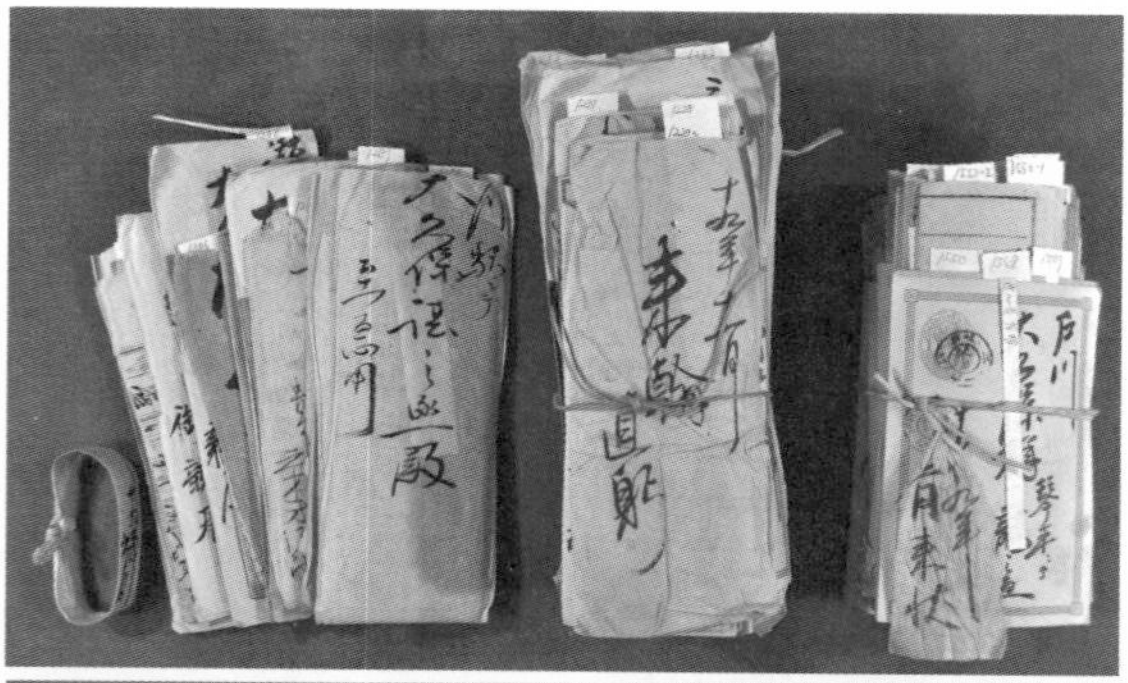

写真３：大久保諶之丞関係史料（上）(下)

載しており、リストもすべて付属のＣＤに入っています。興味のある方は図書館等でも見られますので見ていただいたり、当館のミュージアムショップでも販売しておりますので、お手に取っていただければと思います。

四国をつなぐ道路の計画

次に、具体的な史料を紹介していきたいと思います。多岐にわたる活動をした諶之丞ですが、最大の功績である四国新道の完成までの事業、それから讃岐鉄道にかかわる内容のもの、それから諶之丞の家族との関係、そういうものを示す史料をピックアップしていくつかご紹介したいと思います。

まず一つ目が、四国新道の関係のものです。「四国新道とは何か？」をまず知っていただくため、地図（図２）を入れております。多度津・丸亀から、琴平、阿波池田を経て、高知、佐川、須崎まで行くルート、そして佐川から松山までを結ぶルートは、こういうかたちになっているのでＶ字ルートとよく言われますけれど、総延長２８０㎞の道ということで、これを造るのはかなり大きな事業だったということが想像できると思います。

当時、香川県は愛媛県に編入されておりましたので、四国は愛媛、高知、徳島の３県の時代でした。県を越えてこのように結ぶ長い道路ということになりますので、県を越えた協力がどうしても必要になります。今でも県を越えての事業はなかなか難しいところがあると思うのですが、当時は多分もっと大変だったと思います。大久保諶之丞の提唱でこの計画を進めたわけですが、３県が３県とも賛成してくれないと実現しない計画ですから、いろいろな方面に働きかけをします。この道路を作ることで、各県の産業は発展していき、その結果人々が豊かになれるということを粘り強く3つの県に働きかけて、計画の実現に向けて奔走していくという感じで譴之丞が動いていきます。そして、計画に3県がようやく合意できて着工に至ったのが1886（明治19）年で、それから讃岐・阿波の工区が完成したのが1890（明治23）年、さらにその4年後には土佐・伊予の工区も完成して、全線開通するという流れになります。

これをもう少し詳しく見ていきますと、譴之丞は四国新道の計画以前にも、村役人や戸長として仕事をしている中で、近くの村と自分の村を結ぶような道路とか、人々が使いやすいように橋を直していったり新しく作ったりする事業を行っていました。この時すでに、人の行き来、物の行き来を活発にしやすくすることがどうしても必要だということに気付いていた、思っていたことが分かると思います。その経験から、もっと村を豊かにするためには、もっと広い範囲で事業を行う必要があるのではないか、それによって多くの人が幸せになるという思いが、四国新道の計画につながっていったのではないかと思っています。

1881（明治14）年ごろから、三野豊田郡長の豊田元良との親交を深めていきます。この人がか

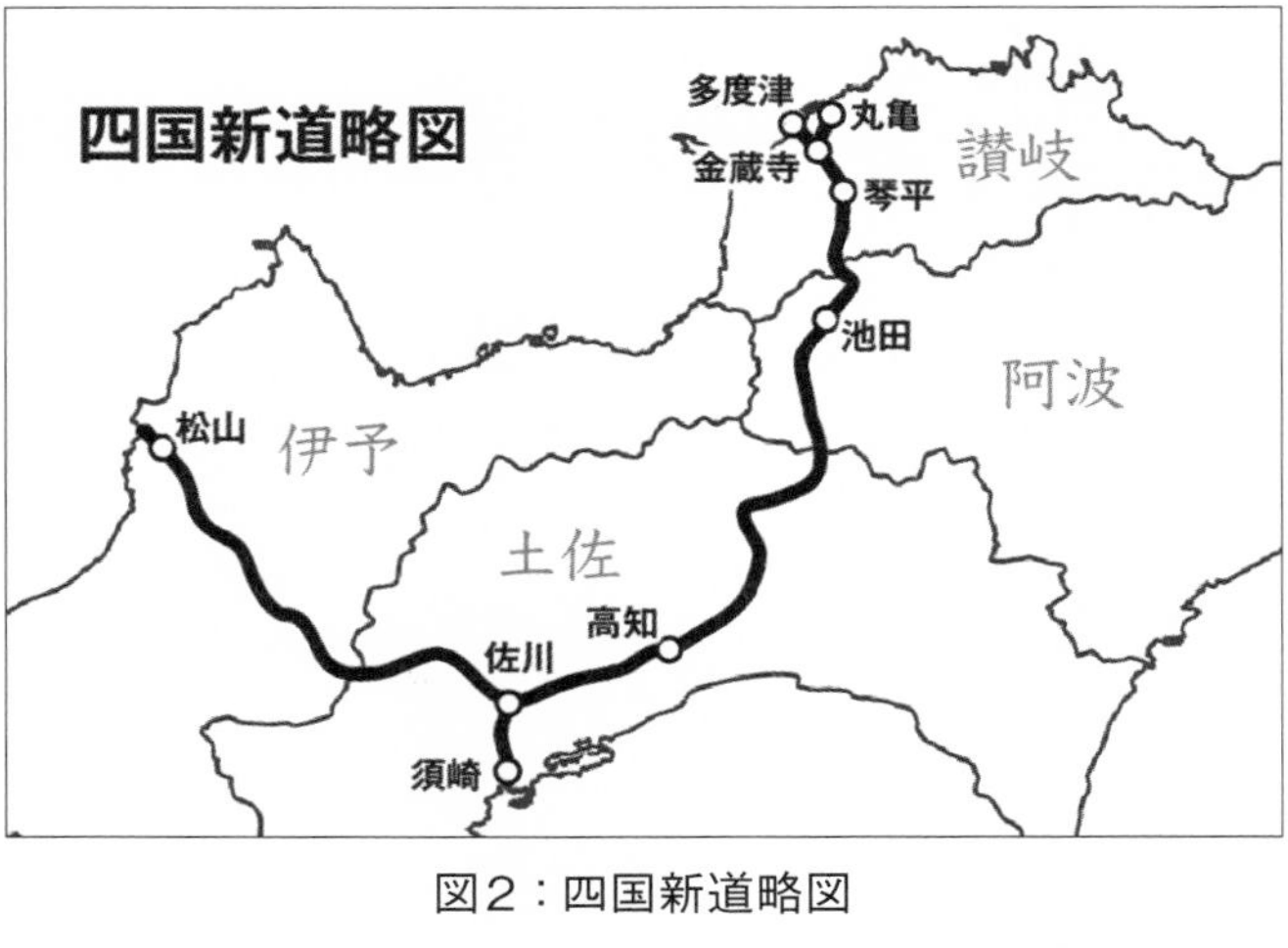

図2：四国新道略図

なり強力なサポーターというか、諶之丞の計画を後押ししてくれる存在になっていきますので、ここから計画を具体化していくことになると思います。その後、その計画をもって愛媛、高知、徳島の3県に働きかけていくのですけれども、その当時、実は諶之丞たちの計画とは別に、愛媛県と高知県ですでに国道開削について国へ申請しようという動きがありました。それは、諶之丞が思うルートとは別のルートだったのですけれども、その動きを知って、より一層自分のV字ルートの計画を実現しなくてはいけないということで運動を加速させまして、この2県のことだけを考えたルートではなくて、もっと広い範囲で四国全体をつなぐ道路建設に広げていくことが必要だと周囲に働きかけていきます。

そして、1884（明治17）年から有志の人たちの集会が行われ、この頃から随分計画の実現に向けて加速していくような感じになります。それを経て3県が協議し申合書を作成する、つまりこういうふうに計画を作りましょう、費用はこういうふうに分担しましょう、道の幅はこのくらいにしましょうというような、具体的な内容について3つの県が合意したのが1885（明治18）年になります。ここで諶之丞の計画が進んでいくことが決定しました。これは簡単なことではなかったと思うのですが、1881（明治14）年くらいから1885（明治18）年くらいの間にいろいろな方面に働きかけていって、ようやく着工に至る道筋がついたということになると思います。

それでは、その辺りのことに関連する史料をいくつかご紹介したいと思います。「新線沿道巡回雑誌」（写真4）とあります。新しく道を作るとなったときに、その沿道になる地域の実態調査といいますか、人口などはもちろんのこと、物産や何が不足しているか、工事をするとしたらどのくらい難しいかというような結構細かいデータを村ごとに作っています。それから「土佐国ヨリ箸蔵道ヲ経テ讃岐国ニ至ル貨物数量調」という史料は、これも、高知から讃岐の国にどういうものがどのくらい運ばれているのかという実態調査の結果を記したものです。このような細かく緻密なデータをかなり積み重ねて計画を作っていったことが言えると思いますし、いろいろな方面の協力を得ようとしたときに、こういうデータの裏付けがあることが大事だったのかなと思います。

次に、「高知県ヨリ徳島県ヲ経テ本県多度津丸亀両港ニ達スル道路開鑿ニ付願」という史料を見ていきます。諶之丞を筆頭に152名の連名で作成され、愛媛県令宛てに出された「請願書」

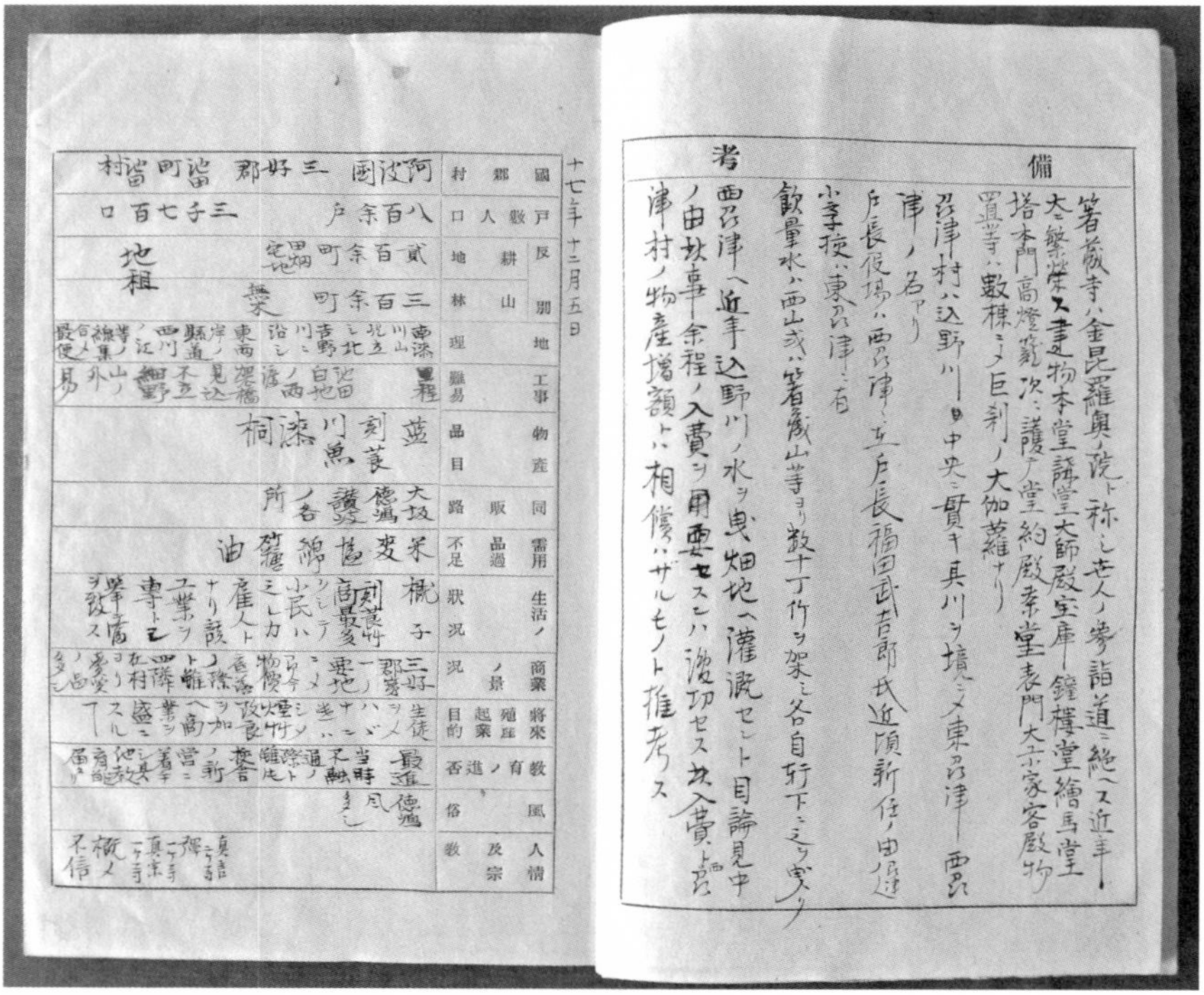

写真4：新線沿道巡回雑誌
財田上村〜徳島県三好郡〜高知に至る路程を歩き、沿道の地域の概況を調査した

の下書きです。愛媛県と高知県が考えていたルートよりも、諶之丞が提唱するルートのほうが工事がやりやすくて、お金もかかりませんよ、作った後成果が得られますというようなことが書いてあったり、この道路を開くことが、「人民カ殖産興業ノ利源ヲ開キ、幸福ヲ享有セシムル而已《のみ》ナラス、其利施テ全国ニ及シ」というように、沿道の人たちだけではなくて、全国に利益が広がっていくことにつながると述べています。それから、軍事、郵便、電信といった面でも利益があるというようなことを述べている史料です。

また新道を作ることが決定した後のものですけれども、1886（明治19）年の新道の起工式で諶之丞が述べた祝辞「新道起工式ヲ祝ス」という史料があります。こちらも、「竣工ノ後ハ此ニ不足ノモノハ彼ニ取リ茲ニ過クルモノハ彼ニ送リ其他便益勝テ数フベカラズ」と書いてあり、道ができて人の行き来、物の行き来が容易になれば、こちらで足りないものはどこか別の場所から持ってくることができる、ここで余っているものは別のところに送ることができる、そういうことで利益がたくさん生まれるのだということを述べています。村境や県境を越えて地域と地域をつなぐことで、お互いの過不足を補うことができるというようなことを言っています。同じような表現はほかの史料にも見られますので、それぞれの地域の過不足を補うことができる、それをするために道路が必要ということが、諶之丞の考えの根底にあったのではないかと思います。

資金調達の苦労

着工後も、完成まではさまざまな困難が待ち受けていました（写真5）。起工式が行われて、その後工事は3つの県が分担して行っていたのですけれども、1887（明治20）年の7月ごろには、讃岐の工区で思ったよりかなり難工事となったところがあり、期間が延びて多額の予算が不足するという事態に陥ってしまいます。そこで諶之丞は、当時の愛媛県知事より、自分が提唱したことなのだからということで、讃岐分の「悉皆《しっかい》請負」として残った工事をすべて請け負うように命じられます。県の予算ではもう工事ができないので、道路を作るべきだと言い出したあなたが請け負いなさいというかなりひどい内容なのですけれども、結局諶之丞はこの工事を請け負うことになります。その結果、やはり工事費が不足してかなり持ち出しがあり、多額の負債を抱えることになります。そこでその不足分を県のほうに補填してほしいと願い出るのですけれども、全額は認められず、結局は個人で負担した分もかなりあったということになりました。そのような苦労を経て、讃岐・阿波の部分は完成しますが、その後諶之丞は亡くなってしまいましたので、全線の完成を見ることはできませんでした。

写真5：阿讃国境猪ノ鼻工事場の写真

こちらの史料が、工事費の不足分の補填を県に願い出たときの史料の控え（写真6）です。後半に

「工事予算額ニ不足ヲ生シ全ク損失ニ属シ如何トモ為スヘカラザル」、どうしようもない状態だということを書いています。「公同利益ノ為メニ資産ヲ毀チ候儀ニ付固ヨリ天地ニ恥サル訳ニハ御座候得共……」とあるように、公共のためにやったことなので、天地に恥じることはないのだけれど、やはり年老いた親の胸中を思うと…といったことが書かれていて、自分としては悔いはないけれど、同時に、家族、特に両親に迷惑をかけているということがやはり心苦しかったのかなと思います。

次は兄弟からの手紙です。「手許ニテハサツバ《(パ)》リ当テなし」とあり、支払いが工費も含めていろいろたまっているのだけれど、手元にはお金が全然ないよというようなことが、兄の菊治から謙之丞宛てに出された手紙に書かれています。兄も、本家や弟の事業を支えていたことが分かります。

次の史料（写真7）は、本当はすごく長い手紙の一部なのですけれど、謙之丞が亡くなる少し前の時期のものになります。親戚の長谷川安二郎（史料により、安次郎・

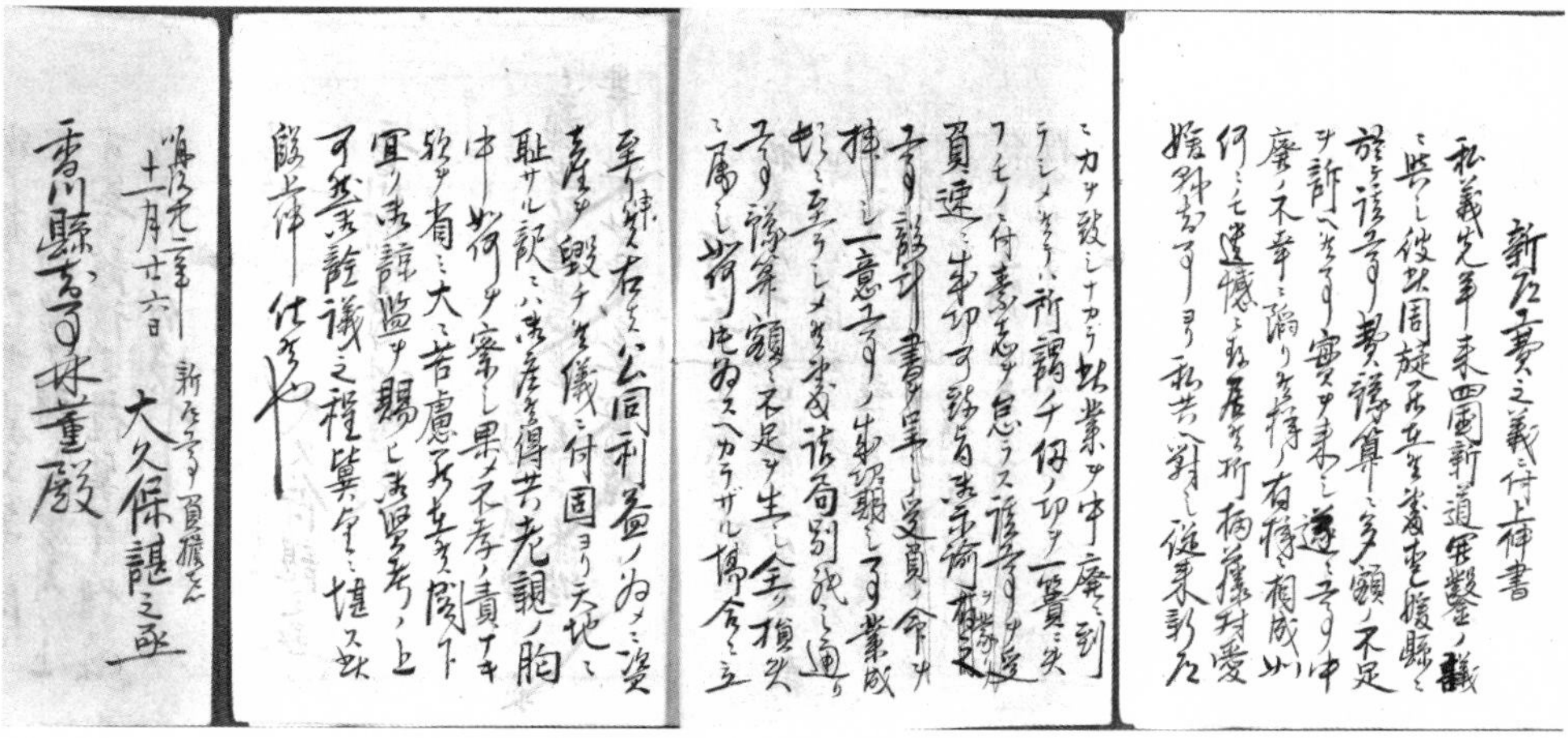

写真6：新道工費之義ニ付上伸書

安治郎の表記あり）から諶之丞に宛てた手紙ですが、このとき県会が開かれていますので、諶之丞は高松にいて財田にはいません。この親戚の長谷川安二郎が、大久保家の人たちに諶之丞の借金について詳しく説明し、今後それをどうやっていくかというようなことを相談し、その結果、父の財産処分によって支払うことを認めてもらいましたよということを、高松にいる諶之丞に報告している手紙になります。父森治の財産を処分するということになるのですけれど、森治は説明を受けたときに、「もう払い終わっていると思っていたのに意外だ」とか、「詳しい明細を見せてくれないと納得できない」というようなことを言っていたようで、あまり詳しい説明は家族にしていなかったのかなと思います。自分の留守中に、わざわざそんな大事なことを親戚に頼んで説明してもらっているところからしても、かなり心苦しく思っていて、けれどもものすごく深刻な状態になっていたということも想像できます。

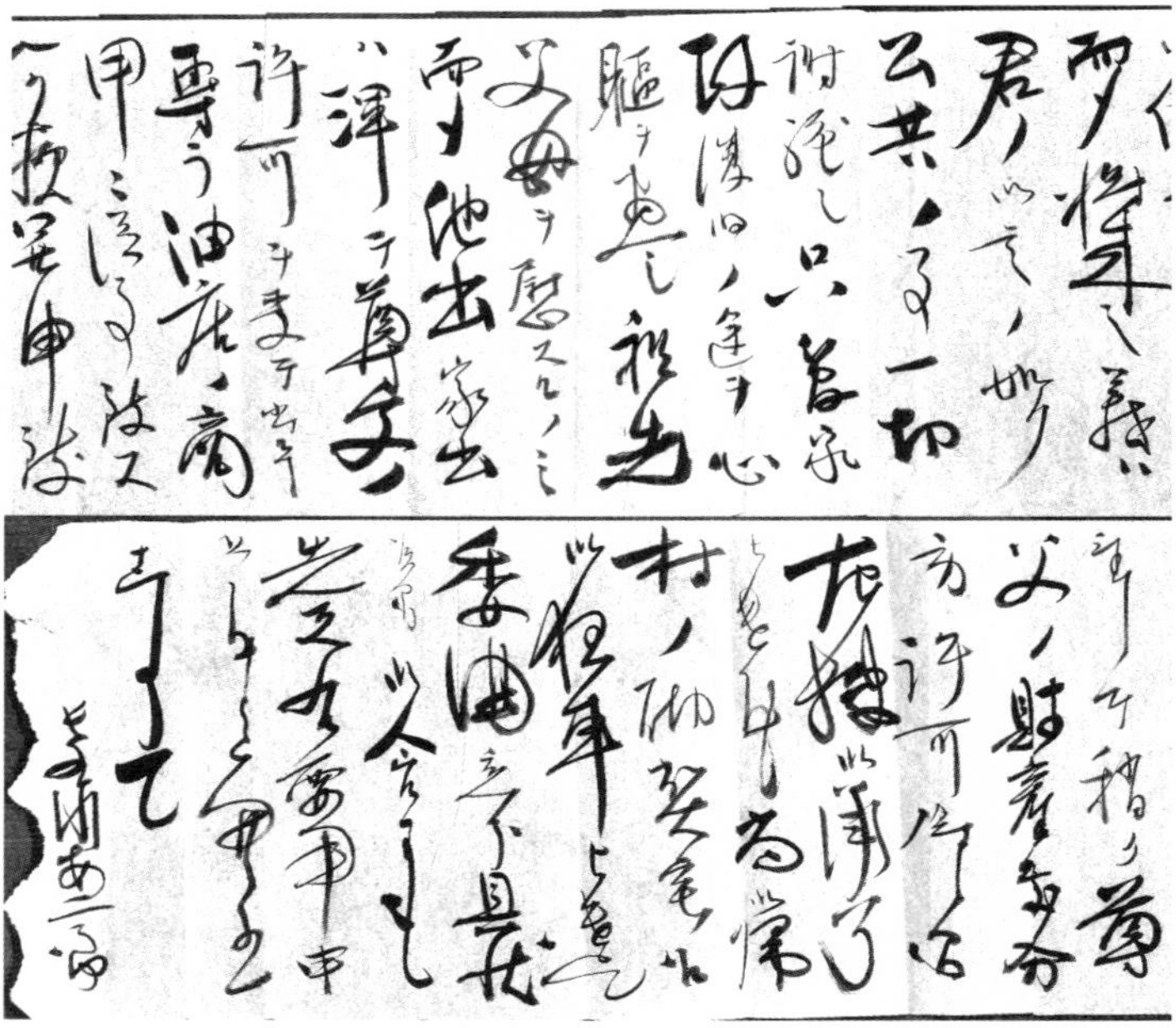

写真７：長谷川安二郎から諶之丞宛の書簡（部分）

それで、これは今後はこういうふうにしますという諶之丞の決意を書いている部分なのですが、「公共ノ事一切謝絶シ只管《ひたすら》家政復旧ノ途ヲ心躯ヲ尽シ」とあるので、公共のことは一切やめて、家政の復旧に尽くすということを言って、ようやく許可を得たということになります。この後諶之丞が亡くなってしまうので、実際には実現できなかったのですけれど、この時点では、大久保家の財産を処分しなくてはいけないほどやりくりが苦しくなっていたことが分かるかと思います。

兄弟の合作・讃岐鉄道開業式の祝辞

次に、諶之丞が行った大きな事業の二つ目、讃岐鉄道についてです（写真8）。こちらはこの後の講演でも述べられると思いますし、時間の都合もありますので鉄道敷設の経緯などは省略しますが、讃岐鉄道と諶之丞との関係ということを考えると、最も有名な史料は開業式のときに諶之丞が読んだ祝辞です。その中に瀬戸大橋につながる構想が記されているのですけれど、いろいろなところで広く紹介されて多くの人に知られている史料だと思います。

調査の過程でその下書きを見つけることができました。こちらがその史料です（写真9）。かなり激しく直されています。これは諶之丞が原稿を書いて、弟の彦三郎に送って添削してもらった

写真8：讃岐鉄道1号機関車

原稿になります。本当に原形をとどめていないくらいに直されていて、読みづらくなっています。瀬戸大橋に関わるくだりは2枚目の後半で、オリジナルはこの文章になります。「塩飽ノ諸島ヲ橋台トナシ」という有名な一説は、最初の諶之丞の原稿にも書かれています。その部分を生かしながら、いろいろ修正を加えていっているわけです。直した後の原稿がこちらになります(写真10)。この史料はい

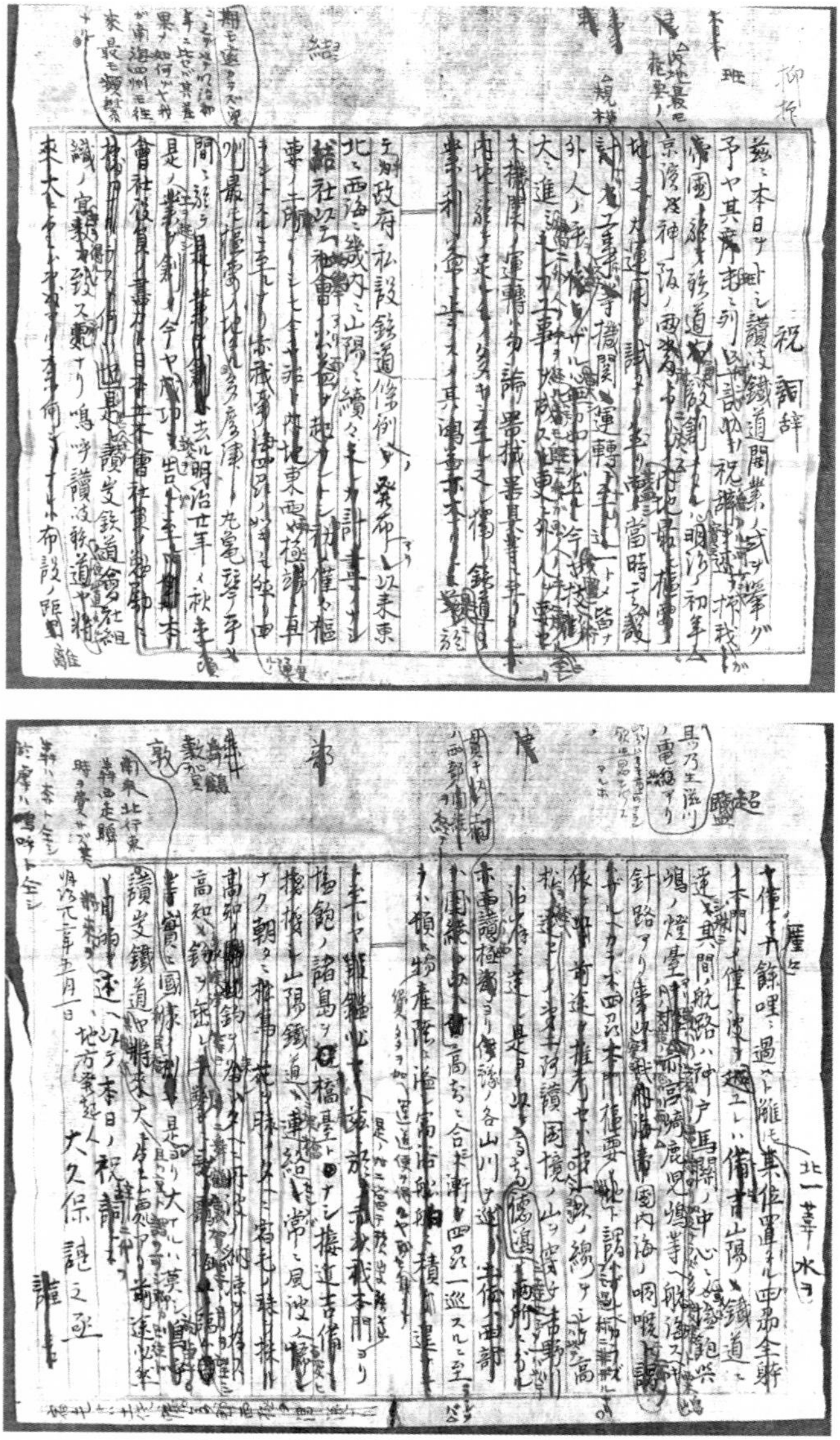

写真９：讃岐鉄道開業式の祝辞草稿

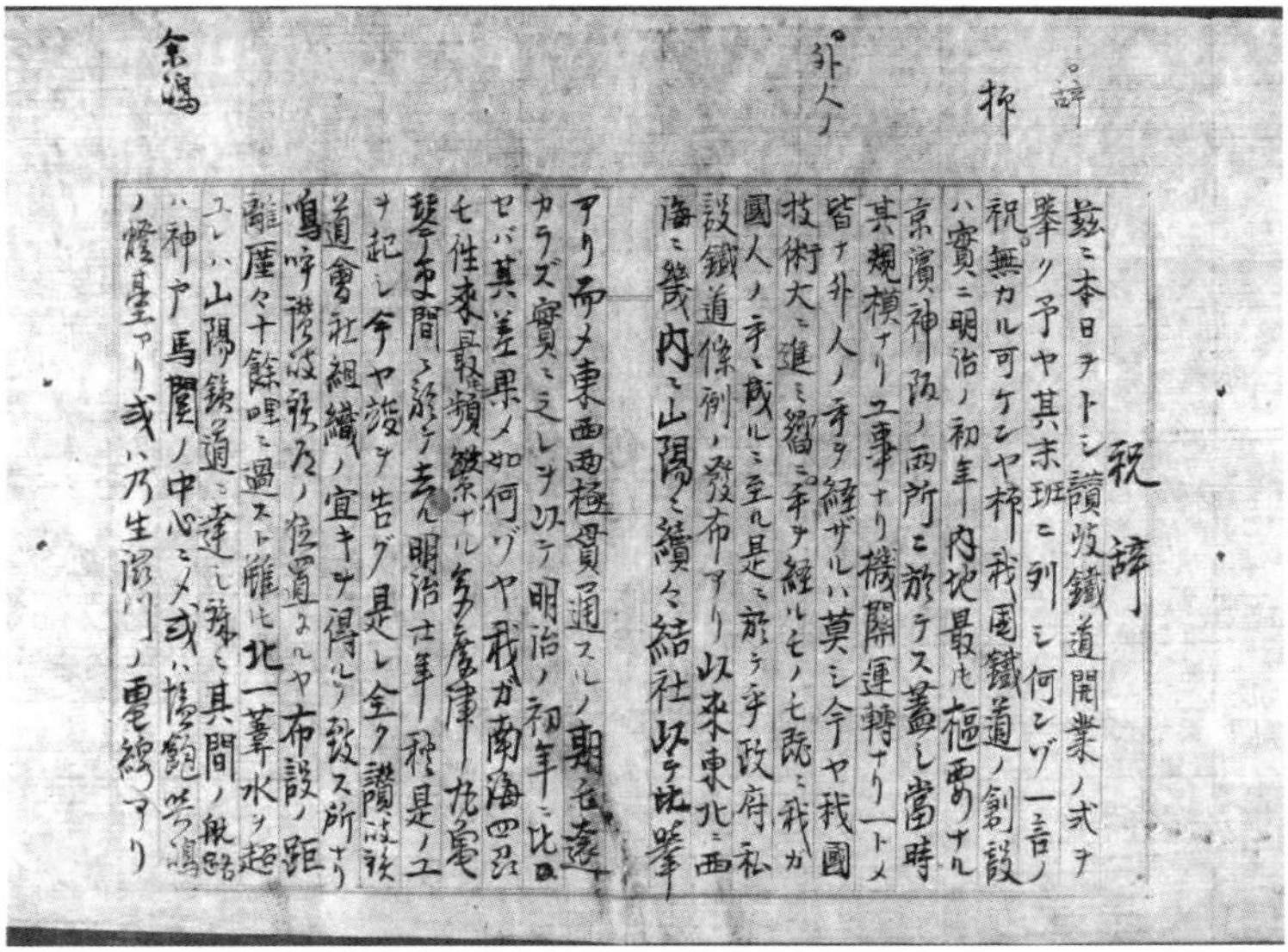
祝辞

茲ニ本日ヲトシ讃岐鐵道開業ノ式ヲ
挙ク予ヤ其末班ニ列シ何ンゾ一言ノ
祝無カル可ケンヤ抑我国鐵道ノ創設
ハ實ニ明治ノ初年ニ内地最モ枢要ナル
京濱神阪ノ両所ニ於テス蓋シ當時
其規模ナリ工事ナリ機関運轉ナリ一トシテ
皆ナ外人ノ手ヲ経ザルハ莫シ今ヤ我国
技術大ニ進ミ獨ニ手ヲ経ルモノ七既ニ我カ
國人ノ手ニ成ルニ至ル是ニ於テ乎政府私
設鐵道條例ノ發布アリ以来東北ニ西
海ニ畿内ニ山陽ニ續々結社以テ比肩
アリ而メ東西両極貫通スルノ期亦遠
カラズ實ニ之レヲ以テ明治ノ初年ニ比ロ
セバ其差果メ如何ゾヤ我ガ南海四国
七性来最モ頻繁ナル多度津丸亀
琴平ノ間ニ於テ去ル明治廿年是ノ工
ヲ起シ今ヤ竣ヲ告グ是レ全ク讃岐鉄
道會社組織ノ宜キヲ得ルノ致ス所ナリ
嗚呼讃岐ノ位置ヨルヤ布設ノ距
離僅々十餘哩ニ過スト雖モ北一葦水ヲ超
ユレハ山陽鉄道ニ達シ東ニ其間ノ航路
ハ神戸馬関ノ中心ニメ或ハ播磨鞆ノ鳴
ノ燈臺アリ或ハ乃生瀬戸ノ電線アリ

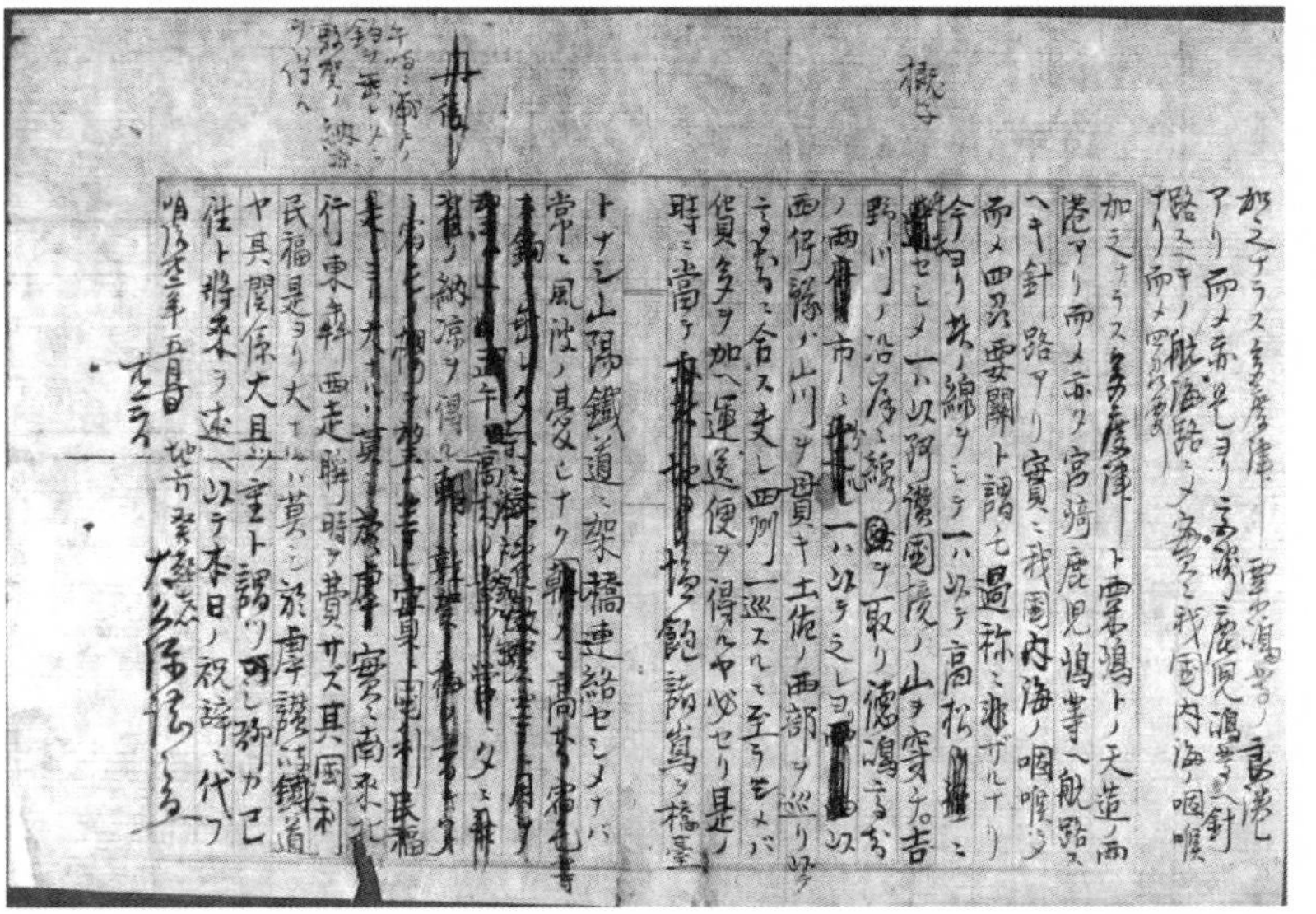
加之ナラス多度津ト雲鳴トノ天造ノ
港アリ而メ赤タ宮崎鹿児島等ヘ航路ヲ
ヘキ針路アリ實ニ我国内海ノ咽喉ニシテ
而メ四国要関ト謂モ過称ニ非ザルナリ
トナシ山陽鐵道ニ架橋連絡セシメナバ
民福是ヨリ大ナルハ莫シ
ヤ其関係大且ツ重ト謂ツ可シ
往ト将来ヲ述ヘ以テ本日ノ祝辞ニ代フ
明治廿二年五月

写真10：讃岐鉄道開業式の祝辞

ろいろなものに紹介されているので、見られた方がたくさんいらっしゃるのではないかと思います。ここに至る前の状態のものがあったということになります。

これは、先ほどのオリジナルの諶之丞の原稿に彦三郎が添削を加え、諶之丞が清書したものです。瀬戸大橋構想に関わる部分は直していますので、さらに修正して最終的に完成したと言えると思います。最終的な原稿を、オリジナルの部分と彦三郎が付け加えたり直したりした部分を分けてみます（図3）。網掛け以外の部分は諶之丞の元々の原稿にあった部分です。「塩飽諸島ヲ橋台トナシ……山陽鉄道ト連絡」というところは元からありますので、その発想自体は諶之丞のものだと言うことができます。ただ「架橋」という、本当に橋を架けるという言葉は彦三郎が追加している部分で、「架橋連絡セシメバ」というような言い方になっています。その後の、架橋が実現したらいかに速く移動できるようになるかを示すために、朝にはここにいて夕方にはここにいることができるということを書いている部分では、場所をどうするかで、何回も直されています。最終的には、お昼ごろに浦戸にいても夕方には敦賀に行けるという表現になっていますが、ここに至るまでにいろいろ手直しがあったことがうかがえます。

先ほども言いましたけれど、瀬戸大橋につながる発想自体は諶之丞が元々持っていた。それに架橋という言葉を入れたり、聞く人に非常に分かりやすく、聞く人の心に響くような文章に直していったのは彦三郎だったということが分かりました。後世で有名になっているこの史料ですけれど、諶之丞と彦三郎という二人の兄弟の合作だったということが、二つの史料を比較していくとよく分かると思います。最終のものだけではなくて、できあがるまでの過程を見ると、二人の関係性といったところもうかがい知ることができると思います。こんなに直されたらふつうは嫌になると思うのですけれども、諶之丞はほとんど直された通りそのまま清書して仕上げていることから、彦三郎に対する信頼感もかなりあったのではないかと思います。

活動を支えた家族の存在

最後になりますけれども、諶之丞を支えた家族に注目してみたいと思います。お預かりしている大久保家の史料の中には、家族の肖像写真を中心に20点ほどの写真が含まれていました。こちらはそのうちの一つになります（写真11・12）。裏面に墨書がありまして、1877（明治10）年に琴平で撮影したものであることが分かります。写っている人が誰で何歳のときかということもちゃんと記されて

①諶之丞が作成した原稿

我本門ヨリ
塩飽ノ諸島ヲ橋台トナシ接近吉備ニ
桟梯シ山陽鉄道ト連絡シ常ニ風波ノ怖レ
ナク朝夕ニ松嶋ノ花ヲ眺メ夕ヘニ宿毛ノ珠ヲ採ル
高知ノ釣ヲ垂レ午餐ニ舞鶴ノ海ヲ臨ム
実ニ国家ノ利ヤ是ヨリ大ナルハ莫シ

⇦

②彦三郎が添削した後の原稿

讃岐鉄道ヨリ
塩飽ノ諸島ヲ橋台トナシ
山陽鉄道ニ架橋連絡セシメバ常ニ風波ノ憂ヒ
ナク朝夕ニ
高知多度津等ニ釣ヲ垂レ夕ニ舞鶴敦賀等ノ月ヲ望ミ
実ニ南来北行東犇西走瞬時ヲ費サズ其国利民福是レ
ヨリ大ナルハ莫シ

⇦

③諶之丞が仕上げた最終の原稿

※網掛け部分が彦三郎が修正した部分

塩飽諸島ヲ橋台
トナシ山陽鉄道ニ架橋連絡セシメバ
常ニ風波ノ憂ヒナク
午時ニ浦戸ノ釣ヲ垂レタニ
敦賀ノ納涼ヲ得ル
実ニ南来北
行東犇西走瞬時ヲ費サズ其国利
民福是ヨリ大ナルハ莫シ

図3：瀬戸大橋の構想に関わる部分の比較

写真11：諶之丞を支えた家族の写真

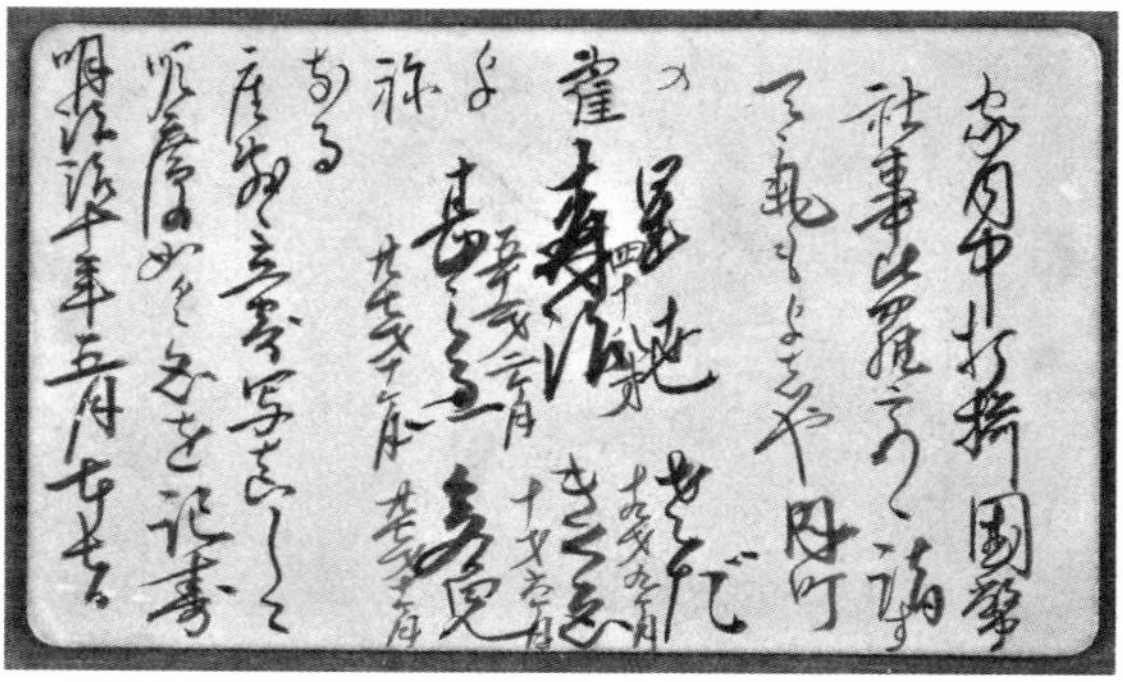

家内中打揃国幣
社事比羅宮へ詣す
天気もよしや内町
の　りせ　四十八才　さだ　十九才九ヶ月
鶴　森治　五十一才二ヶ月　きくゑ　十才六ヶ月
よ　甚之丞　廿七才十ヶ月　ため　廿七才十ヶ月
ね
なる
座敷へ立寄写真して
順序の如く名を記す
明治治十年五月廿七日

写真12：家族の写真の裏面

いまして、撮ったときの状況が非常によく分かるものです。

そして、この1877（明治10）年という撮影年代は、香川県内で撮影された写真で、今実物で残っているものでは一番古いものになると思います。ですので、香川県の写真の歴史を考えていく上でもかなり重要な写真ということができます。それと、これまでの早い時期の写真は、高松のカメラマンが写したものしか確認できていなかったのですけれど、これは琴平で撮影されています。家族そろって金刀比羅宮に行ったときに、記念に撮ったものだということが分かります。写真としてもかなり早いものなので、諶之丞はやはり新しいものに興味があり、そういうものを積極的に試したいという好奇心もあったということがうかがえるものでもあります。

次に、妻のタメから諶之丞に宛てた手紙です（写真13）。こちらは12月2日の消印がある手紙で、諶之丞が県会で倒れたのは12月10日ごろなので、その少し前に書かれた手

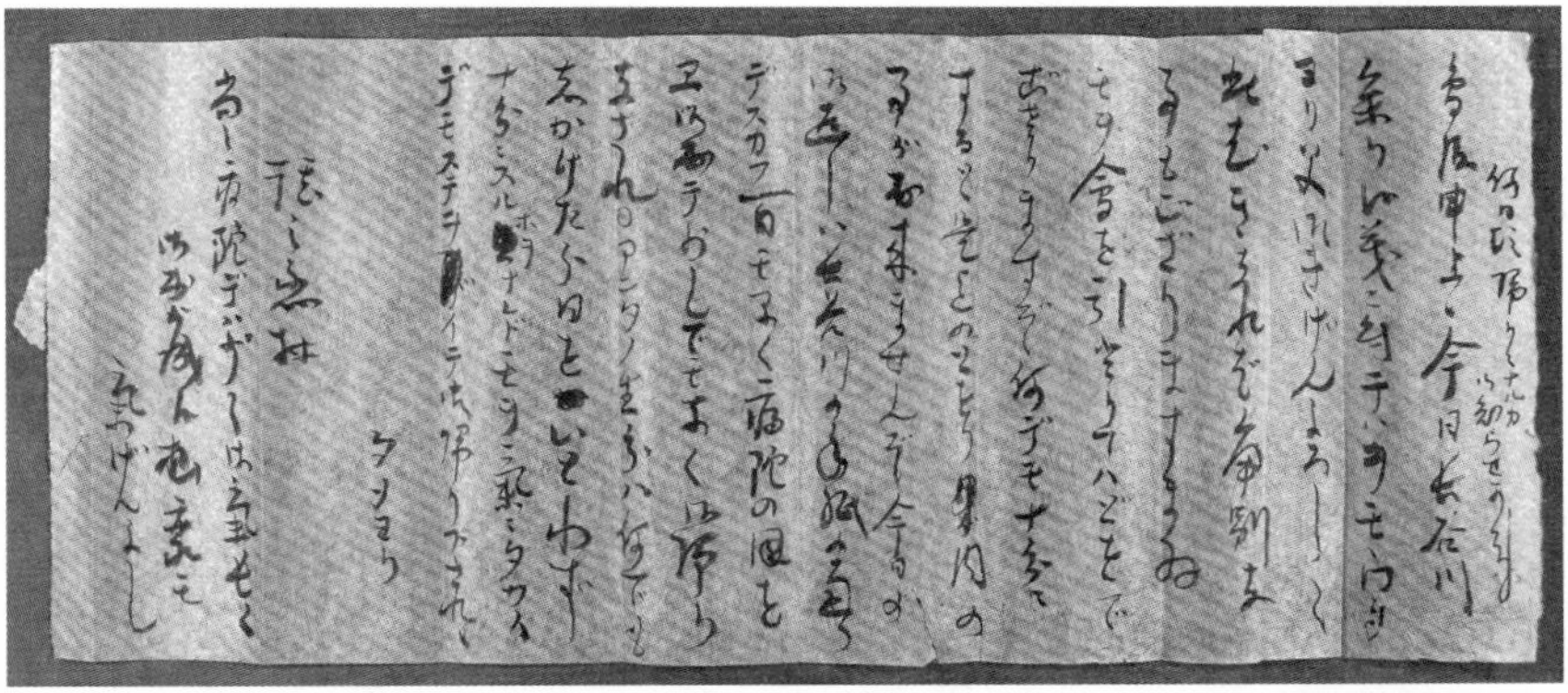

何日頃帰りニナルカ
御知らせ可被下候
鳥渡申上候、今日長谷川
参り候義ニ付テハヲモウに
ヨリ、父御きげんよろしく
此むきなれば角別な
事もござりますまゐ
モヲ会を引とりてハどをで
ござりますぞ、何デモ十分ニ
すると是迄のとをり内の
事が出来ませんぞ、今日の
御返しハ長谷川の手紙の通り
デスカラ一日モ早く病院のほを
ヱ御出テ少しでも早く御帰り
なされ〇アンタノ生分ハ何でも
しかけたら日をいとわず
十分ニスルホヲナレドモ、ヲ気ニタカイ
デモステテヲイテ御帰り下され候
タメヨリ
諶之丞様
尚々病院デハ少々は気長く
御出被成候、杣豪モ
気げんよし
（読点は筆者による）

写真13：タメから諶之丞宛の書簡

紙ということになります。内容を見てみると、諶之丞の体調を心配して、「早く病院のほをヱ御出テ少しでも早く御帰りなされ」と書いています。病院に行って早く帰ってきなさいということを書いていますし、話しかけるような文体で書かれていまして、夫婦間の会話が想像できるような手紙です。「モヲ会を引とりてハどをでござりますぞ」というのは、もう県会はやめて帰ってきたらどうですかということですね。「何デモ十分ニすると是迄のとをり内の事が出来ませんぞ」というのは、何でも気のすむまでやると、今までと同じようにうちのことがほったらかしになるということです。最後の方では「アンタノ生分ハ何でもしかけたら日をいとわず十分ニスルホヲナレドモ、ヲ気ニタカイデモステヲイテ御帰り下されと、何でもやり始めたらそこに邁進してしまう諶之丞の性格を言っているところがあるのですけれど、たぶんこの通りの人だったのではないかと想像できます。自分の気に沿わないかもしれないけれど、もう県会のほうは捨て置いて早く帰ってきなさいという手紙を出すほどなので、体調もかなりすぐれなかったのでしょうし、限界に近いような状態だったのかもしれません。そういうことがうかがえる史料になります。

同じような時期になりますけれども、彦三郎から諶之丞

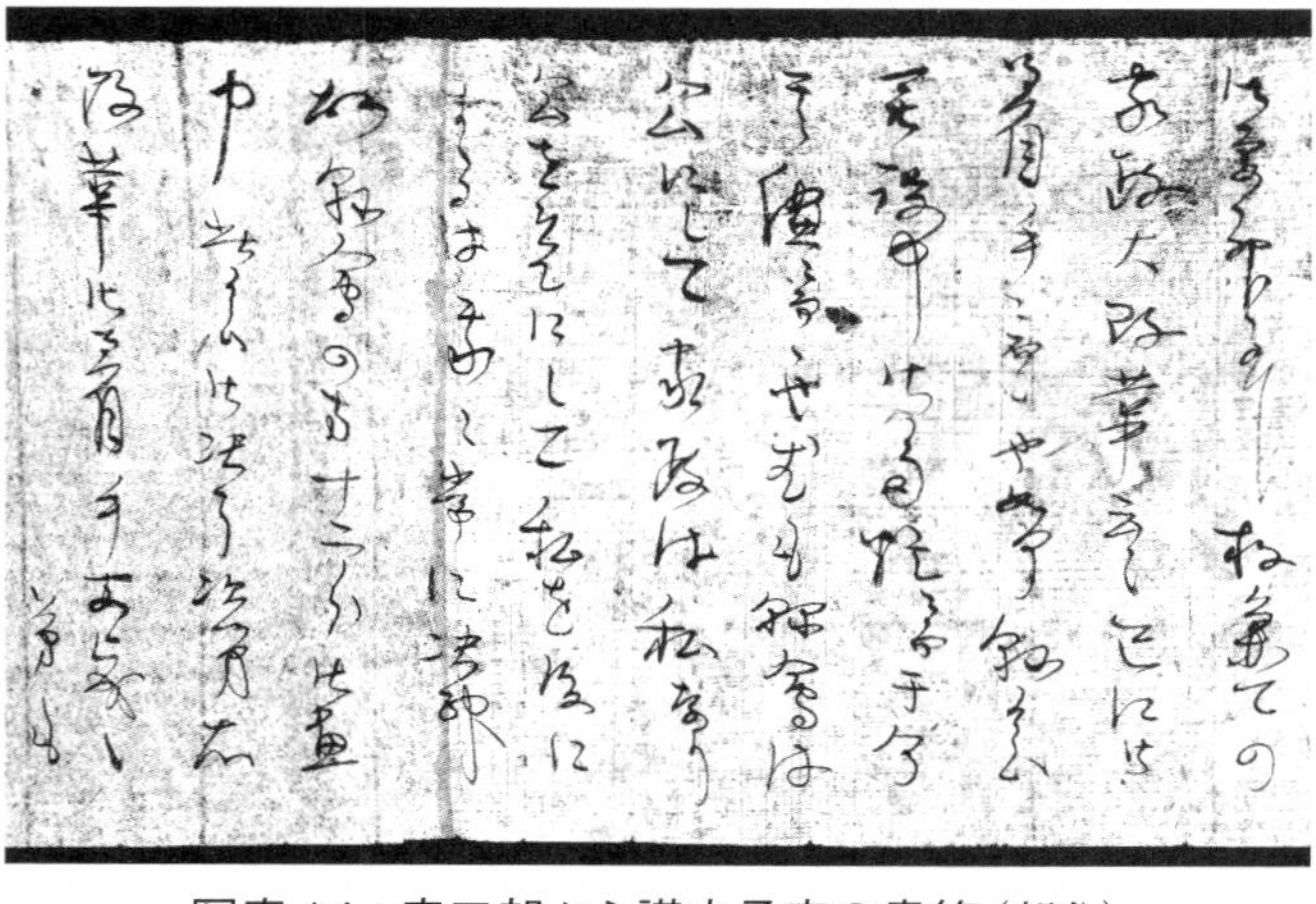

写真14：彦三郎から諶之丞宛の書簡（部分）

に宛てた手紙（写真14）です。こちらはちょっと違っていまして、「家政大改革」という言葉が出てくるのですが、これは先ほど紹介した親戚の長谷川安二郎が借金の状況を家に説明したときに、今後は家の復旧に専念するように決めたことを指していると思います。しかし彦三郎のほうは、「県会は公にして家政は私なり」と書いています。それに続いて、「公を先にして私を後にするは我々常に決神《（心）》故」と書いていまして、県会の途中なのでそれを放り出して家のことをするのではなくて、県会のほうに十分に尽力して、それが終わってから家政の改革のほうに着手したらいいんじゃないかと書いています。やはり謙之丞と彦三郎は考え方を同じくしていたのだということが分かります。そういう部分でも通じ合っていた兄弟なのだろうと思います。この手紙の日付は12月9日で、謙之丞が倒れる直前になりますので、おそらくこの手紙を読むことはできなかったのではないかと思います。謙之丞の活動を後押しするような彦三郎の存在があったということがうかがえる史料です。

人を惹きつける魅力

最後に、今までの話をまとめたいと思います。謙之丞は今までいろいろな方が研究されてきたと申し上げましたけれど、おそらく謙之丞の生き方には、多くの人を惹きつける魅力があるのだろうなと思います。それは何なのだろうかということですけれど、自分の目標に向かって真っすぐに突き進んだところや、困難なことがあってもあきらめずにやり遂げたというところにどうしても惹かれてしまいます。謙之丞と同じ時代を生きた人も、おそらくそういうところに共感して協力していったということがあるのではないかと思います。

それから、100年後を見通す先見性があったということです。明治時代に、のちの香川用水につながる構想や、100年後に実現する瀬戸大橋の架橋など、おそらく誰も想像することもできなかったことを述べているところに魅力を感じます。こちらは同時代の人にはあまり理解されなかったところかもしれませんけれども、今、それが実現したことを知っている私たちから見ると、とても優れた人だったということが言えると思います。そして、最後のほうに出てきましたけれども、「私」よりも「公」を優先した人であったということです。謙之丞はすごく広い視点で大きな事業を成し遂げた人ですけれども、私は、原点は自分の住んでいた村を豊かにしたいという気持ちだったのではないかと思います。村の庄屋を務めていた父の姿を見て、そういうところが出発点になって、そこからいろいろなことを考え、今の時代にどうしたら少しでも村の人が暮らしやすく豊かに幸せになれるか考えたときに、どんどん考える範囲が大きくなっていったのではないかと思います。自分の村から出発したことだけれど、県を越えて四国全体、日本

全体に利益をもたらすにはどうしたらいいかというところまで、大きくなっていたのではないでしょうか。

それから史料を見ていて、諶之丞がいろいろな事業を成し遂げることができたのは、それを応援する家族の支えがあったからだということを忘れてはいけないと、改めて認識することができました。今後も、諶之丞が残した史料を多くの人がさまざまな視点で読み解くことで、新たな研究成果も生まれてくるだろうと思っています。私たちミュージアムとしましても、史料の適切な保存、活用に今後も努めていきたいと思っております。

駆け足になりましたけれども、ご清聴ありがとうございました。

講演2

讃岐鉄道の父と備讃交通に関わった男

香川近代史研究会会員
宮本義行（みやもと　よしゆき）

専門は地域の歴史地理。特に、香川県中讃地域の発達史と讃岐鉄道や琴平急行電鉄を中心とした交通・開発の歴史に関心をもって研究を続けており、テレビの全国ネット番組の企画にも参加している。２０１２年ＪＲ四国を退社した後、香川近代史研究会に入会。郷土史家として活動している。

著作に『香川県謎解き散歩』『塩江温泉鉄道と花屋少女歌劇』など。

皆さん、こんにちは。香川近代史研究会の宮本義行と申します。よろしくお願いいたします。

今日、お手元のチラシ、パンフレットを見て、ちょっと違和感を持たれた方はおられるでしょうか。景山甚右衛門の年譜とその下に白川友一の年譜を書いています。私に与えられたテーマは、「讃岐鉄道の父」ともいわれる景山甚右衛門の功績について語れ、ということですが、今年（２０２２年）は、１８７２（明治５）年に新橋―横浜間に鉄道が開業して１５０年になる記念の年です。講演のタイトルを「讃岐鉄道の父と備讃交通に関わった男」としておりますように、本日は景山甚右衛門に加えて、年齢も近く、経歴や活動範囲など共通項も多い、しかも下津井電鉄の初代社長で琴平急行電鉄との関わりが深い白川友一をもう一方の柱として取り上げ、香川県の鉄道の発達史、歴史についてお話ししたいと思います。

四国鉄道網の基礎を作った景山

本日のお話の中心となる時代、金刀比羅宮につながる香川県西部の鉄道網は琴平参宮電鉄、琴平電鉄、琴平急行電鉄、そして国鉄（現JR）と非常に入り組んでいました。どこの鉄道がいつ開業し、どこを走っていたのか、路線や開業日など概略（表1）をまとめましたので、これを参考にしながらお聞きいただきたいと思います。

まず、中心になる人物、景山甚右衛門（写真1、表2）は讃岐鉄道の2代目の社長なんですけれども、景山はプログラムにありますように1855（安政2）年、讃岐国多度郡多度津村（現多度津町）の豪商の長男として生まれましたが、若いときに上京して見た鉄道に驚愕し、「これをぜひ、多度津に！」と鉄道新設構想を描きます。そして1889（明治22）年、金毘羅参りの玄関口であった多度津を起点と

表1：香川県西部の鉄道網

会社名	開業日	路線	廃止日
琴平参宮電鉄（通称：琴参）	1922（大正11）年10月22日	坂出～琴参琴平 多度津～善通寺	1963（昭和38）年9月16日
琴平電鉄（通称：琴電）	1927（昭和2）年4月22日	高松～琴平 （当時の高松駅は現在の瓦町駅にあたる）	現在も営業
琴平急行電鉄（通称：琴急）	1930（昭和5）年4月7日	坂出駅前～琴急琴平	1944（昭和19）年1月8日休止 1954（昭和29）年9月30日廃止

して丸亀と琴平とを結ぶ「讃岐鉄道」の開業に尽力しました。その後、堅実経営をモットーに安定経営に努めて路線を延伸させ、四国の鉄道網の基礎を作りました。また、景山は鉄道だけでなく、香川県内初の多度津銀行や四国水力電気（現四国電力）などを創設したほか、4期衆議院議員としても活躍しました。

白川友一（写真2、表3）は、年譜を見ていただいたらお分かりだと思いますが、下津井電鉄の初代社長で備讃交通推進の立役者、琴平急行電鉄の敷設に大きく関わりました。白川友一について2010（平成22）年、白川友一のお孫さんから、白川がかかわった鉄道の調査を依頼されました。さっそくいろいろ調べたのですが、全貌がまったくつかめません。2012（平成24）年から香川近代史研究会に入会し、歴史学会の先生方とか地理学会の先生方とか、岡山の郷土史会の方とか、いろいろ関係する方々にお話を伺い、いろいろアドバイスを受けながら調べておりました。今、丸亀市が、琴平参宮電鉄と琴平急行電鉄のスタンプラリーをやっていますけれども、鉄道の建設に大きく関わった白川は、1873（明治6）年に現在の香川県まんのう町に生まれ、銀行

写真1：景山甚右衛門

写真2：白川友一

家、そして香川県会議員、衆議院議員として活躍するのですが、下津井電鉄社長の後、坂出―琴平を結ぶ琴平急行電鉄に高額出資し社長に就任します。この白川が１９３０（昭和５）年に開業させた琴平急行電鉄は、戦時下の陸上交通事業調整

表２：景山甚右衛門関連年譜

西暦	和暦	景山甚右衛門 関連年譜
1855年	安政2年	讃岐国多度津村（現多度津町）大隅屋の長男として生まれる
1873年	明治6年	家督を相続し、戸長連合町村会議員を務めた
1889年	22年	讃岐鉄道 丸亀―多度津間 開業
1891年	24年	多度津銀行創設、讃岐鉄道社長に就任
1896年	29年	衆議院議員初当選、以後4期12年国政に尽力
1897年	30年	讃岐鉄道　高松まで延伸
1907年	40年	讃岐電気の社長に就任
1912年	大正元年	三縄水力発電所開設、社名を四国水力電気に
1927年	昭和2年	屋島登山鉄道を創立
1930年	5年	老人性白内障のため失明
1937年	12年	景山甚右衛門死亡　83歳

表３：白川友一関連年譜

西暦	和暦	白川友一 関連年譜
1873年	明治6年	讃岐国造田村（現まんのう町）安達小平太を父として生まれる
1892年	25年	仲多度郡南村（現丸亀市）白川家養嗣子に
1897年	30年	丸亀七九銀行支店長、高松讃岐銀行専務に就任
1899年	32年	香川県会議員当選
1911年	44年	衆議院議員当選
1913年	大正2年	下津井軽便鉄道 下津井―茶屋町間 開業
		白川友一は初代社長に就任
1930年	昭和5年	琴平急行電鉄　坂出―琴平間 開業
		白川組が敷設工事施工
1940年	15年	白川友一死亡　68歳

法により不要不急路線として１９４４（昭和19）年に営業休止に追い込まれましたが、１９４８（昭和23）年７月に琴平参宮電鉄と合併しました。その琴平参宮電鉄もバス・自動車化の影響等により、１９６３（昭和38）年９月16日廃止となりました。当然、同じ時期の方ですから、景山甚右衛門とも、人的に鉄道敷設に関していろいろと関係が出てきていますので、景山と白川のことをお話ししたいと思います。

写真（写真３）は、先ほど野村先生が大久保諶之丞の話をされましたが、丸亀の方だとこの場所がお分かりだと思います。後方に丸亀城がありますので、丸亀から善通寺へ向かって、丸亀の歩兵十二連隊が、多分夏季衣装で行軍をしているところです。立派な道があります。はがきの表の装丁からして１９０７（明治40）年ごろと推察されます。この道が当時の讃岐新道で、この状況からすると３間半から４間ですから、７～８メートルの道を行軍しているところです。

この道沿いに、15年後の１９２２（大正11）年10月22日に、丸亀城の堀端（現在の通町付近）から善通寺駅前の間に琴平参宮電鉄が開業します。当時としては、こういう景観ですから、電鉄敷設は簡単とは言いませんが、比較的スムーズにいったのかなと思います。この写真の位置は琴参の田村駅があったあたり

写真３：讃岐新道を行軍する12聯隊（1907年頃）

かなと思います。

先ほど、香川近代史研究会に入会したことをお話ししましたが、この研究会はドイツ俘虜の研究グループです。第1次世界大戦、ドイツ兵の俘虜収容所が日本中に12か所あり、香川県内では丸亀市の塩屋別院にありました。建物、収容所が残っているのは丸亀だけです。収容所には楽団があって、楽団のメンバーの何人かが、1917年（大正6）年末に徳島県板東町（現鳴門市）の板東俘虜収容所へ行ってから編成し、ベートーベンの交響曲第九番、第九の初演をしたということです。丸亀市としても「第九源流のまち」といううたい方で、年末に第九プレというイベントをずっとやっております。

その徳島ですが、この後説明しますが、徳島も早い時期に鉄道が敷かれたところです。景山らの讃岐鉄道も、「丸亀から高松まで延伸した後、徳島県の脇町もしくは徳島まで延伸する計画をもっていた」ということが、讃岐鉄道開業直後の1889（明治22）年6月9日付大阪毎日新聞や6月26日付大阪朝日新聞に載っています。大阪朝日新聞によりますと、高松―脇町間は延長30マイルで、途中には清水越えのトンネル工事が必要でした。高松―徳島は三本松、引田を経由する延長40マイルで、途中には長さ200間《けん》の大坂越えトンネルのほか、吉野川、大寺川、鮎喰川に約600間の橋梁を架ける必要があり、総工費は200万円の巨額にのぼると書かれています。開業後の利益は高松―脇町間よりも三本松、引田経由のほうが見込めるため、まず三本松、引田経由で敷設する計画で、その後、徳島から脇町に25マイルの支線を延ばし、追々高知にも延伸する計画だと報じています。脇町には今、徳島線穴吹駅があり、美馬市脇町南町重要伝統的建造物群保存地区は「うだつの町並み」として知られています。

余談になりますが、２０１９（令和元）年、アインシュタインとベートーベンの第九をテーマに講座で話をしました。実は、ノーベル賞の博士、相対性理論のアインシュタインは岡山県と香川県にも関わっています。そのことを少し話したいのですが、アインシュタインと三宅博士の友情の碑ということで、徳島を、三好から吉野川の南岸をずっと穴吹方面へ行くと、穴吹駅の手前に、「アインシュタインの友情の碑」（写真４）があります。道から少し入りますと、こういう碑があります。

三宅速《はやり》という医学博士が、岡山で１９４５（昭和20）年６月29日に米軍の大空襲で亡くなりました。ホームページとかニュースなどでは、岡山地区で亡くなった人の筆頭に三宅速先生が出てきます。当時、息子さんの三宅博博士が岡山大学におられて、太平洋戦争中のことですから、空襲が激しくなって岡山市内の柳川あ

写真５：アインシュタインと三宅速

写真４：アインシュタインと三宅博士友情碑

たりにおられた息子さんのところに、芦屋にお住まいの速先生と奥さまとが疎開されていたのですが、45年6月29日未明に米軍の岡山空襲で亡くなられたのです。それを知ったアインシュタインが速先生ご遺族宛に哀悼の文を送ったのです。その文面が石碑になっています。「ここには三宅博士とみほ夫人」と書かれています。

三宅速氏とアインシュタイン（写真5）との関わりは、アインシュタインが1922（大正11）年10月から3カ月にわたり、当時のオピニオン雑誌を発行していた改造社の要請で日本に来て、九州、大阪、名古屋、東京、東北とか、大学の関係でずっと講演をして回りました。その瀬戸内海航行の船中で、アインシュタインの体調が悪くなり、ドイツに留学していた速先生が治療して完治したという経緯もあり、アインシュタインが日本に来た際、東京や大阪に同行したようです。そうした関係から、速先生の死を聞いたアインシュタインが哀悼文を送った、それで三宅速先生の地元である美馬の光泉寺にこういう碑が建てられたという経緯です。近くに寄られたら、ぜひ見ていただきたいと思います。

いきなり話が脱線してしまいましたが、これをご覧いただきましょう（写真6）。「日本の資本主義の父」といわれ、500以上の会社の設立や運営に関わった渋沢栄一（写真7）からの直筆の手紙です。観音寺市内で古書店を営んでいた私の友人が集めた遺品を整理しているなかで、昨年4月に見つけたものです。渋沢が出資した製帽会社の取締役を務めた土肥修策に宛て書かれています。手紙の文面は株主総会の日程のほか、取締役の人選について、東洋のビール王といわれた馬越恭平に相談して早く見込みの人を立てて欲しいと指示する内容です。この手紙は時間をかけて渋沢栄一記念館の学芸員が真筆と確認し、今は丸亀市立資料館が所蔵しています。

この手紙がどういう意味をもつのか。まず宛名の土肥修策とはどんな人物なのか、どこで何をしていたのか、その辺が詳しく分かれば、景山らとの関係やあるいは香川での事業に渋沢が何らか関係しているのかなども窺い知ることができるかも知れませんから、今その調査をしているところです。

さて、渋沢栄一と香川県の関係ですが、鎌田勝太郎の孫で坂出市長も務めた鎌田正光氏は自著『鎌田勝太郎に捧ぐ』の中で、「渋沢栄一翁には事業の面で師事し翁の参加して居られる事業には何かと関係しており……」と述べ、勝太郎が渋沢と深い交流があったことを明らかにしています。鎌田勝太郎は坂出市出身の衆議院・貴族院議員で、明治から昭和にかけて塩業、銀行業、鉄道（讃岐鉄道、琴平急行電鉄）、学校の創始期に中心的役割を担いました。塩の町坂出を牽引し、「坂出塩業の父」と称され、１８９４（明治27）年発議の大日本塩業同盟会に児島郡味野村の野崎武吉郎らと参画しました。現在の公益財団法人鎌田共済会の創始者で

写真７：渋沢栄一

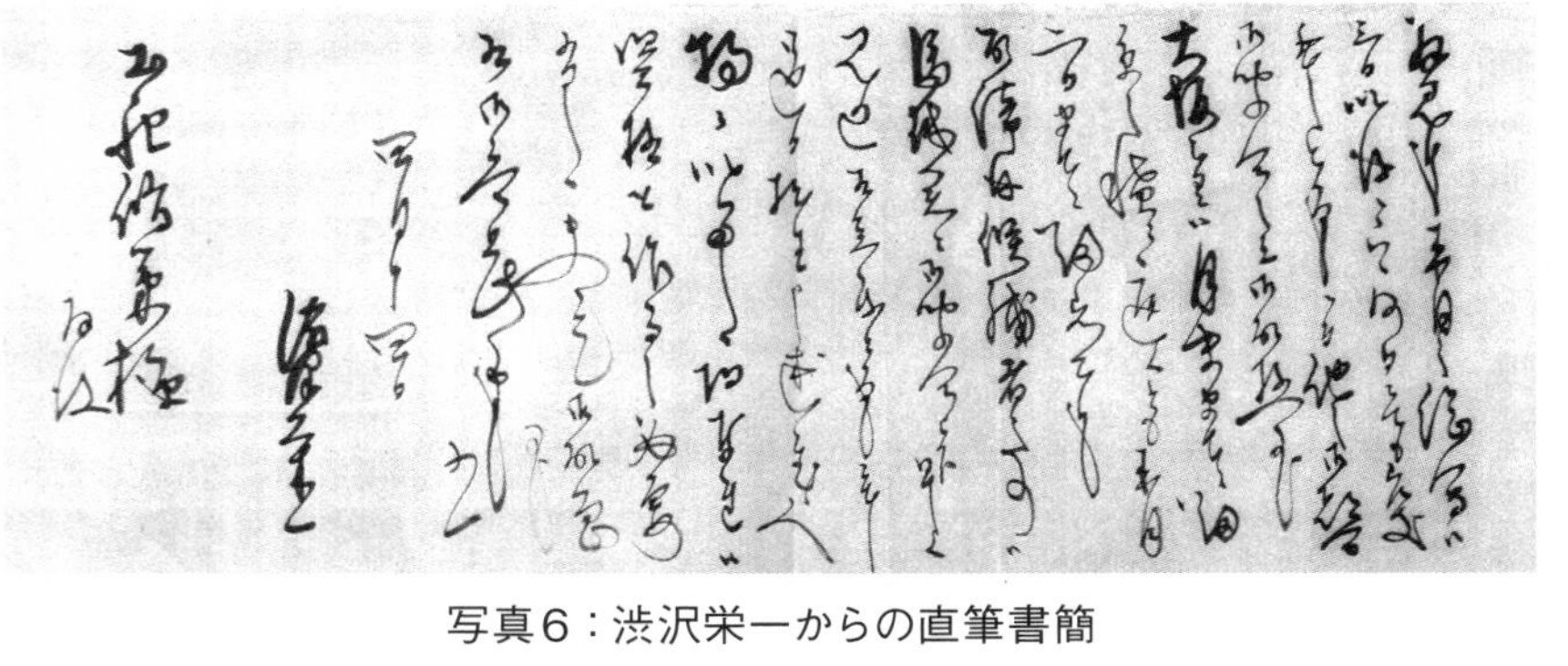

写真６：渋沢栄一からの直筆書簡

もあります。坂出駅の近くにある鎌田共済会郷土博物館の建物は、勝太郎が設立した財団法人鎌田共済会が1922（大正11）年に建てた鎌田共済会図書館です。勝太郎は慈善・育英・社会教育を目的に1918（大正7）年に公益財団法人鎌田共済会を創設し、博物館を建てましたが、この建物は予讃線の高架工事にともなって取り壊されました。そこで建設したのが鎌田共済会図書館でした。鎌田共済会郷土博物館は香川県の関係する歴史資料など1万点以上を収蔵していますが、坂出塩田のほか、このリレー・シンポ「輝ける讃岐人」で取り上げた久米通賢（第2回）や平賀源内（第9回）に関する重要な資料が展示されています。

写真8：中野武営

また、このシンポジウムの第1回で、愛媛県に編入されていた香川県を独立に導いた中野武営（写真8）を取り上げましたが、中野武営は渋沢の後を受けて第2代東京商業会議所（現東京商工会議所）の会頭に就任。経済中心の国家発展をめざし、実業界で大正デモクラシーをリードしました。また、財界の世話役として渋沢栄一と連携して日米民間外交を推進するなど、渋沢の盟友として活躍しましたので、中野武営を通じて、或いはそれぞれの人脈を生かして渋沢と何らかの交流があったのではないかと期待を込めて想像を膨らませているところです。短絡的に結び付けられればしませんが、結論は調査の結果を待ちたいと思います。

次は、四国鉄道の年次路線図（写真9）です。これが、1962（昭和37）年に鉄道90周年ということで、今のJR四国の前身である国鉄が機関誌の『鉄道開業90周年記念号』として特集し発行しました。その中に記述した関連年次路線図です。四国全域あるのですが、ここに琴平、多度津、丸亀、ここまでが讃岐鉄道、１８８９（明治22）年５月23日の開業です。この数字は、正式な記録上の開業年月日です。しま模様が薄くなっている部分は大正期で、１９１３（大正２）年12月20日に多度津から浜多度津駅まで。もともとこの浜多度津駅というのが讃岐鉄道の一番の起点の「多度津駅」だったんですけども、予讃線が延びるということで、同年12月20日に「浜

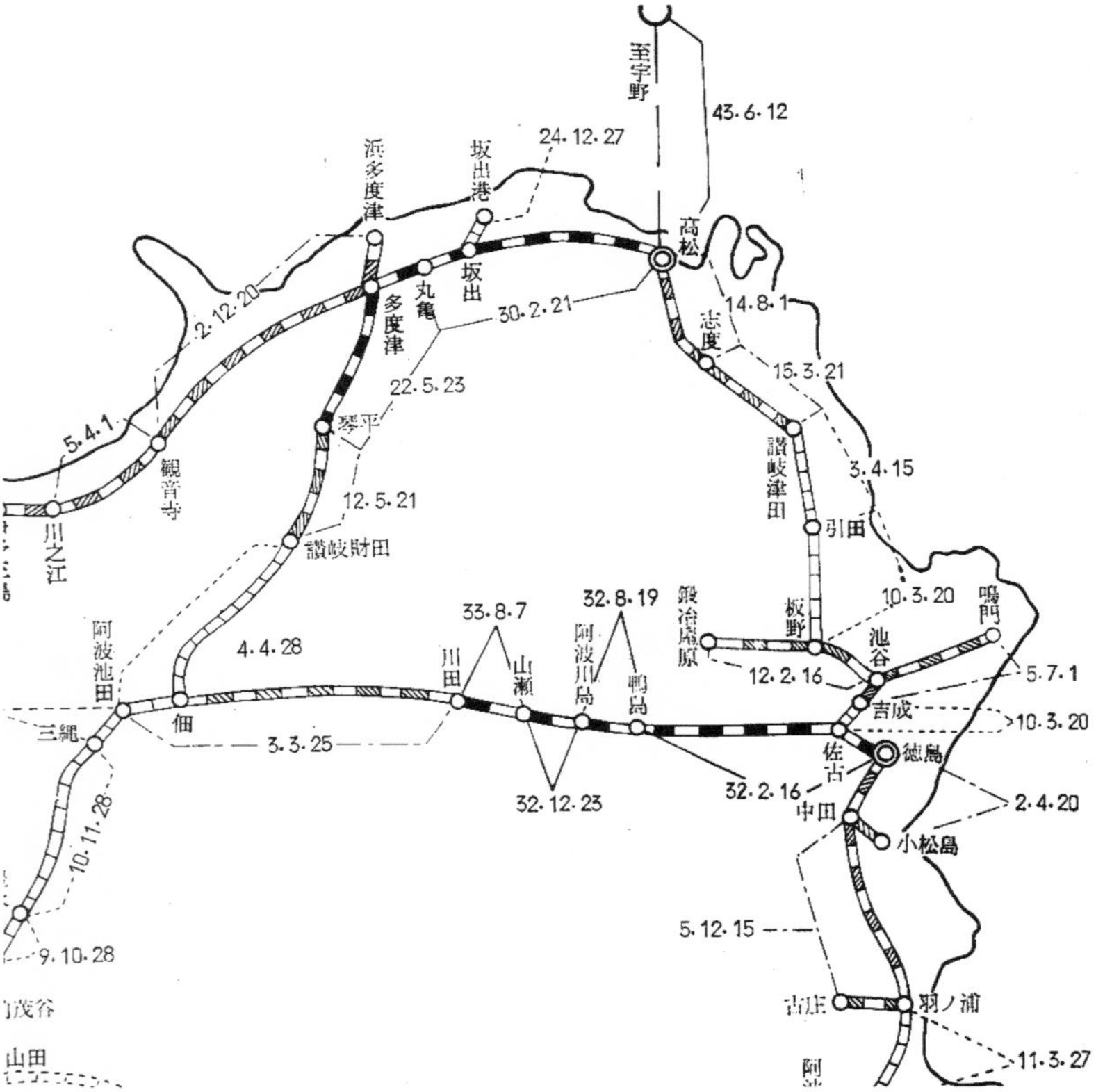

写真９：四国鉄道開業年次路線図

多度津駅」と駅名が変わっています。そして、予讃線沿いの観音寺までが同じ12月20日で、それ以後、16（大正5）年4月1日川之江へというふうにつながっていきます。

そういうことで、多度津駅前には「四国鉄道発祥の地」と書かれた看板とモニュメントがありますが、四国最初の鉄道は１８８８（明治21）年10月28日に開業した伊予鉄道松山—三津間です。したがって正しくは、讃岐鉄道は四国で二番目の鉄道ですが、その要は多度津でした。あと丸亀から高松までが97（明治30）年2月21日で、それ以後、高松から徳島沿いに、これも後々いろいろ出てきますので、ご説明したいと思います。

もう一つ特筆すべき点は、１８９６（明治29）年4月に徳島—川島間が許可され、そのうちの徳島—鴨島間が１８９９（明治32）年2月16日に開業したことです。徳島鉄道は藍や農林産物、肥料や日用品を輸送することを目的に設立された私設鉄道で、１９００（明治33）年8月7日には船戸まで開業しましたが07（明治40）年9月1日に国有化されました。そういうのが分かる路線図でございます（写真9）。

先ほどお話しした開業90周年誌には、当時の写真がいろいろ出ております。こういう写真とか資料類は、香川県立ミュージアム、あるいは愛媛県西条市にある伊予西条駅横の鉄道歴史パークin ＳＡＩＪＯとか、多度津町立資料館にありますのでそちらで見られます。

これも90周年誌の2ページ目に載っているのが初代の讃岐鉄道Bタンク機関車です（１１３ページ参照）。ホーエンツォレルン、10メートル程の小さい機関車です。こちらは初代の高松駅の墨絵です（写真10）。初代の西浜ステーションと記述されていまして、ここは現在、香川県立盲学校があるところです。何年か前に、改築工事で、石造の基礎工事が見つかったということで、これも高松駅の写真があれば、今後も話題になると思います。

　こういう写真もあります。初代の多度津駅のところの桜川河口付近で、右側の建物が讃岐鉄道の本社です(写真11)。左側の多度津駅のホームを西側から見たところです。桜川河口に入るところの港の模様です。これが、讃岐鉄道の1904（明治37）年ごろの、特等車（一等車）の一部を仕切って営業を始めた喫茶室の職員の写真です(写真12)。非常に面白い名前で、喫茶室の「女ボーイ」ということで、言葉としてちょっと変なんですけども、讃岐鉄道は1900(明治33)年、並等車（3等車）で食物や果物などの車内販売を始めています。その2年後に登場したのが喫茶室と美人揃いの「女ボーイ」でした。「女ボーイ」は海を隔て

写真10：初代高松駅の墨絵

写真11：初代の多度津駅

たアメリカのシカゴ鉄道でも話題を呼んだそうで、1902（明治35）年に発行された予讃新報には、アメリカで報道された記事が英語と日本語でこう紹介されています。「讃岐鉄道は近年、旅客列車に8人の美しい婦人給仕を使用しているが、おいおい出札掛、改札掛にも採用せんとする計画があり、思うにこの鉄道たるや日本の僻地にあるとはいえども、われわれ外国人にとっては誠によい印象になった」。この記事は、逓信省鉄道作業局の海野万太郎事務官から書信として寄せられたものだったようです。

「女ボーイ」の採用条件は、①容姿醜悪ならざるもの、②普通教育あるもの、③身体強健なるもの、④品行方正の処女たるべきこと、⑤既往の履歴に一抹の汚点なきもので、処女たるとは未婚という意味です。服務規律はとても厳しく、「当社員の特長たる軍隊式規律に服し、姿勢を正粛たるべし。また旅客に対し

写真12：讃岐鉄道の女ボーイ

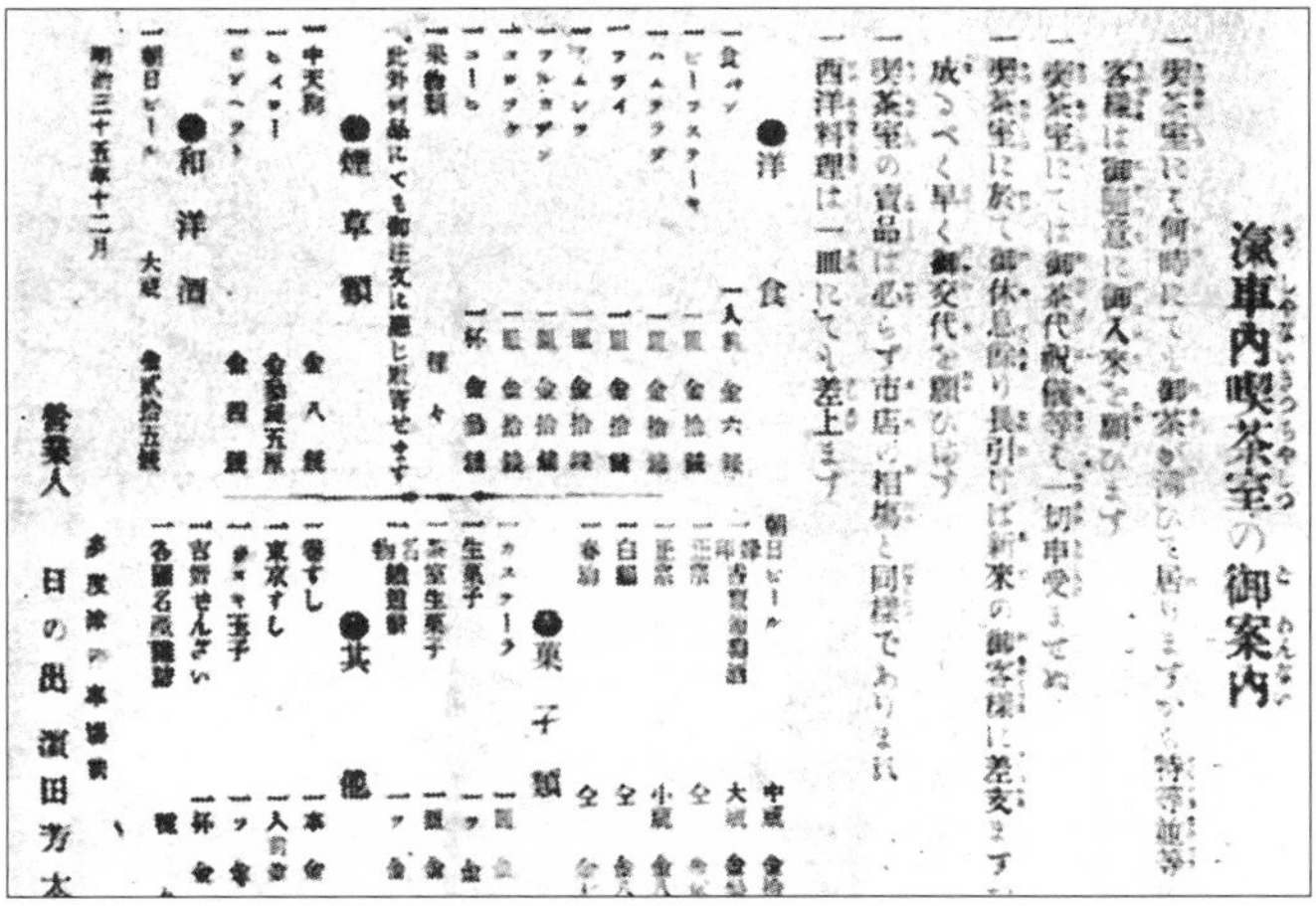
汽車内喫茶室《きしやないきつちやしつ》の御案内《ごあんない》

一西洋料理は一皿にても差上ます

成るべく早く御交代を願ひます

●洋食

●菓子類

●其他

●煙草類

●和洋酒

此外何品にても御注文に應じ取寄せます

明治三十五年十二月

営業人 日の出 濱田

写真13：汽車内喫茶室のメニュー

ては丁寧に懇切なるべし。茶代祝儀は一切受くべからず。旅客に対しては礼儀を守り、無用の雑談を為すべからず。旅客喫茶室にある間は室の一隅に直立して静かに命を待つべきこと」と決められていました。最初の服装は、袖のある着物に袴、草履履きでしたが、後には、詰め襟に筒袖の黒い上着、エビ茶の袴、編み上げ靴、頭はアップにした髪の最新スタイルになりました。若い男性の間だけでなく、女性の間でもあこがれの的となり、厳しい採用条件ゆえ、美人で良家のお嬢様ばかり、代議士や軍人、元武家の娘などもいたそうです。喫茶室は発車と同時に満席になり、駅に止まると、覗き込む人が跡を絶たなかった、おのつよしさんの『日本の鉄道100ものがたり』にはそう書かれています。

こちらは喫茶室のメニューで、「汽車内喫茶室の御案内」と書かれています。食パン6銭、ビーフステーキ10銭、コーヒー3銭と書かれています（写真13）。

そして、これが1897（明治30）年に精工社というところの『日本博覧図』（写真14）で、香川県関係も29枚あります。その中に多度津の東浜の花びし、当時、一番大きい隆盛を極めた旅館ですけども、この模様の銅版画です。花びしの奥に見えているのが多度津駅です。いろんなところで紹介されている非常に有名な版画ですが、多度津の繁栄ぶりがこん

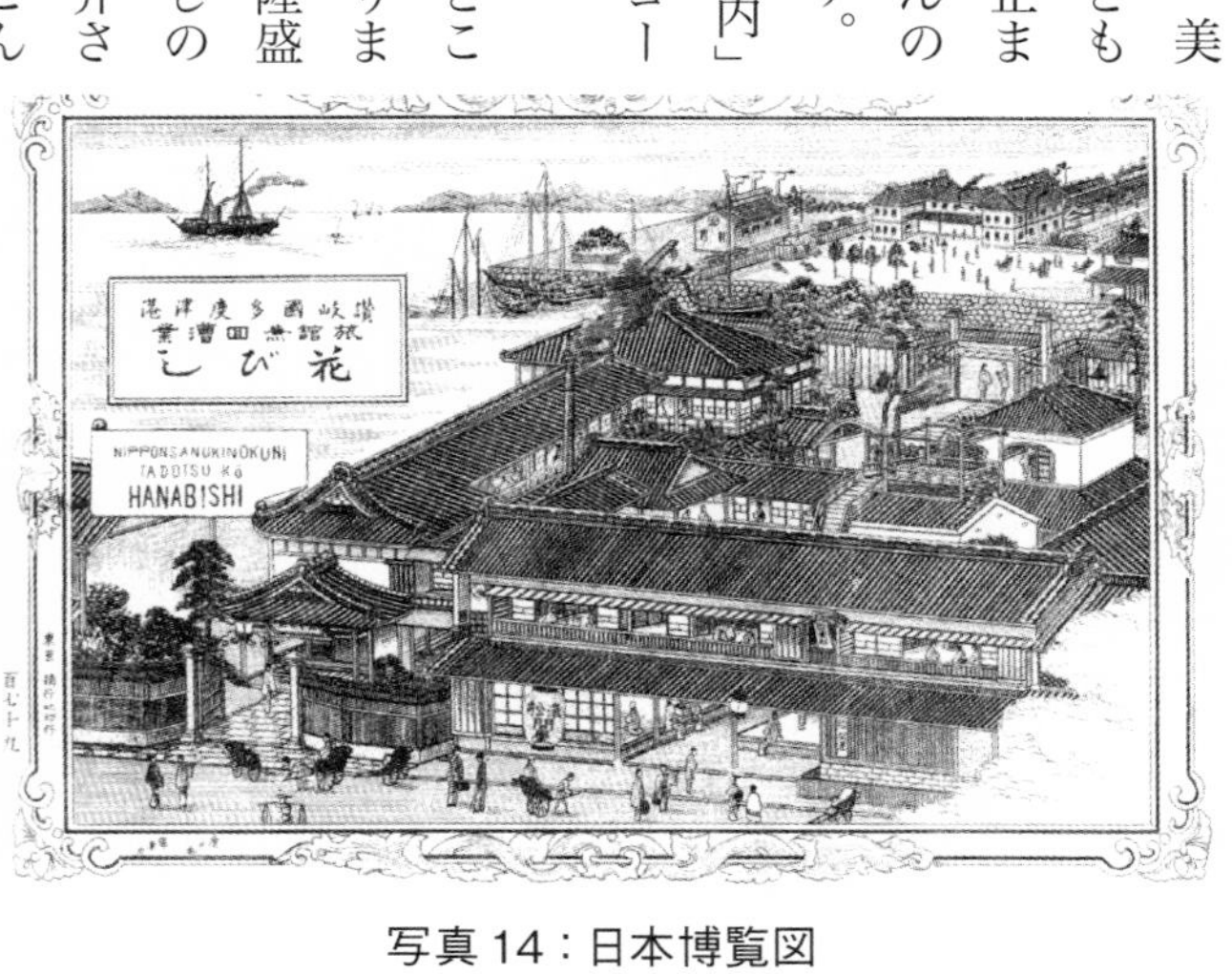

写真14：日本博覧図

なところからもわかります。この『日本博覧図』には、関西方面では京都に2枚と大阪1枚、香川県関係は寺社仏閣とか、それからいろんな個人の邸宅とか、工場も含めて29枚ありますが、関西、九州は1枚もありません。なぜそこまで四国のものが多かったのでしょうか。それは今のところは分かっていません。

こちらの写真（写真15）は1903（明治36）年の衆議院議員たちの集合写真です。非常に象徴的な写真だと思います。前列左端が景山甚右衛門です。前列右から2人目の鎌田勝太郎は坂出市出身の衆議院・貴族院議員で、先ほど申しましたとおり香川県の政財界で大きな役割を果たしました。景山甚右衛門と鎌田勝太郎は、調べれば調べるほど、資金の上からも考え方でもいろいろと共通項が見えます。前列右端のこの宮井茂九郎という人は、讃岐鉄道が丸亀から高松延長したときの竣工式にて株主代表で答辞を述べています。

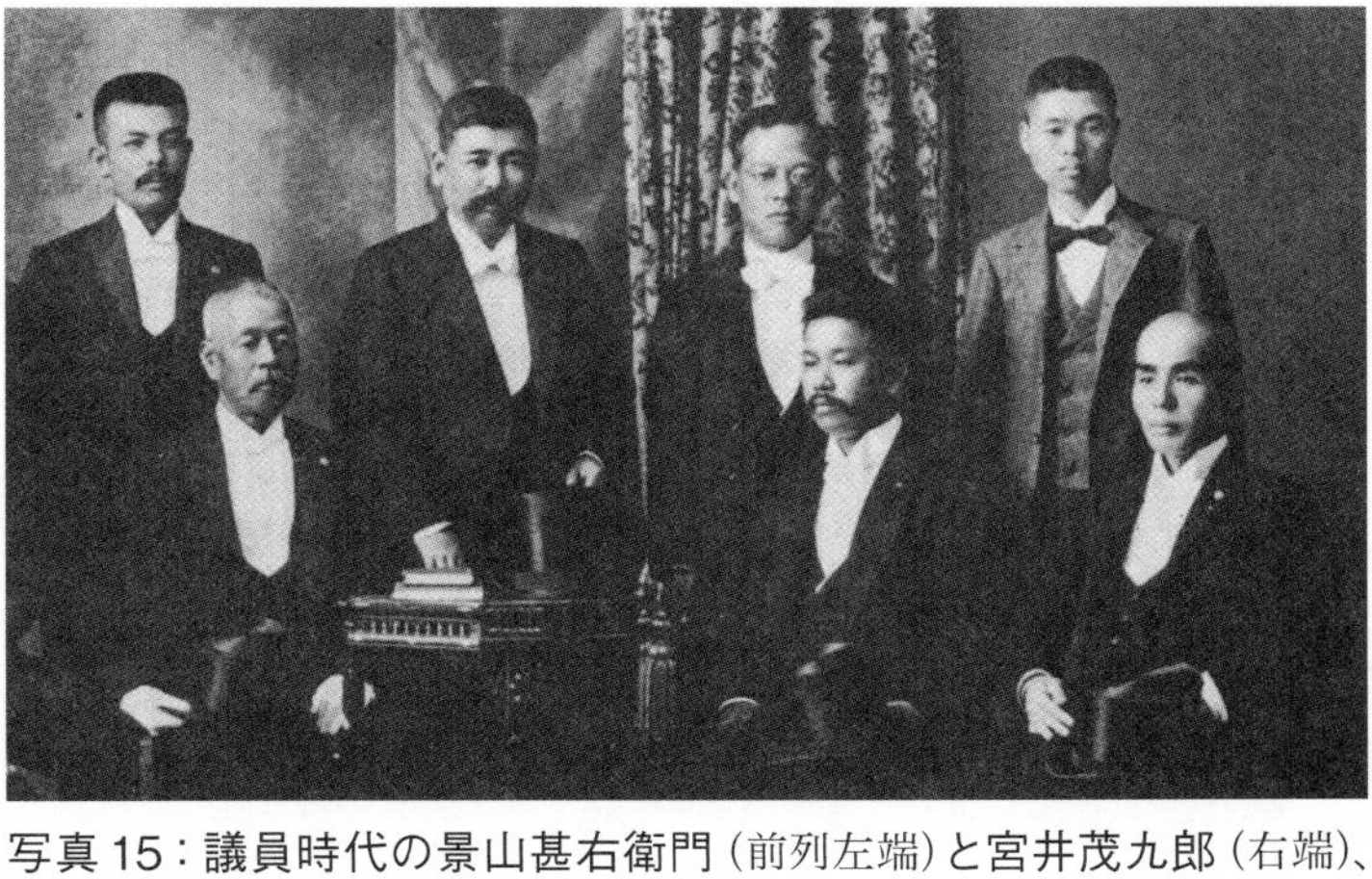

写真15：議員時代の景山甚右衛門（前列左端）と宮井茂九郎（右端）、鎌田勝太郎（前列右から2人目）

鉄道以外に電力やガス事業にも

写真16が景山社長の大正期の、多分四国水力電気株式会社（現四国電力株式会社）の記念式典のときの絵はがきだと思います。この景山甚右衛門の銅像は、残念ながら１９４３（昭和18）年に制定された金属類回収令により供出されました。下部分の煙突のある建物が当時の多度津の堀江の火力発電所の発電所です。昭和期になるまで、増設、増設で、最終の１９７８（昭和53）年の廃止のときにはたしか煙突が３本あったと思います。「四国水力電気」は今の四国電力の前身なんですが、景山甚右衛門が鉄道だけでなく、電力や銀行、ガス事業などの事業に幅広く関与していることが分かる資料といえます。

話が飛びますけど、１９３４（昭和９）年、瀬戸内海が国立公園に指定されたときですが、この34（昭和９）年から40（昭和15）年というのが、四国、特に讃岐にとって、鉄道王国だったという状況が一番分かる図（写真17）をお示しします。ここが多度津なんですけども、34年ですから、琴平参宮電鉄が丸亀から走って、私が調べている琴平急行電鉄が坂出から琴平まで行っ

写真 16：景山像と多度津発電所が描かれた絵はがき

ていますし、1927（昭和2）年には、高松から琴平まで琴平電鉄（琴電）が走っております。今となっては、ここまで鉄道路線が必要なのかなという気もしますが。それと、私も講座を2回やったんですけれども、琴電さんの仏生山から塩江までの塩江温泉鉄道（通称ガソリンカー）も1929（昭和4）年11月に開業しています。これは41（昭和16）年5月まで営業をしていました。

　最近、鉄道150周年で、高輪の築堤が発見されたというニュースがあつたと思

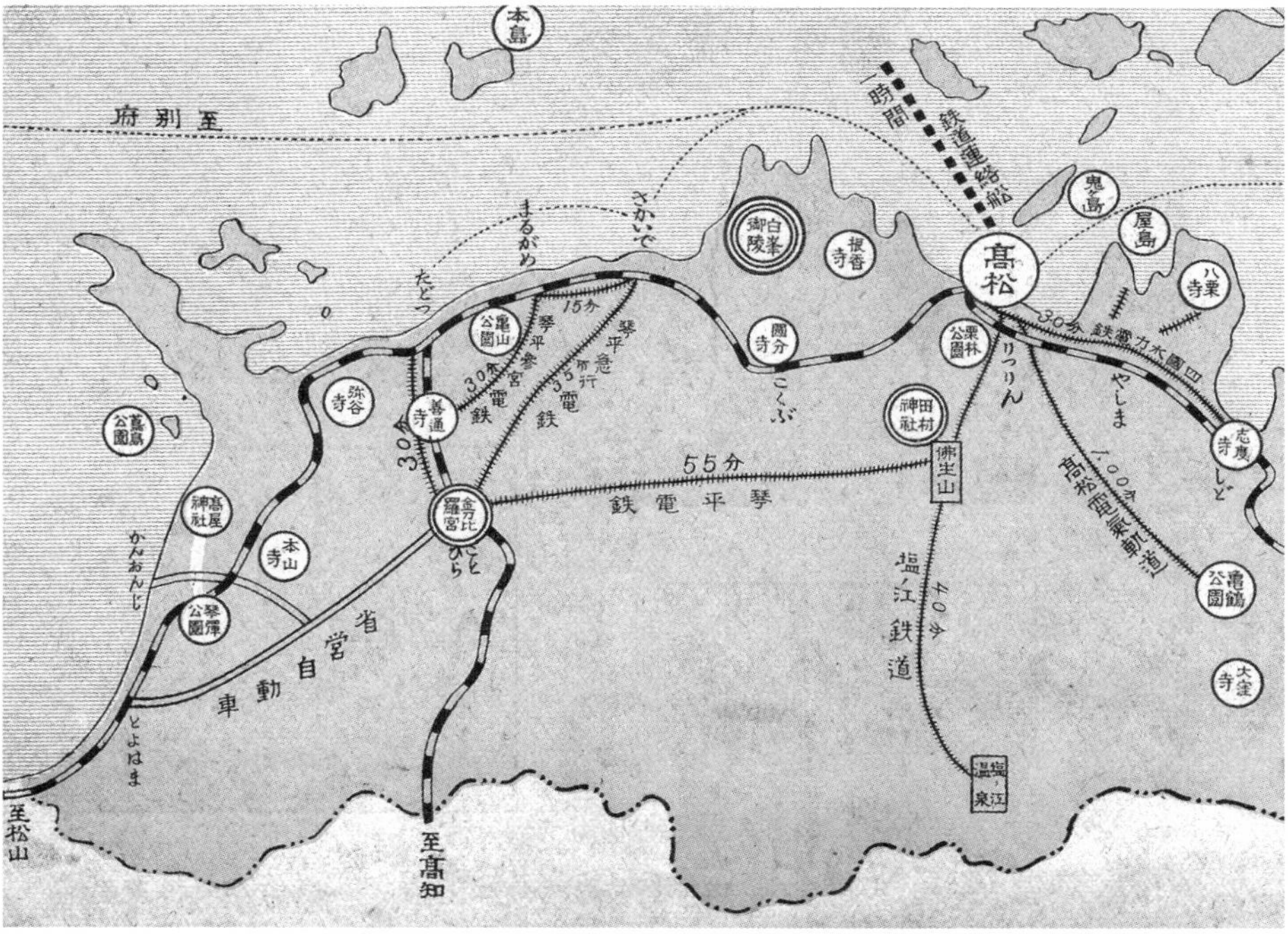

写真17：1934年の香川県の鉄道網

琴平参宮鉄道：1922（大正11）年～1963（昭和38）年　多度津－琴平－丸亀－坂出の営業
琴平急行電鉄：1930（昭和5）年～1944（昭和19）年　坂出－琴平の営業
琴　平　電　鉄：1927（昭和2）年～　仏生山－琴平延長の営業
塩江温泉鉄道：1929（昭和4）年～1941（昭和16）年　仏生山－塩江の営業

うんですけども、１８７２（明治５）年の新聞に、高輪築堤の図が入った記事が載っておりました。この年に明治天皇が西国巡幸されるんですけども、そのときに、多度津の宿泊というのが記述されています。ただ残念ながら、後々の太政官の日誌の中では、多度津ではなくて丸亀に来たことになっております。その理由は、多度津は狭小なりし、それから天皇陛下が泊まるような場所に不向きということで丸亀になったようです。それもちょっと不思議なんですけれども。丸亀に行って、後々の十二連隊の創設にいろいろかかわってきたということになっております。この当時、西国巡幸には西郷隆盛とか主要な参議が同行しております。

　こちらは１９０７（明治40）年ごろの絵図で赤絵図（写真18）というんですが、１８８９（明治22）年に讃岐鉄道が敷設されており、ここには讃岐鉄道の客車列車の編成（図右上）が描かれております。そしてこれが初代の琴平駅です。金刀毘羅宮参詣絵図がたくさん描かれていますが、これらは、端に下津井があり、丸亀があって、終点が多度津です。大阪の天保山から参詣船に乗りまして丸亀まで来るというルートで、ここに下津井がありますが、岡山からは下津井往来とか金毘羅往来といわれています。多度津の重要性が分かります。

　次に、１９００（明治33）年に、中央のほうでは多度津をどういうふう

写真18：絵図に描かれた讃岐鉄道琴平駅

に見ていたかということが分かる史料を見ていただきます。「瀬戸内海屈指ノ良港ニシテ港内水深ク、船舶常ニ輻輳ス、此地、商業頗ル盛ニシテ、戸数一千七百餘」というふうに書いています。港の模様とか町並みなんかで多度津というのが際立って発展しているということを、この『香川県地誌』（写真19）では書いております。

1882（明治15）年、当時、香川県は愛媛県に合併されていた時代だったんですけれども、そのときの巡察使の報告には、県民は非常に真面目な性格で、産業なども発展をしているということが大まかに書かれております。

次に、鉄道の敷設の拡大に関与したと思われるもので、1898（明治31）年に、善通寺の第十一師団が創設されました。初代団長は乃木希典です。乃木希典は、大体2年弱、善通寺にいたんですけれども、翌99（明治32）年に四国の状況というのを鑑みて、提案とか上奏をしております。管内の交通については、讃岐鉄道、伊予鉄道、こういうふうに鉄道の名前を挙げて線路を書いていますけれども、まだまだ不十分で、これを拡大する余地があるということを、軍事上からも産業発展上からも書いております。

一方、景山甚右衛門は1897（明治30）年過ぎに、鉄道の敷設拡大計画（鉄道を軸にした産業展開の考え方）というのを自分で書いています。『鐵（鉄）道夜話』（写真20）と書かれています。非常

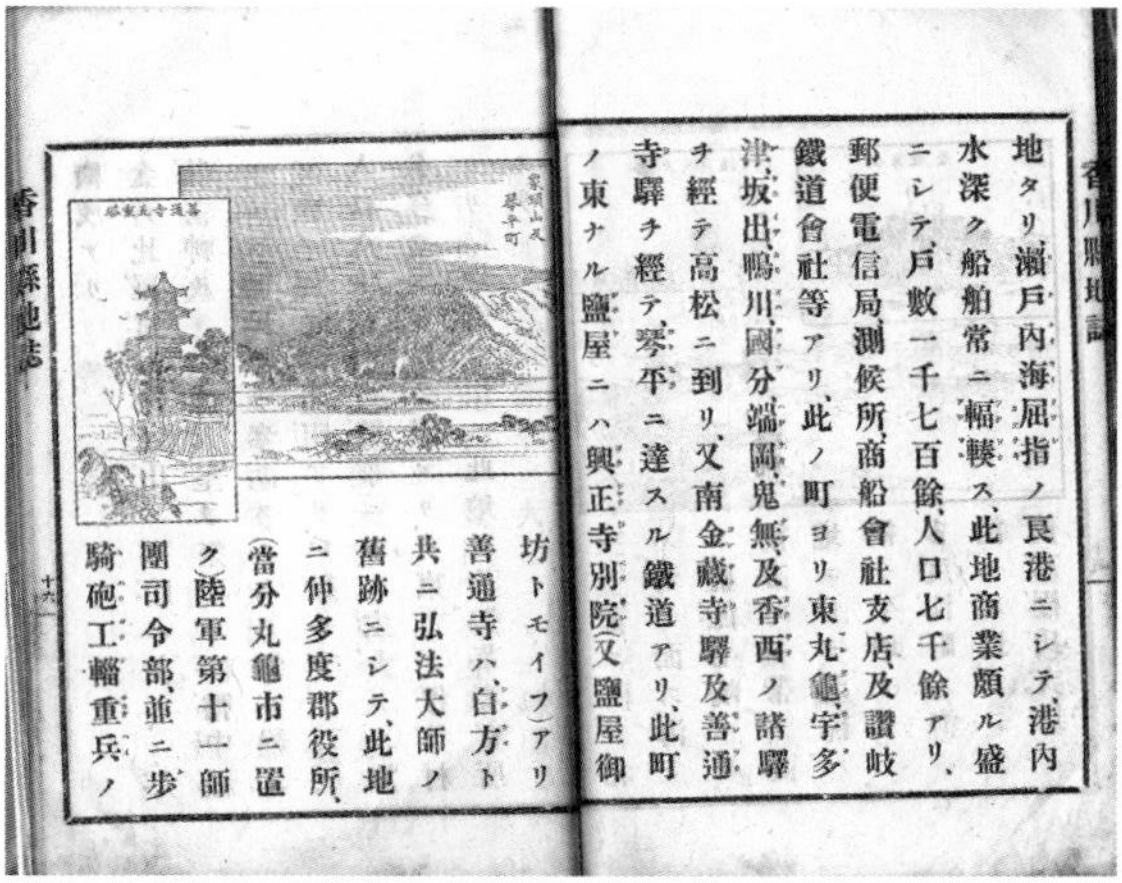
香川縣地誌

地タリ瀬戸内海屈指ノ良港ニシテ、港内水深ク船舶常ニ輻輳ス、此地商業頗ル盛ニシテ、戸数一千七百餘、人口七千餘アリ、郵便電信局、測候所、商船會社支店、及讃岐鐵道會社等アリ、此ノ町ヨリ東丸龜、宇多津、坂出、鴨川、國分、端岡、鬼無、及香西ノ諸驛ヲ經テ高松ニ到リ、又南金藏寺驛及善通寺驛ヲ經テ、琴平ニ達スル鐵道アリ、此町ノ東ナル鹽屋ニハ興正寺別院(又鹽屋御坊トモイフ)アリ

善通寺ハ、白方ト共ニ弘法大師ノ舊跡ニシテ、此地ニ仲多度郡役所、(當分丸龜市ニ置ク)陸軍第十一師團司令部、並ニ歩騎砲工輜重兵ノ

香川縣地誌

十六

写真19：香川県地誌

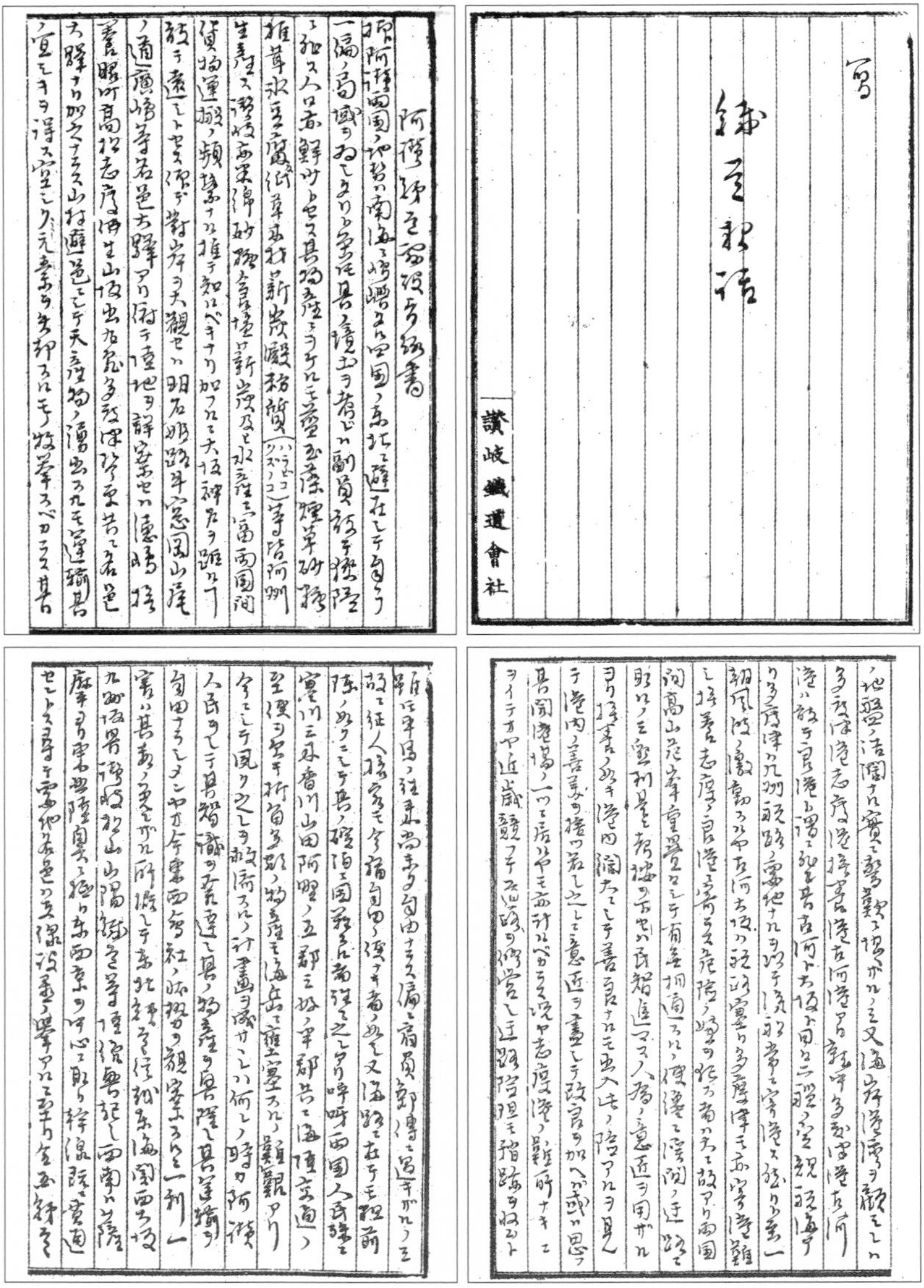

写真 20 :『鉄道夜話』

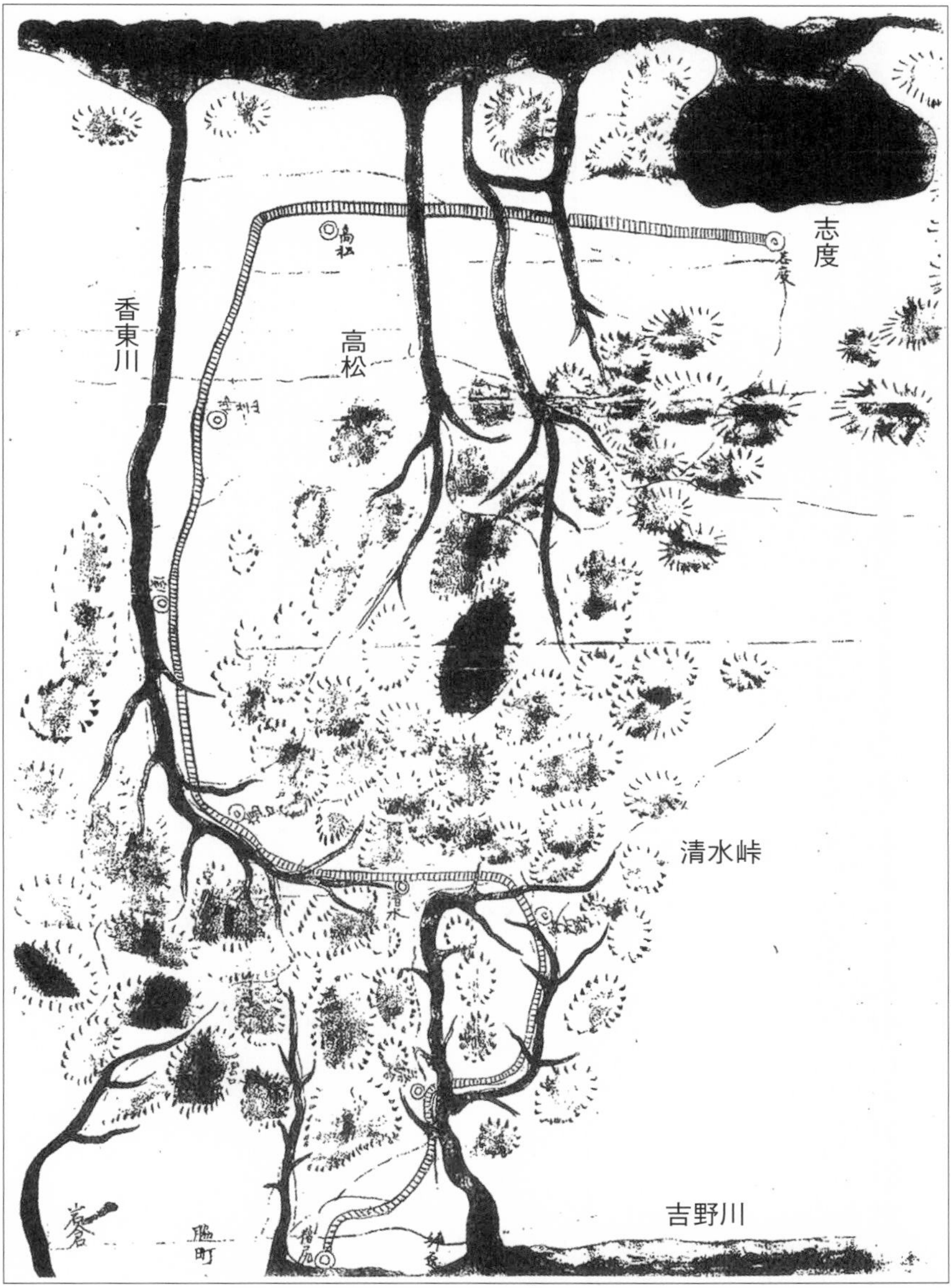

写真 21 :『鉄道夜話』添付の地図

に癖字ですが、参考までに景山甚右衛門がどういうふうな目論見、計画を持っていたかというのを理解するために、その関係分だけ紹介いたします。

「抑モ阿讃両国ノ地勢ハ南海ノ嶋嶼《トウショ》タル四国ノ東北ニ避在シテ」と、もともと、『鉄道夜話』というのは阿讃鉄道、高松から徳島方面向きというのを目論見で書かれております。それと、鉄道と通じる海岸の状況なんかも、当時の状況が、この『鉄道夜話』で垣間見えます。「海岸港湾ヲ見レバ多度津港、志度港、撫養港、古川港アリ」とあり、多度津は特に港として、深さとか非常に有効性があるということが書かれています。讃岐、松山、山陽鉄道を陸続き、および交流してつなげていく必要があり、徳島の産業は、阿波藍などで非常に有名なところですから、徳島のほうも必要性があるということをうたっています（163ページに『鉄道夜話』の解読文＝史料①）。こういうふうに景山甚右衛門も、高松まで続いて以後の四国の鉄道の開発、展開の計画を、こういうもので表していたと思います。

これが『鉄道夜話』に添付されていた地図です（写真21）。ちょっと見づらいですが、左上に高松、そして右上に志度です。そしていちばん下、これが徳島の吉野川です。ちょうど清水峠を通っての路線というのを考えております。後々、1929（昭和4）年に、形は違うんですけれども、塩江温泉鉄道というのが仏生山から塩江まで敷設されます。その当時の敷設計画の中では、将来的には貨物輸送で清水峠を抜いて徳島県の脇町へ行くという予定になっています。この当時に『鉄道夜話』に書かれた景山甚右衛門の目論見というのは、そういった認識があったと思われます。

これは、1906（明治39）年に、日本の鉄道が敷設5000マイルに到達したことを記念する式典があり、そのときに関係者に配布された資料を読みやすくしたもの（写真22）です。ここにやっと高松から徳島までの阿讃鉄道が仮免状線ということで示されております。撫養港がありますから、高松から撫養です。

皆無に近い四国の鉄道路線

今年（２０２２年）は、鉄道１５０周年ということで、立教大学の老川教授がラジオ番組で「日本の鉄道12話」としていろいろ話をしています。それを聴いて、私びっくりしたんですけれども、この式典当時は、四国はまだまだ鉄道路線というのは皆無に近い状態という認識でした。全国の状況からすると、四国の鉄道網というのはゼロの状態というのが、中央での認識としてあったのかと、改めて感じました。

そして営業的な話ですが、この５０００マイル祝賀記念誌に掲載された、１８７２（明治５）年から１９０４（明治37）年の営業収入、それから営業費、営業益金を見ると、営業的にはここまで順調だったのかなと思うのですが、これ以後、なお一層の拡大をする意味で、１９０６（明治39）年の私設鉄道の国営化が実施されるんです。

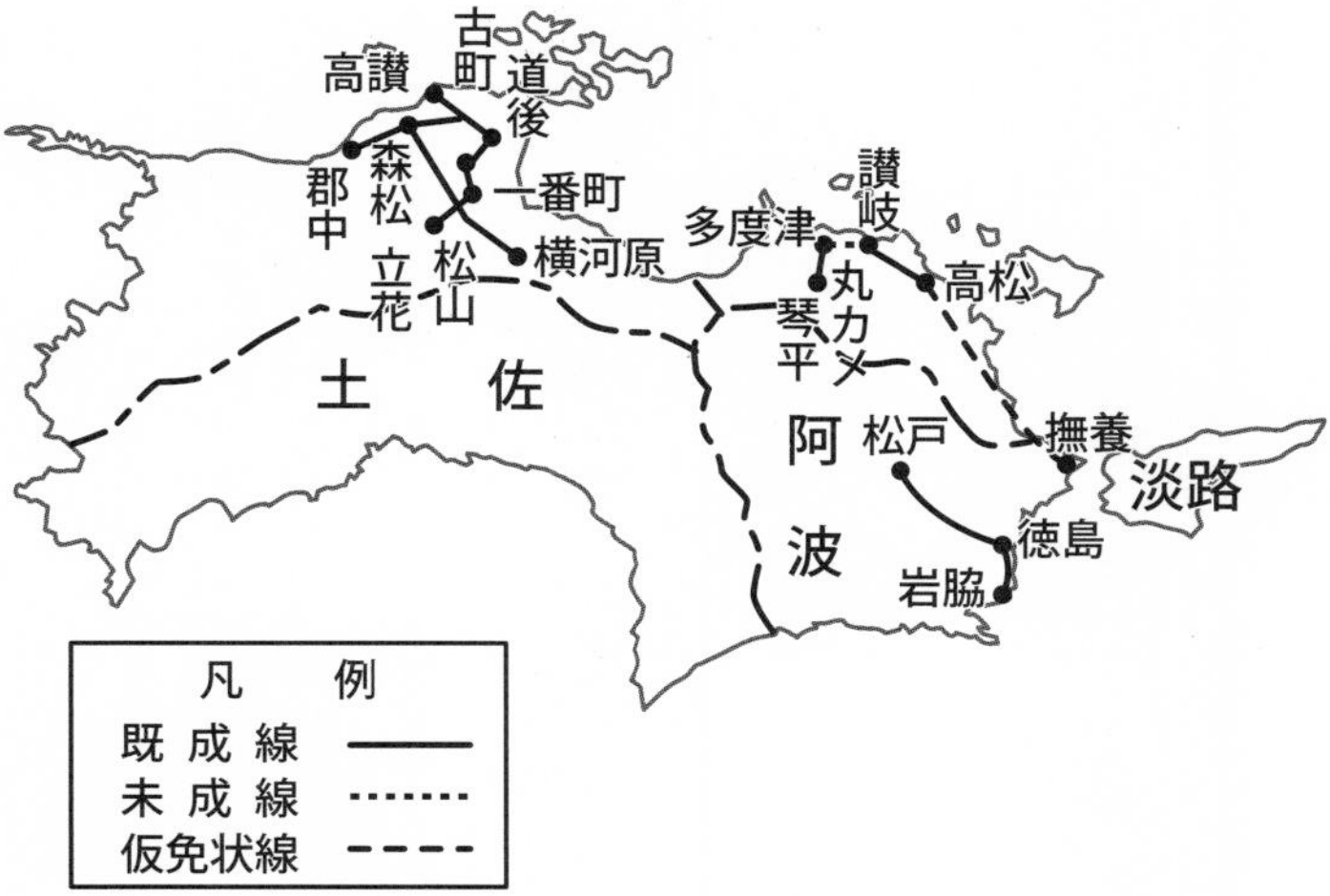

写真 22：1905 年ごろの鉄道網

こちらの図は、鉄道最盛期の航路も入った路線図（写真23）です。ここに下津井がありまして、下津井電鉄が通じております。香川県関係も、省線（今のＪＲ）があり、琴平参宮電鉄があり、琴平急行電鉄があり、高松琴平電気鉄道がありというふうに、鉄道の路線の密度が一番濃かったときのものです。このときから、もう下津井ということを認識して、丸亀と下津井の航路強化が考えられていたことが分かります。当然、国鉄のほうは岡山県の宇野から高松まで行って、だんだんと香川県でも西讃地区の多度津、丸亀、坂出圏から高松のほうにシフトされて、高松のほうが繁栄していきます。もう一度、讃岐鉄道時代の西讃地区の繁栄ということをもくろんでいて、いろいろな鉄道敷設を行っています。

さらに、今回、私が資料を整理しておりましたら、ちょっと見にくいんですけれども、関係

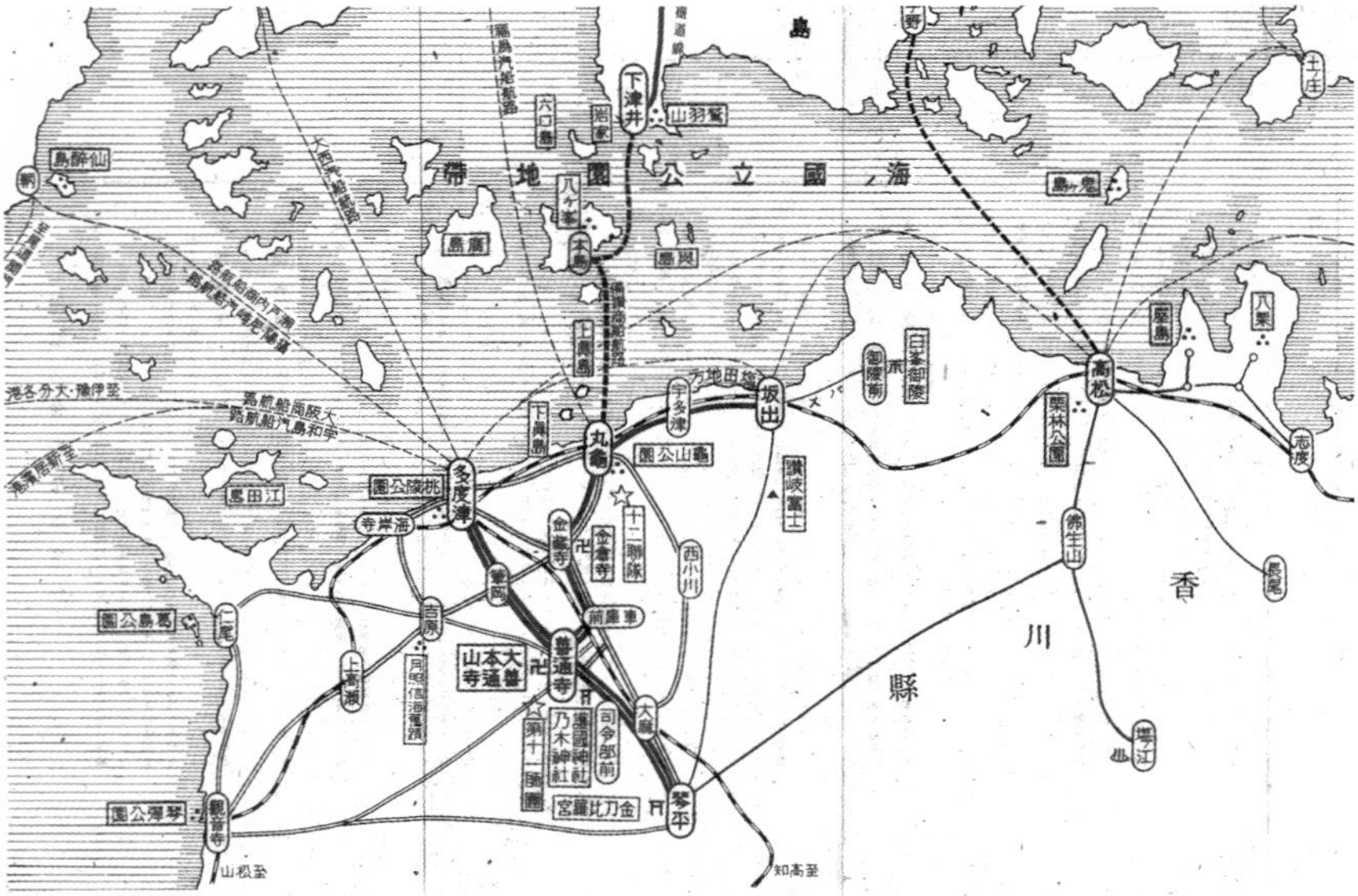

写真 23：讃岐交通略図

資料が見つかりました。これは、先ほどの景山甚右衛門が明治30年時代に書いた『鉄道余話』の敷設図じゃないかと思います。縦50、横50の非常に大きなものです。これもキーは高松から徳島までの敷設の目論見と、徳島線の阿波池田および高知まで行く路線の開発ということで、駅間のキロ程が細かく書かれて、なおかつ高松から清水峠を越えて脇町まで行く路線、こういうのも記述されております。それと、当時の吉野川の航路のほうの、まだまだ吉野川大橋ができる20~30年前ですが、鉄道路線というのも記述されております。

資金集めに奔走した白川友一

それでは、ここから香川と岡山との関係性を重要視した白川友一（126ページ）の話をいたします。まず、岡山県内の交通についてですけれども、岡山から児島、児島から下津井港にいたる下津井往来は、備前の重要な脇往還であり、四国連絡の主要ルートでした。また、山陽道の宮内（吉備津）から下津井港への主要道は金毘羅往来と呼ばれていました。明治時代には毎日数便の乗合馬車が運転され、沿道の町や村は賑わいを見せていました。倉敷市に瑜伽山大権現がありますが、戦国時代に一時期さびれたものの、江戸時代の旅行ブームで金刀比羅宮との両参りが人気を博し、享和年間（1801~1804年）に活況を取り戻しました。ところが、1910（明治43）年に国鉄宇野線が開業し（写真24）、国鉄宇高連絡船が就航することになり（写真25）、本州四国連絡の主役の座を宇野港に奪われ、下津井往来や金毘羅往来、下津井港は逼塞の危機に直面してしまったのです。

この下津井の将来を憂いた下津井町議員らはその年の夏、下津井軽便鉄道期成同盟会を結成し、10

月に中西七太郎町長（写真26）を発起人代表に、荻野東一郎や山本五三郎ほか１６５名が下津井・茶屋町間の敷設免許を申請。免許状は同年11月９日に下付されました。下津井軽便鉄道株式会社の創立総会は１９１１（明治44）年８月２日に開かれ、白川友一が初代社長に就任しました。

発起人らは、軽便鉄道の建設に必要な30万円を資本金として株式を売り出しました。しかし申し込

写真 24：宇野線開業（1910 年 6 月）

写真 25：宇野線開業直後の宇野港

み状況は思わしくありません。そんな時、山本丑太郎や富羽政吉ら四国の有力者に出資を呼びかけるなどして資金集めに奔走したのが白川友一でした。創立総会の席で白川は、30万円で鉄道を造るのは難しい、50万円から60万円かかると話しました。その創立総会で13人が取締役に就いたのは、出資者を確保しておきたいという思惑があったからではないでしょうか。

ところが、白川友一の言葉は現実のものとなりました。工事半ばで資金がショートしたのです。株主や沿線住民からは建設反対の声も上がりました。失望した白川は、一度社長を退きました。しかし考え直し、率先して反対派の株式回収に乗り出しました。あわせて優先株も売り出しましたが、売れ行きは芳しくありません。そこで、井上角五郎や飯塚松太郎、高木次郎などの仲間に援助を求め、自らも株式を買い増すなどして目標額を達成しました。こうした苦労を重ねて開業にこぎ着けたのが下津井―味野町間です。白川友一は、資金提供に協力した人たちを取締役に登用し、経営基盤の強化をはかりました。

写真 26：中西七太郎

白川友一の社長在籍期間は１９３６（昭和11）年までの25年におよび、明治時代末期の衆議院議員時代には軽便鉄道補助法の採択に努めました。１９１３（大正２）年には茶屋町駅から山陽線倉敷駅への延伸を申請し、免許状を下付されました。下津井軽便鉄道を下津井鉄道に称号変更した１９２２（大正11）年には、レールの幅を７６２ミリから宇野線と同じ１０６７ミリに広げ、下津井―茶屋町間と宇野線岡山―茶屋町間を電化して、電車の岡山駅乗り入れを申請しました。しかし、この二つの計画が実現することはありませんでした。茶屋町―倉敷間の免許は1916（大正5）年に返納、改軌と電化、宇野線乗り入れは却下されたのです。ですがこれらの試みは、白川の旺盛な事業意欲を象徴するものだと思います。下津井駅跡の前に立つ像には、「社長在任二十五年を以て勇退せらる此偉業顕彰のため銅像を建設し翁に報ゆ　昭和十二年四月　下津井鐵道株式會社」と彫られた銘板が貼られています。

白川友一の跡を受けて二代目社長に就任したのが永山久吉（写真27）です。下津井軽便鉄道発起人に名前を連ねた永山は、1914（大正3）年に監査役、18（大正7）年には取締役になり、専務を経て1937（昭和12）年から47（昭和22）年まで社長を務めました。

これは1913（大正2）年11月13日の山陽新報の記事（写真28）です。11月11日に下津井軽便鉄道の味野町から茶屋町までが部分的に開業したことを報じています。駅筋の眺望、特に鷲羽山なんかの眺望が立派だと書いているんですけども、ここでは「軽鉄の初脱線」という記事も載せられています。当時、地元の関係の輸送者、特にバスとかタクシーとか、乗り合いの馬車という業者からすると鉄道は競争相手ですから、こういうふうに石を線路の上に置いて脱線させたという記事が早くも載っております。

下津井軽便鉄道（写真29）の茶屋町―味野町間開業は19

写真 27：永山久吉

13（大正2）年11月15日で、全線開業は1914（大正3）年3月15日です。「下津井丸亀間連絡ヲ開始ス」ということで、これも山陽新報に全面的に出ました。白川友一は同時に、下津井港と丸亀港を結ぶ備讃商船の定期航路を開設して、宇野—高松間の国鉄連絡船にも対抗しました。

白川友一が敷設工事を行った琴平急行電鉄が1944（昭和19）年で運転休止になります。その後、琴平急行電鉄を併合した琴参電鉄が岡山方面への路線を拡充することになります。そして、鷲羽山から琴平までの一番の近道ということで、岡山から下津井まで、そして下津井から琴平まで、丸亀経由でも琴参で一本で行くというルートです。やはり、一番の売りは鷲羽山の眺望と金毘羅さんであり、善通寺と丸亀城です。

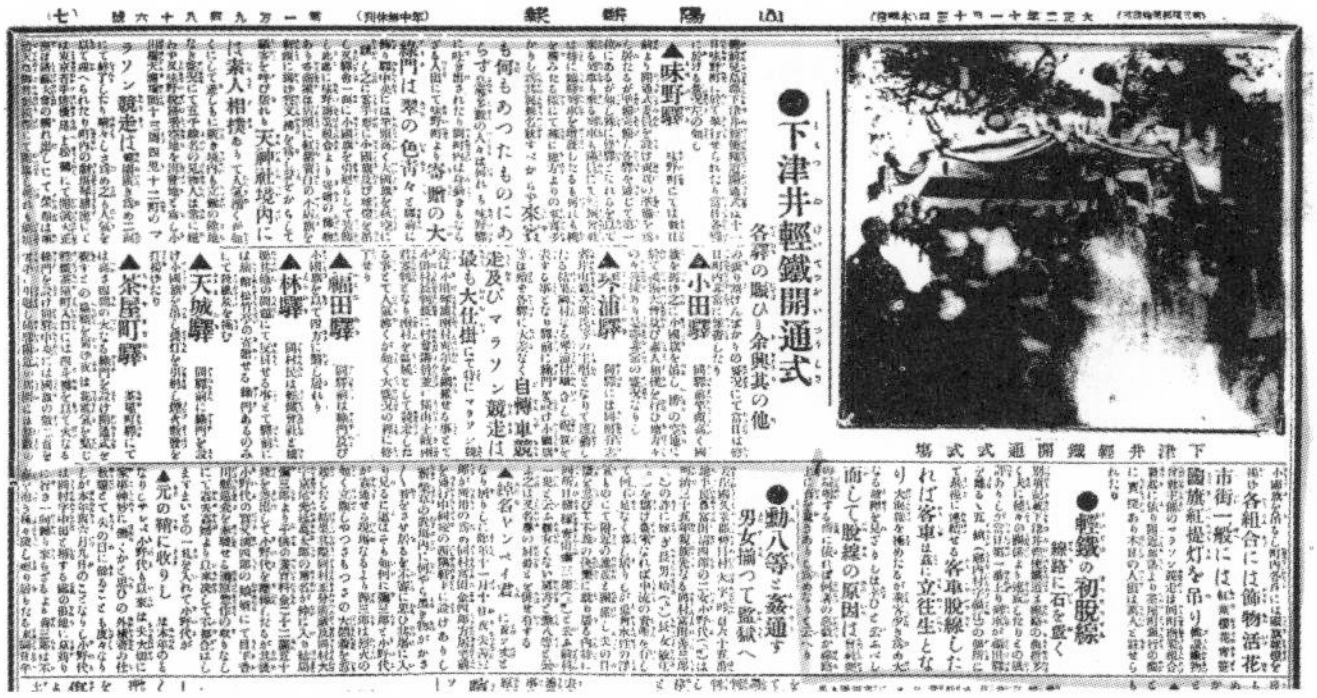
●下津井輕鐵開通式
各驛の賑ひ▲余興其の他
下津井輕鐵開通式式場
▲味野驛
▲小田驛
▲琴浦驛
▲福田驛
▲林驛
▲天城驛
▲茶屋町驛
●輕鐵の初脱線
線路に石を置く
●勤八等◎姦通す
男女揃って監獄へ

写真28：下津井軽便鉄道開業を報じる新聞

写真29：軽便鉄道と下電本社（1913年頃）

こちらは、琴平急行電鉄が備讃商船にて、下津井から一番近い町坂出というのをもくろんで１９３０（昭和５）年４月７日に坂出駅前―電鉄琴平間を開業させたときの鳥瞰図（写真30）です。対岸に下津井がありまして、下津井から船で坂出築港までを結び、坂出築港から、将来的に線路を結んで琴平まで行くというルート。鉄道のイベントなんかではよく出てくる鳥瞰図です。まさにストレートに下津井から坂出までというのをうたっておりますし、ここに善通寺までのルートというのも書かれています。実は、このルートの間に、１９２２（大正11）年の陸軍大演習で摂政宮、昭和天皇がお立ちになった場所が聖地の場所ということで、そこも観光地になるべくこういうふうにルートというのを記述しております。それと、将来的には琴電の栗熊駅と結んでいくという、これは敷設のときの計画には書かれているんですけど、こういう施策というのもこの鳥瞰図から分かります。

写真 30：琴平急行電鉄開業時の鳥瞰路線図

琴平急行電鉄では、白川友一の考えを含んで、岡山方面からの人を入れ込みたいということで、『讃岐富士案内』の中にも、岡山から下津井を経て、こういうルートで来てくださいということを、いろいろPRしています。

これは四国民報の記事なんですけども、「金毘羅さんと出雲さんの握手」（写真31）ということで、坂出から下津井を通じて岡山、岡山から出雲と、とにかく本州方面からのお客さんを取り込んでいくという施策をたくさん打っております。これの表れがこの新聞記事です。岡山の山陽新報の記事では、琴平急行電鉄は将来的に岡山にも連絡するということで、「坂出―琴平は42分で」と坂出の駅から港までも結んで、将来的には岡山までスムーズに連絡する、もっと岡山から、その先には神戸、大阪の商圏からお客様が来ると、こういうPRをしていくのを記事にしております。

琴平急行電鉄、これは下津井電鉄も絡んでくるんですけれども、将来的に坂出―下津井ルートというのを太くする意味で、それまでは備讃航路という非常にマイナーな航路のお客さんを取り込んでおりました。開設当時、大阪や神戸から多度津方面に1500トンクラスの大阪商船の船が来ていたんです。金刀比羅宮参詣鉄道でもある琴平急行電鉄と本州連絡最短の下津井（鉄道）港という地理的好条件もあり、多度津を廃して、坂出港に大型船が入れるように（港の浚渫）工事を行うという、この

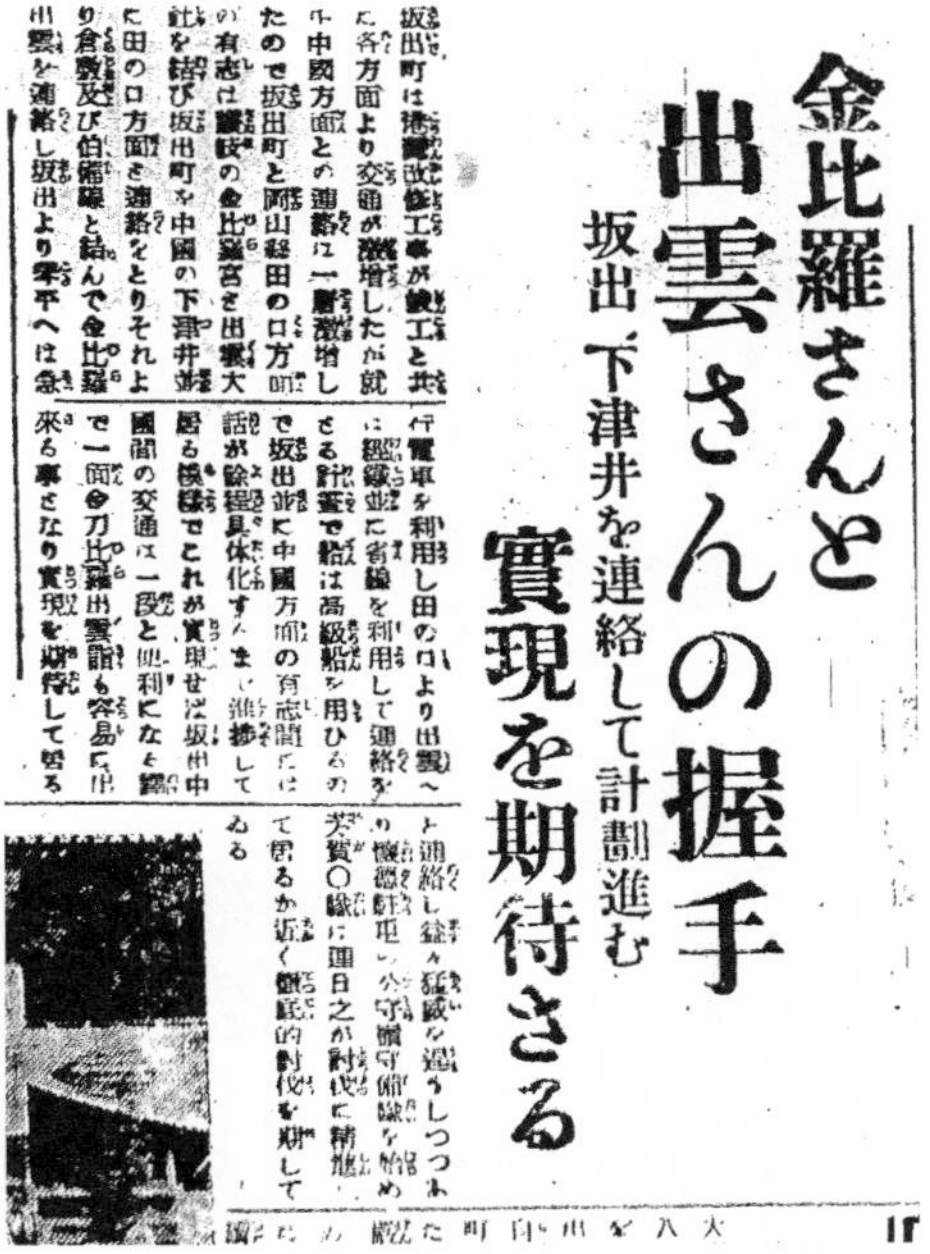
金比羅さんと出雲さんの握手
坂出、下津井を連絡して計劃進む
實現を期待さる
坂出町は港灣改修工事が竣工と共に各方面より交通が激増したが就中中國方面との連絡は一層激増したので坂出町と岡山縣田の口方面の有志は讃岐の金比羅宮と出雲大社を結び坂出町を中國の下津井港より田の口方面と連絡をとりそれより倉敷及び伯備線と結んで金比羅出雲を連絡し坂出より琴平へは急行電車を利用し田の口より出雲へは鐵道省線を利用して連絡させる計畫で船は高級船を用ひるので坂出港に中國方面の有志間にはこの話が餘程具体化すべく進捗して居る模様でこれが實現せば坂出中國間の交通は一段と便利になると共に一面金刀比羅出雲詣も容易に出來る事となり實現を期待して……

写真31：観光客流入へ期待も……

「多度津寄港を廃す」という衝撃的な記事（写真32）が1930（昭和5）年4月5日に出ました。当初は、琴平急行電鉄の勢いと、それと岡山方面からお客様を取り込んでいくというのが、営業施策上の重要なことだというのがこの記事から分かると思います。

下津井電鉄もそうですけど、特に琴平急行電鉄のほうでは株式調達というのがままならなくて、実質的には白川友一が3分の1を負担したようです。それが表面立って出なかったのは、当時、朝鮮関係の師団の編成に関わるような大浦事件という疑獄事件がありまして、白川がこれに関わった関係から、なかなか表面的には出られなかったということのようです。

琴平急行電鉄も経営的に厳しかったんですけれども、下津井電鉄は何とか191

大信、大智の兩船
多度津寄港を廢す
琴平急行電鐵開通に伴ひ

坂出港修築工事進捗と共に各巨船續々寄港しつゝあるがさきに大阪商船大信、大智兩船が乘客定期寄港として繼續しつゝあつた同港は近時琴平急行電鐵開通式は修築工事完成に近き現在として從來の多度津港寄港は續々廢止され坂出港直航の巡回定期寄港が行はれる筈で尚之れについては島田町長並に港灣委員坂出商船事務池井昌平氏等近く上阪なし直接交渉せる筈であるし既に會社側は之を了し居るので來る十五日頃から斯く改正實施される筈である

大木煙草組合
定期總會
優良組合員を表彰

坂出港修築工事
順調に進む

上高野招魂祭

木田農校の
成績發表は
五日の午后三時

學事主任會

人口動態統計

写真32：「主要港は多度津から坂出へ」新聞が報道

3（大正2）年に部分開業、翌14（大正3）年に全面開業しています。琴平急行電鉄は当初から鉄道の補助金の申請をしておりました。申請する限りは、官庁からいろんな指摘を受けて営業施策を打ちますが、その一環の中で、坂出駅に南口を開いて、坂出の当時の省線（国鉄）とホームでつないでいくことや、省線と琴平急行電鉄が窓口で同じように切符を売ることができる連帯運輸とか、連携を強めていくという施策を打っております。

このとき、四国新報に、初めて鎌田勝太郎の名前が出ております。彼は琴平急行電鉄の発起人代表です。琴平急行電鉄も下津井電鉄も営業施策には厳しいものがありました。白川友一もそうですし永山久吉もそうですが、香川県の商圏、産業圏の中心が1910（明治43）年6月の宇野線の開業と、宇野と高松を結ぶ国鉄宇高連絡船の就航（写真33）によって、どんどん高松に移っていきます。西讃地区はさらに厳しい状況をむかえるのですが、実質的に西讃地区がこれを打破する意味で、岡山と香川、備讃の地理的にも一番近い輸送ルートを確保する。大正の初期に下津井電鉄、昭和に入ってから1930（昭和5）年には琴平急行電鉄が、金毘羅宮参詣の4つ目の電車ということで敷設したという流れになります。そういう目論見があったということです。これは、私が調査依頼をされた白

写真 33：高松桟橋に着岸する国鉄宇高連絡船
(1910 年6月)

川友一子孫所有の自叙伝に書かれておりました。

ところで、皆さんの中に、もしかしたら鉄道ファンの方でいろいろ調べているという人がおられると思います。私もいろいろ調べております。そのときの地権者、線路の土地を貸した、売却した地権者の末裔の方がいらっしゃるようなところの、図書館や資料館、コミュニティーセンターなどで、年間に4回から10回ぐらい講座を催していろいろ情報を集めているんです。こうしたなかで見つかった資料の中に「琴平急行電鉄開通祝賀会証書綴」（写真34）、それとあわせて、「敷設期成同盟証書」というのがあります。私も鉄道会社の本体にいたものですから、鉄道を計画するに際し、土地の確保というのをどのタイミングでどういう状況で、どういうふうにやるかというのが一番気になります。早くしていても、土地価格のつり上がり、目論見というのが外れます。

「敷設期成同盟証書」の中には〝琴平急行電鉄敷設地買収の件付委員会〟という題目で、1928（昭和3）年から29年にかけ頻繁に会合が実施されたことが窺える書類があります。それに記載された方々は飯野山（讃岐富士＝154ページ、写真30参照）西麓の有権者であることから考えて軌道ルート変更が協議された内実が垣間見えますが、そのルート変更とは、琴平参宮電鉄が、1921（大正10）年3月、坂出―琴平間（坂出から飯野山東を通り琴平へ

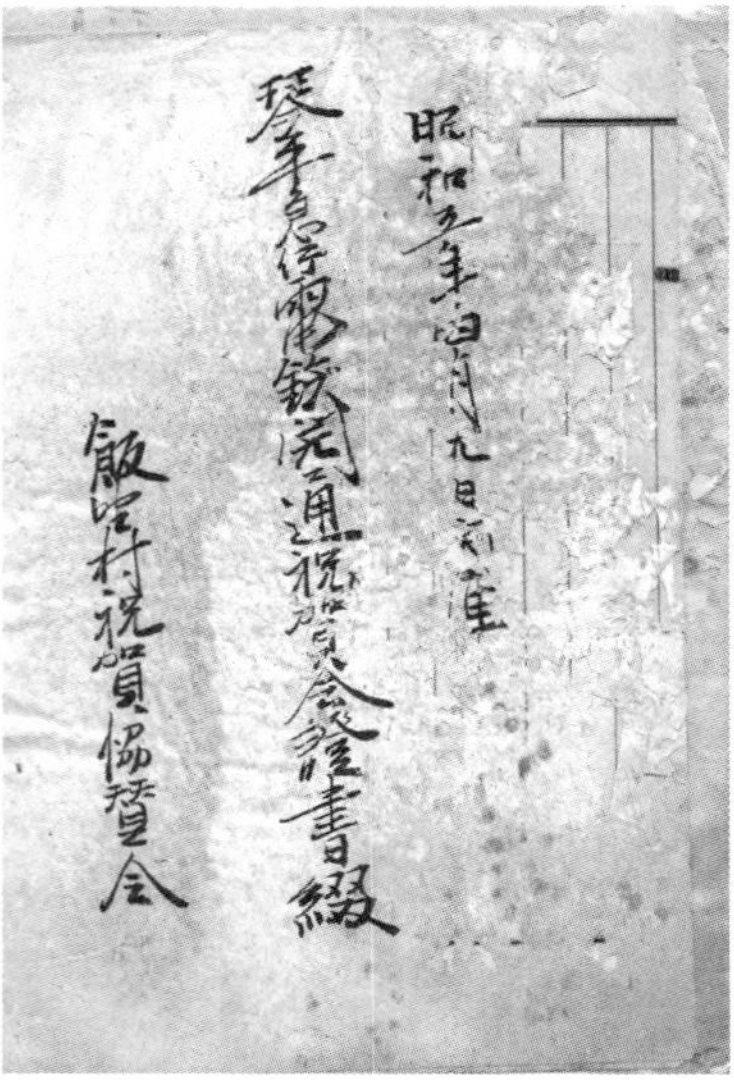
写真34：
琴平急行電鉄開通祝賀会証書綴

行くルート）の敷設申請をし、同年８月に受理されたにもかかわらず敷設しなかったため、琴平急行電鉄が１９２６（大正15）年5月にルートを変更し、別途坂出—琴平間（坂出港—飯野山西•を通り琴平へ行くルート）の敷設を申請。同年12月に受理されました。当然ルートが競合するのですが、香川県知事は鉄道大臣宛具申で、琴平参宮電鉄の建設意欲失意感と琴平急行電鉄の坂出港までの軌道敷設により対岸の本州への最短地、下津井の軽便鉄道を介しての鉄道結節の有効性を述べました。その結果、琴平急行電鉄に敷設工事を認可された経緯がみられます。ちなみに琴平急行電鉄敷設申請の代表者は横田鯉涑二《りとじ》。飯野山西麓の飯野電灯社長で地元の資産家です。

それと、参考までに、琴平急行電鉄が廃止になって、琴平急行電鉄は琴平参宮電鉄に併合され、１９５４（昭和29）年には、琴平急行電鉄という会社もなくなります。琴平参宮電鉄は、やはり西讃地区の雄でありまして、こういうふうにたくさん敷設計画（写真35）をしています。ここが多度津で、こちらが丸亀です。丸亀からの敷設の計画というのがこの路線です。丸亀から善通寺は、当初の十二連隊の行軍写真（１２８ページ参照）がありましたとおり、これは１９２２（大正11）年10月22日に開業しています。それ以後、善通寺から琴平までは23（大正12）年で、24（大正13）年には多度津西口仮駅まで開業するというふうに拡大して、それ以後、多度津から丸亀とか、それから27（昭和２）年には丸亀から坂出まで行きます。大正末期には坂出から五色台を抜けて高松まで行くとか、琴平のケーブルカーの敷設とかいうのを、大々的に琴参さんが計画しています。

この地図を出したのは、これ多度津なんですけれども、ここにうっすらと線路の跡が見えると思うんですけども、これが讃岐鉄道の路線です。だから、琴参さんは、当初は讃岐鉄道の浜多度津駅を利用するか同じルートでやっていくというのを計画していたと思うのです。１９１３（大正２）年に多度津駅というのが今のところに変わりましたので、その敷設の計画は大々的に変わりました。

ほんとに駆け足となってしまいましたが、景山甚右衛門は四国新聞社が発行した『讃岐人物風景』という書籍などでも、その功績とともに讃岐鉄道の父と紹介されています。また、讃岐鉄道が免許状を下付されたときの書類に、３人の発起人代表の筆頭に名を記されており、まさに讃岐鉄道の父といえるのではないでしょうか。その景山や白川友一らが建設・発展に尽力した香川県の鉄道の整備と歴史を見てきました。

景山甚右衛門の讃岐鉄道は１９０４（明治37）年12月1日、山陽鉄道に合併吸収され山陽鉄道讃岐線となりましたが、山陽鉄道は１

写真35：琴平参宮電鉄の線路予測平面図

906（明治39）年12月1日鉄道国有法にて国有鉄道となり、戦乱等の変遷を経て1987（昭和62）年4月1日、現在のJR四国に生まれ変わりました。そして翌年、野村先生のお話にもありましたように大久保諶之丞が提唱した瀬戸大橋が鉄道併用橋として開業し、観光・産業等の人物交流が飛躍的に拡大しました。

白川友一の琴平急行電鉄は、金刀比羅宮への参詣路線としては最後に開業した路線で、起点である坂出が本州と四国をつなぐ重要な港町であり、金刀比羅宮への参詣路線として多くの需要が見込めると考えられ開業しました。しかし、この区間を結ぶ鉄道路線としては、既に琴平参宮電鉄が存在していましたし、鉄道省（後の国鉄、現JR四国）予讃線や琴平電鉄（現高松琴平電気鉄道）が路線を延ばしていたことから、岡山の下津井からのタテのラインは思うようには集客できず、ついに1948（昭和23）年、琴平参宮電鉄に吸収合併されました。そして白川が初代社長を務めた下津井電鉄は、瀬戸大橋開通後の1991（平成3）年1月1日をもって78年の幕を閉じた経緯があります。

郷土の発展を願い鉄道や基幹事業を興した景山甚右衛門、白川友一はいま何を思うでしょうか。

以上で私の話を終わりたいと思います。話がいろいろ飛びまして、分かりにくいところがあったと思うんですけども、鉄道を中心に、香川県の交通の歴史についてお話ししました。ありがとうございました。

史料①　『鉄道夜話』解読文（144ページ写真20）景山甚右衛門の鉄道敷設計画に際しての当時の地理的状況などを熟考し、事業展開をもくろんだ論考を紹介します。

〈解読〉

写

鉄道夜話

讃岐鉄道会社

抑（ソモソモ）、阿讃両国ノ地勢ハ南海之嶋嶼タル四国ノ東北ニ避〔僻〕（ヘキ）在シテ、自（オノズカ）ラ一偏ノ局域ヲ為シタリト虽モ〔ドモ〕、其ノ境土ヲ考ウレバ副員敢（エ）テ狭隘ニ非ズ。人口亦鮮少トセズ。其（ノ）物産ニヲケルモ藍玉・葉煙草・砂糖・椎茸・氷豆腐及（ビ）紙草・木材・薪炭・澱粉質（ハ（ワ）ラビコ・クズノコ）等皆阿州生産ス。讃岐亦米・綿・砂糖・食塩・薪炭及ビ水産ニ冨（ム）。両国間貨物運搬ノ頻繁ナル推（シ）テ知ルベキナリ。加フルニ大阪神戸ヲ距ル事敢（エ）テ遠シトセズ。仰（イ）デ対岸ヲ大観セバ、明石・姫路・牛窓・岡山・尾ノ道・廣嶋等名邑（ユウ）大駅アリ。俯（シ）テ陸地ヲ詳察セバ、徳嶋・撫養・脇町・高松・志度・仏生山・坂出・丸亀・多度津・琴平共ニ名邑大駅ナリ。加之（シカノミ）ナラズ、山村避〔僻〕邑ニシテ天産物ノ湧出スルモ、運輸其ノ宜シキヲ得ズ、空シク元素ヲ失却スルモノ枚挙スベカラズ。其ノ地盤ノ浩〔広〕濶ナル実ニ驚歎ニ堪（エ）ザルノミ。又、海岸港湾ヲ顧ミレバ、多度津港・志度港・撫養港・古河港アリ。就中（ナカンズク）多度津港・古河港ハ敢（エ）テ良港ト謂（ウ）ニ非レ共（ドモ）、古河ト大坂ト日々ニ艦〔船〕ノ定規〔期〕航海アリ。多度津ハ九州航路ノ要地ナルヲ以（ツ）テ汽船常ニ寄港ス。然リト虽（ドモ）一朝風波ノ激動スルヤ、古河・大坂ハ航路塞リ、多度津モ亦寄港難シ。撫養・志度ノ良港ニ寄ラズ危険ノ極ヲ犯ス者ハ大（オオイ）ニ故アリ。両国間高山危峯〔奇〕重疊々シテ有無相通ズルノ便、纔（ワズカ）ニ溪間ノ迂路ニ頼ルノミ、懇到（コレトテテ）是（コレ）ニ考按ヲ下セバ、民智進マズ人為ノ意匠ヲ用（イ）ザルヨリ撫養ノ如キ港内潤大ニシテ善良ナルモ、出入（リ）此ノ険アルヲ見テ港内ノ善美ヲ捨ツ。若シ之レニ意匠ヲ尽シテ改良ヲ加ヘバ、或ハ思フ其（ノ）開港場ノ一ツニ居ルヤモ亦計ルベカラズ。況（イワン）ヤ、志度港ノ難所ナキニヲイテオヤ。近歳競フテ道路ヲ修営シ、迂路険阻モ稍（ヤヤ）跡ヲ収ムト雖（ド）モ、牛馬ノ往来尚未ダ自由ナラズ。偏ニ肩負郵伝ニ過ギザルノミ。故ニ征人旅客モ今猶自由ノ便ナキ者ノ如シ。又、海路ニ在（リ）テモ粗（ホボ）前陳ノ如クニシテ、其ノ碇泊ニ困難スル者誠ニ之レアリ。呼呀両国人民殊ニ寒川・三木・香川・山田・阿野ノ五郡、三好ノ半郡共ニ海陸交通ノ至便ヲ欠ギ、折角多数ノ物産モ海岳ニ壅塞（ヨウソク）スルノ難レ艱〔艱難〕アリ、今ニシテ夙（ハヤ）ク之レヲ救済スルノ計画ヲ成サヾレバ、何レノ時カ阿讃人民ヲシテ其（ノ）智識ヲ発達シ、其ノ物産ヲ興隆シ、其（ノ）運輸ヲ自由ナラシメンヤ。方今東西会社〔社会〕ノ状勢ヲ観察スルニ一利一害ハ其（ノ）数ノ免（マヌガ）レザル所、概シテ東北鉄道・信越・東海・関西・大坂・九州・坂界〔堺〕・讃岐・松山・山陽鉄道等陸続興起シ、西南ハ薩摩ヨリ東北陸奥ニ抵（イタ）リ、東西京ヲ中心ニ取リ幹線既ニ貫通セントス。尋（ツイ）デ要地名邑ハ支線設置ノ挙アルニ至リ、全国鉄道駸々乎トシテ軌轆　（キロク）ヲ進ムル事日一日ヨリ盛ンナリ。然リト虽（ドモ）遽（ニワカ）ニ之レニ眩惑セズ、其ノ一利一害ハ天理ノ常数ナルニ基キ、天造人造ノ区別ヲ問（ワ）ズ深山幽谷ニ生産シテ運

—21—

輸便ナキ者、之レヲ鉄道ニ曳キ、以（ッ）テ海路ニ聠接セシムルヲ最大目的トシ、我ガ四国ヲ省察セバ、名邑大駅乏シカラズ、民家亦稠密ニシテ往来馳驟（チシュウ）ノ多キニ拘ハラズ、曩（サキ）ニ讃岐鉄道・松山鉄道ノ二者アルモ、其ノ勢力隆盛ト云フヲ得ズ。今ヤ全国何業何レヲ問ハズ、鉄道ノ便ニ依ラザルナシ。独リ我ガ四国ノミ窘走跼行（キンポキョクコウ）ヲ免カレザルハ所謂半身不遂〔随〕ノ人物ト一般ナリ。何ヲ以（ッ）テ四通八達運輸ノ便ヲ聞キ、物産興降ノ基礎ヲ立（テ）、広ク外人ト交通シ、智識ノ競争ヲ試ムルヲ得ン。今度、我々発起スル阿讃鉄道会社ハ、讃岐国寒川郡志度港ノ善良ヲ認知シ、之レヲ根拠ニ取リ三木・香川・山田郡ヲ経テ阿波国美馬郡脇町ニ達スル鉄路ヲ敷設スルヲ以（ツ）テ第一着トシ、猶脇町尋（ツイ）デ香川郡仏生山ヨリ西折シテ讃岐鉄道ニ聠接シ、徳島市ニ達スルヲ以（ツ）テヨリ芳野川〔吉野川〕南岸ヲ東下シ、徳島市ニ達スルヲ以（ツ）テ第二着トス。畢意スルニ四国貫通ノ目的ナレバ、一般公益ニ関係アルヤ言（ウ）ヲ俟（マ）タズ。又、営利ノ業体ナレバ、従来各社ノ利欠得失ヲ斟酌（シンシャク）シ、費用ト収支ノ計算ハ最モ緊用ナリトス。因（ツ）テ、今志度・脇町間ノ地勢ヲ按ズルニ、山河阻ナキニ非（ズ）ト雖（ドモ）渓間ニ順路ヲ求メ、概ネ年衍（エン）多ク、只（タダ）山腹切取リヲ至難トスルニ止（マ）リ、石材・木材ハ潤沢ヲ極メ、第一工事ノ成功ヲ信憑（シンピョウ）スルガ故ニ、第二着以上ハ暫ク措（オ）キ、第一着ノ設計ニ止メ、公衆ノ幸福ヲ速成セントス。是レ今回此ノ鉄道ヲ発起スルノ主旨ニテアルナリ。愈々進ンデ第二着以上ノ成功ヲ見ルニ至ラバ、国家軍事上ヨリ之レヲ見ルモ、松山・丸亀両営所ガ四国四県ニ関係最密ニシテ、容易ニ気息ヲ通ズルヲ得ン。又、国家経済上ヨリ之ヲ言フモ、其（ノ）実利実益ノ浩大ナル独リ四国民衆ノ利益ニ止（マ）ラズ、其（ノ）功延（ヒイ）テ全国ニ普及シ、公衆ノ幸福モ亦鮮少ニアラザルナリ。

第一　社名及（ビ）本社等所在ノ事

本社ハ阿波・讃岐ノ両国ニ鉄道ヲ敷設シ旅客及（ビ）貨物運輸の業ヲ営ムヲ以（ッ）テ目的トスルモノニシテ、名〔付〕ケテ阿讃鉄道会社ト称シ、本社ヲ讃岐国高松ニ設ケ便宜ニヨリ事務所ヲ東京・大坂・神戸・阿波国脇町ニ置ク。

第二　線路ノ事

本社ノ鉄道ヲ敷設セントスル線路ハ阿波国美馬郡脇町ヨリ讃岐国寒川郡志度ニ達スル線路廿九哩ノ間ニシテ、追（ウ）テハ讃岐国香川郡仏生山ヨリ西折シテ讃岐鉄道ニ聠接シ、尚阿波国美馬郡脇町ヨリ芳野川南岸ヲ東下シ、同国徳島市ニ達シ、猶進ンデ芳野川上流ニ泝（サカノボ）リ、土佐国高知ニ達スル目的ナレバ、目下工事ノ都合ニヨリ先ヅ脇町ヨリ志度迄ノ間ト定メ、即チ実地ヲ観察シタル線路ノ図面別紙ノ如シ。尤（モットモ）愈々工事ニ着手スルニ当リ細密ナル測量ヲ為スニ至ラバ、或ハ多少ノ変更ヲ要スル事アランカ。乍去（サリナガラ）其ノ大要ニ於テハ蓋（ケダ）シ大差ナキ者トス。

第三　資本金ノ事

本社資本金ハ八拾五万円ト定メ、一株金五拾円トシ、総株壱万七千株ヲ募集スルモノトス。

第四　工事ノ事

阿波国脇町ヨリ讃岐国志度迄延長凡廿九哩間ニ鉄道ヲ敷設スルニ就キ、之レガ費用ノ概算ヲ立ツルニ総額金七拾七万四千参百四拾六円ニシテ、平均一哩ノ費用金弐万六千七百〇弐円弐拾九銭四里トス。其（ノ）内訳左ノ如シ。

但シ此ノ費額ハ概測ニ由リ計算シタル者ナルヲ以（ッ）テ、尚細密ノ調査ヲ遂ゲンニハ多少ノ増減ナキヲ得ズ。故ニ此ノ外、更ニ金九万弐千六百五拾四円ノ準備金ヲ用意シ、資本金八拾五万円ト定メ、以（ッ）テ萬一ノ虞（オソレ）ニ供ヘタリ。
（内訳表畧ス）

第五　収支概算

甲収入

茲（ココ）ニ運輸営業上ノ収入ヲ計ルニ当（タ）リ、参考ノ便ヲ得ント欲（オモハ）バ、先ヅ此ノ鉄道ニ依リテ直接ニ運輸旅行ノ便ヲ収ムベキ讃岐国ハ寒川・三木・香川・山田・阿野ノ五郡、阿波国美馬・三好・麻植・阿波四郡ノ人口及ビ戸数ヲ掲ゲ、次ニ現在運輸ノ有様ヲ究メ、之レニ頼ルベキ貨物ト旅客ノ概数ヲ明ニシ、以（ッ）テ之レガ予算ヲ定ム。

	国郡名	人口	戸数
阿波国	美馬郡　三好郡 麻植郡　阿波郡	廿四万九千人	四万五千戸
讃岐国	寒川郡　三木郡 香川郡　山田郡 阿野郡	廿三万　人	四万三千戸
	計	四拾七万九千人	八万八千戸

阿讃鉄道ニ沿フ著名ノ宿駅ハ、讃岐国志度・古高松・高松・仏生山・関中・岩部・塩ノ江、阿波国ハ清水・落合・岩津〔倉〕・脇濱〔町〕猪尻等ニ在リテ、阿波国北方、讃岐国東方ハ大半此（ノ）線路ニ運輸旅行ノ便ヲ頼ムモノナリ。尤（モ）阿波ニ撫養港ノアルアリ、主トシテ之レニ據ルベキモ港口ノ危険ナルヨリ出入虞アルヲ以（ッ）テ碇泊船自ラ尠（スクナ）ク、古河港ハ日々大坂ト定規〔期〕ノ航海アリト虽（ド）モ南風ノ為屢々（シバシバ）航路ノ閉塞スルアリ。小松島港ノ善良ナルモ南方ニ偏避〔僻〕シテ不便ヲ感ジタリ。故ニ不完全ヲ不厭（イトワズ）、古河港ニ航路ヲ取リ、碇泊ノ艱難ニ当（タ）ルモノハ萬止ムナキニ出（ヅ）ルモノナリ。讃岐モ亦坂出・志度ノアリト虽（ドモ）運輸スベキ貨物乏シク、九州通過ノ汽船高松・多度津ニ寄港スルノミ。更ニ碇泊ノ便アルナシ。故ニ鉄道敷設ノ暁ハ競フテ其（ノ）便ヲ鉄道ニ得ルヤ堅ク信ジテ疑ハザルナリ。果シテ如斯（カクノゴトク）ナラバ、汽船亦志度港ニ輻輳（フクソウ）シ、始メテ阿讃両国ノ幸福ヲ見ル者ナリ。次ニ此（ノ）間ノ貨物及ビ旅客一年間ノ概数ヲ取調（ブ）ルニ左ノ如シ。

第一表

上り

場所	材木	俵物	箱物	樽物	雑物
志度 高松 間	二〇〇、〇〇〇	七、〇〇〇、〇〇〇	五五〇、〇〇〇	一一四、〇〇〇	一、四五五、三〇〇
高松 仏生山 間	二〇〇、〇〇〇	七、〇〇〇、〇〇〇	五五四、六四〇	二三、五二五	一、五三五、一五五
仏生山 関 間	四〇〇、〇〇〇	六、五〇〇、〇〇〇	五〇四、六四〇	二三、五二五	一、五三五、一五五

―23―

関 塩ノ江 間	欠字	欠字	五〇四、六四〇	一三、五二五	一、五三五、一五五
塩ノ江 清水 間	三五〇、〇〇〇	六、〇〇〇、〇〇〇	五〇四、六四〇	一三、五二五	一、五三五、一五五
清水 御所 間	三〇〇、〇〇〇	六、〇〇〇、〇〇〇	五〇四、六四〇	一三、五二五	一、五三五、一五五
御所 落合 間	二〇〇、〇〇〇	六、〇〇〇、〇〇〇	五〇四、六四〇	一三、五二五	一、五三五、一五五
落合 猪尻 間	二〇〇、〇〇〇	六、〇〇〇、〇〇〇	五〇四、六四〇	一三、五二五	一、五三五、一五五

下リ

場所	材木	俵物	箱物	樽物	雑物	合計
志度 高松 間	二〇、〇〇〇	四、六〇〇、〇〇〇	三五〇、〇〇〇	二四、〇〇〇	四五五、三〇〇	一四、六七八、六〇〇
高松 仏生山 間	二〇、〇〇〇	四、六〇〇、〇〇〇	二五〇、〇〇〇	一四、〇〇〇	二五五、三〇〇	一四、四五二、六五〇
仏生山 関 間	一〇、〇〇〇	六、六八〇、〇〇〇	二五〇、〇〇〇	一四、〇〇〇	二五五、三〇〇	一六、一七二、六二〇
関 塩ノ江 間	一〇、〇〇〇	六、六八〇、〇〇〇	二五〇、〇〇〇	一四、〇〇〇	二五五、三〇〇	一五、六七二、六二〇
塩ノ江 清水 間	一〇、〇〇〇	六、六八〇、〇〇〇	二五〇、〇〇〇	一四、〇〇〇	二五五、三〇〇	一五、六七二、六二〇
清水 御所 間	二〇、〇〇〇	六、六八〇、〇〇〇	二五〇、〇〇〇	一四、〇〇〇	一二五、三〇〇	一五、五八二、六二〇
御所 落合 間	三〇、〇〇〇	六、六八〇、〇〇〇	二五〇、〇〇〇	一四、〇〇〇	一、二五五、三〇〇	一六、四九二、六二〇

落合猪尻間　三〇、〇〇〇　六、六八〇、〇〇〇　二五〇、〇〇〇　一四、〇〇〇　二五五、三〇〇　一七、七九二、六二〇

右（ノ）者（ハ）明治廿二年中出入セシ貨物ノ内、将来鉄道及（ビ）海運ノ便ニ依ルベキ部類ヲ取リタル者ニシテ、或ハ物産統計表ニ依リ、或ハ各地実業家ニ就キ調査ヲ為シタルモノナレバ、其ノ梗概ヲ知ルニ於テ大差ナカルベキヲ俣（マ）タズ。而シテ此ノ部類中従来京坂ハ素（モト）ヨリ、北海道ヨリ来ル貨物又ハ山陰・山陽・西海道等ノ地方ヨリ来ル貨物モ多クバ（ハ）一端大坂ニ入港シ再ビ阿讃ニ輸出スルモノ尠シトセズ、依（ツ）テ鉄道敷設ノ後、賃額ニシテ海運ニ増差ナカラシムレバ専（モッパ）ラ鉄道ノ便ニ依ルベキハ当然ナレ共、又若干ノ貨物ハ商況ノ如何ニヨリ従来ノ如クナルモノト見做スヲ以（ツ）テ穏当ノ予算ト思考シ、各地ノ実況ニヨリ其ノ部合ヲ減ジテ之レガ賃額ヲ積算スルモノトセリ。

第二表　乗客ノ員数

県名	人員
徳島県四郡	六万弐千弐拾人〔六万弐千弐百伍拾人〕
香川県五郡	七万六千六百六十八人
合計	拾三万八千九百十八人
平均数	六万九千四百五十五人

但シ平均一日数三百八十壱人　一位未満ヲ除ク

右（ノ）者（ハ）明浜廿二年十二月中晴ヲ問ハズ通過セシ現員ニ付、一年ノ積算ヲ為シタルモノニシテ、其ノ調査ハ両国共要路ニ於テ取調（ベ）タル其ノ総数ノ三分（ノ）一ハ鉄道ヲ全通スル者ト見估シテ之レヲ取リ、余（リ）ハ扣〔控〕除シタルモノナリ。

以上ノ二表ハ既往ノ実跡〔績〕ニ徴シテ調整セシモノナリ。今後鉄道ノ便開クルニ於テハ為メニ増進スベキ貨物行客ノ員数巨多ナルベキモ、此（ノ）表中ニハ渾（スベ）テ其（ノ）見込ノ数量ハ加ヘズ。貨物及（ビ）旅客ノ概数前掲ノ如クナリトシ。今其ノ収入ヲ見ルニ当リ、貨物ノ運賃旅客ノ賃銭ヲ適当ニ定ムルヲ以（ツ）テ緊要ノ事ナリトス。依（ツ）テ試ミニ大坂ヨリ徳島・神戸ヨリ多度津ヨリ松山及（ビ）馬関ト海運物貨ノ賃銭額ニ比準ヲ取リシニ貨物十貫目ニ付（キ）一哩壱厘八毛余ノ割合トナリ、又、地方乗客ノ賃額ニ比準ヲ取リシニ壱人ニ付一哩凡壱銭六厘ノ割合トナル。依（ツ）テ前記賃額ヲ参酌シ、貨量十貫目ニ付壱哩壱厘七毛、乗客一人ニ付一哩一銭三厘ト定メ、而シテ貨物ノ如キ各地ノ実況ニ従ヒ海路ノ便ニ依ルベキ見込ノ部合ヲ減ジ、之レガ一年間ノ賃額ヲ積算スレバ左ノ如シ。

貨物賃価表

場所	貨物量目	割引	貨物割引量目	哩数	賃額（千、円、位）
志度高松間	一四、六七八、六〇〇	三割	一〇、五七五、〇二〇	六哩	一、〇七八、六五二
高松仏生山間	一四、四五二、六二〇	三割	一〇、〇九四、七六〇	四哩	六八六、四四一

—25—

仏生山関間	一六、一七二、六二〇	一割	一五、五五五、三五八	四哩	九八九、七六四
関塩ノ江間	一五、六七二、六二〇	一割	一四、一〇五、三五八	四哩	九五九、一六四
塩ノ江清水間	一五、六二三、六二〇	一割	一、四〇六、三七八	三哩	七一七、〇七九
清水御所間	一五、五八二、六二〇	一割	一四、〇六〇、三五八	二哩	四七六、八二八
御所落合間	一六、四九二、六二〇	二割	一三、一四四、〇六六	四哩	八九三、七九九
落合猪尻間	一七、七九二、六二〇	四割	一〇、六七五、五七二	二哩	三六二、九六九
合計				二十九哩	六一六、一九六

乗客賃額表

場所	人員	哩数	賃額千位
志度ヨリ脇町迄	一三八、九一〇	二十九	五、二三六、九〇七

前二表ノ計算ニ因レバ鉄道敷設ノ上阿讃鉄道会社ノ此（レ）ガ鉄道ニ於テ収入スベキ一年間ノ金額在ノ如シ。

金六万千六百四拾六円九拾六銭　貨物
同五万弐千三百六拾九円〇七銭　乗客
合計拾壱万四千〇拾六円〇参銭

乙　支出

本社ノ運輸営業上ニ付、支出スベキ経費ハ役員給料、事務費、汽車運転費及ビ諸器械修理費等ニシテ、実地処弁ノ上ナラデハ之レヲ確定スル（ヲ）能ハズト雖（ドモ）日本鉄道会社ノ支出例ニ基キ、夫レニ一割余ヲ増シ見積リヲナシタルモノニシテ敢（エ）テ失当ナラザルヲ信ズ。今其ノ割合ニ従（ツ）テ本社ノ経費ヲ計ルニ左ノ如シ。

金四万六千八百円　本社一年間総経費
但（シ）本社ノ経費一ヶ月金六百八拾壱円
其（ノ）他渾テノ経費一哩ニ付金三円七拾銭ノ割合ニ依ル。

丙　損益計算

前記ノ要領ニ従ヒテ一年間営業上ノ損益ヲ計算スレバ左ノ如シ。
一金拾壱万四千〇拾六円〇参銭　総収入高
一金四万六千八百円　総経費
一金六万八千弐百拾六円〇三銭　純益金
即チ資本金八拾五万円ニ対シ年々八分二毛五糸強ノ利益ナリ。

【参考資料】

『アインシュタインからの墓碑銘』出窓社、２００９年
『多度津町史』多度津町、昭和38年
『多度津郷土史年表』多度津町編集委員会、昭和45年
『多度津人物ものがたり』第4版、多度津町教育委員会、令和３年
『讃岐人物風景11』株式会社丸山学芸図書、昭和45年
『景山甚右衛門　讃岐の近代化に尽くした人』香川県教育会、平成24年
『旅』鉄道開通七十年記念号、日本旅行倶楽部、昭和17年
『香川県誌』商工人名録発行所、明治25年
『明治16年愛媛県巡察復命書』香川県立図書館所蔵写し、（発行不明）
『乃木将軍と四国』四国教育図書、昭和10年
『奈良・善光寺　日本の古地図16』講談社、昭和52年
『四国鉄道75年史』日本国有鉄道四国支社、昭和40年
『琴平参宮電鉄株式会社　第八拾七期営業報告書』琴平参宮電鉄株式会社、昭和29年
『四国大観』四国大観社、昭和5年
『琴電100年のあゆみ』ＪＴＢパブリッシング、平成24年
『鉄道ピクトリアル』No.５０９鉄道ピクトリアル、平成3年
『山陽新報』六面記事、大正2年11月11日
『白川友一自叙伝　抄録』白川家所蔵写し

質問に答えて

香川県立ミュージアム学芸課長　野村美紀
香川近代史研究会会員　宮本義行
司会
ＲＳＫ山陽放送アナウンサー　岡田美奈子

司会：会場にお越しの皆さん、たくさんの質問をいただき、誠にありがとうございました。
それでは、質問コーナーを始めて参ります。まず野村先生へのご質問です。大久保諶之丞の赤字総額は、現代のお金にしたらいくらぐらいになるのでしょうかという質問です。

野村：たぶんこの質問は出るだろうなと思っておりましたが、これはなかなか答えるのが難しい質問です。諶之丞が本当にいくらぐらいの借金をしていたのかということですが、いろんなところからたくさんの借用をしていて、借りては返済するということを繰り返していますので、総額では借金はどのくらいあったのかとはいうことはなかなかつかみづらいところがあります。

それで、参考になるかどうかは分かりませんが、一つの事例としまして、県の方から工事の請負を命じられて、工費が不足して後に県の方に補塡を申請したけれども、全額はもってもらえなかったということをお話ししました。県に負担してもらえなかったその差額は今のお金にしたらどのくらいだったかということについて考えてみたいと思います。どのように計算するかという方法はいろいろとあろうかと思いますが、私が試算してみたところでは、その分だけでも1千万円ぐらいはあっただろうと考えています。また、諶之丞が請け負った工事費自体の総額は、今のお金にすると1億円ぐらいはあっただろうと考えていまして、それも工事がある程度できていないと支払われませんから、最終的には県から代金は支払われるわけですが、実際に工事をしている最中には常に数百万単位の借金を抱えていたのではないかとは思います。

そして、四国新道の事業だけではなくて、他にさまざまな事業も並行してやっていますし、それに対してもやはりお金を出資するということをしていますので、さらにそれ以上の借金を抱えていたのではないかと推測しています。

司会：それほど大きな金額だとは思っておりませんで、驚きました。

それでは次の質問につながるかとは思うのですが、大久保諶之丞は私《わたくし》よりも公《おおやけ》を優先したのは、誰かの考えや思想が影響したのでしょうか。また、影響を与えた人物はいるのでしょうか、というご質問をいただきました。

野村：これはいろいろな可能性があると思っていまして、諶之丞の生まれた大久保家というのは庄屋を務めるような村のリーダー的な存在で、そういう家に生まれたということで、父も祖父もおそらく教養を身に付けていた方であろうと思われます。子どもたちにもやはり学問をさせるということで読み書き算盤はもちろんのこと、漢学とかそういったものも学ばせていましたので、そういったところから影響を受けたりしたということはもちろん考えられることだと思います。

それから、弟の彦三郎はかなり学問の道を追究していきますので、彦三郎自身もいろいろな人に学び、影響を受けています。彦三郎の師などから諶之丞が影響を受けたということも考えられるかと思います。それに加えて、明治以降、戸長とか勧業掛《かかり》、県会議員など公的な役職を歴任しているというところもありまして、職務としてという使命感はもちろんあったと思います。講演の最後でも言いましたが、いろんな要素がありながらも村のリーダー、庄屋の家に生まれたということが諶之丞の大きな部分というか、根底にあるところではないかと思っていまして、謙之丞は42年しか生きていませんけれども、その半分は江戸時代なんです。ですから、江戸時代的な枠組みというか、そういう考え方もかなり強く持っていたのではないかと思います。明治以降にいろいろな活躍をするなかでも、村のために尽くさなくてはいけない、村を豊かにすることを第一に考えなければいけないという考えが彼の根底にあって、そのためにはどうしたらいいかを考えていたようです。さらに、村とか近隣の範囲にとどまらずもっと広い範囲で、今の新しい時代にあるものを使って、これからの時代を見据えてということを考えた結果、四国全体とか日本全体に利益をもたらすような計画を考えるに至ったのではないかと考えています。

司会：ありがとうございます。

それでは続いて、宮本先生にご質問です。岡山県の茶屋町から来られた方からの質問なんですが、岡山側の下津井軽便鉄道の白川友一氏や永山（久吉）氏などの出資者との連携について、教えていただきたいということですが。

宮本：茶屋町からお越しいただきまして、ありがとうございました。

下津井電鉄の話というのは何回かしたんですが、一言で言いますと、記録は残っているんですけれども、これはほとんど「白川友一の自叙伝（抄録）」なんかを見る限り、下津井電鉄の敷設及び琴平急行電鉄の開業から工事のときには、ほとんど四国、香川県にいませんでした。いたのは満州なんです。ただ、ご質問のとおり、永山久吉氏とは非常に連携を取っていまして、連携を取った中身は、1963（昭和38）年に丸亀の正覚寺で十三回忌法要があって、ちょうど当時、下津井の駅の構内には白川友一の石像がありました。1944（昭和19）年に白川友一の銅像は供出されましたので、その代わりの石像の設置も含めて昭和38年に、丸亀のお寺で慰霊祭があって、下津井電鉄役員が当時のことを涙ながらに読み上げていた言葉は非常に印象的でした。

白川友一氏はほとんどこちらには居なかったのですけれども、下津井電鉄敷設に際しては、株式がほとんど集まらなかったんです。そこで、白川友一という人は幾つか会社を起こしていたので、当時の丸亀・坂出側のほうの国会議員も含めた議員さんなどとの人脈を使うわけです。東京の井の頭線とか南満州鉄道もそうですし、朝鮮鉄道の京釜《ケイフ》鉄道でもいろいろと鉄道の敷設に絡んでいまして、工事をいろいろとやっていたんです。とにかく朝鮮、満州、台湾などで半世紀を過ごした人ということで、時々日本に帰って来てはいたのですが、その時に下津井電鉄の株主（資金）がなかなか集まらないということを聞いて、急遽、その中心である丸亀を中心に資金を集めたようです。もともと年譜にあるとおり、銀行にもいましたし、学校の先生をしたり、事業も幅広くやっていて、特に軍部との関係は深くて、非常に波瀾万丈の人生を送った人で、今でも知っている方は、「一か八かの白川友一」と言うそうですけれども、資金の集まりが悪いということを聞いた白川友一は、その半数以上を集めてきたということを、永山久吉氏は記述しております。

ちなみに、琴平急行電鉄のほうも非常に株主からの資金が集まらず、白川友一の地ということで三分の一を白川が捻出したと自叙伝には書かれています。

司会：宮本先生、ありがとうございました。続いて野村先生へのご質問です。

大久保諶之丞が活躍した時代には、香川県の独立運動がありました。諶之丞はこれをどう受け止めていたのでしょうか。また、何か具体的な行動を起こしたのでしょうか、という質問です。

また、香川県独立の父といわれる中野武営と接点があったのでしょうか、という質問です。お願いします。

野村：諶之丞は、1888（明治21）年4月に愛媛県会議員となりますが、この頃、中野武営らが、香川県の愛媛県からの分県独立運動を進めていました。旧高松藩士を中心とした分県独立派に対して、中讃・西讃には独立反対派が多かったと言われています。諶之丞も独立運動の動きや反対派の存在は認識していたようです。

香川県の分県独立が決定した後、『豫讃新報』に那珂・多度・三野・豊田の4郡を香川県から分離し愛媛県に合併することを政府に請願する動きがあり、その中心人物が諶之丞であるかのような記事が掲載されたとき、諶之丞は、自分は無関係であると新聞社に手紙を出して記事を訂正させています し、新聞記事を読んだ県会議員からの手紙などを見ても、諶之丞自身は独立に賛成していたと考えられます。ただ、分県独立運動に関わっていたのかどうかについて、詳しくは分かっていません。その頃の諶之丞は、県から請け負った四国新道の工事を進めることに忙しく、旧高松藩士を中心とした独立運動に、深く関わる状況ではなかったのかもしれません。

諶之丞が愛媛県会議員になった時、中野武営は愛媛県会議長でしたし、香川県の独立後は武営も諶之丞も香川県会議員になりますので、当然お互いのことは知っていたと思います。しかし、どの程度関わりがあったのか、よく分かっていませんので、今後解明していく必要があると思います。

司会：次も野村先生へのご質問です。諶之丞は北海道の開拓に尽力したと聞いていますが、どんな開発をしたのか具体的な動きを知りたい、ということです。

野村：明治政府が北海道開拓、そのための移住を奨励し、全国各地から北海道への移住が行われました。香川から北海道への移住は、金刀比羅宮に奉納された絵馬などから、明治10年代には行われていたと考えられます。

明治20年代になると、希望者を募って大規模な移住が計画されますが、三野・豊田・那珂・多度の4郡からの移住計画の中心となっていたのは、旧丸亀藩士で那珂多度郡長も務めた三橋政之で、第一次移住団の団長として入植しました。

諶之丞は三野・豊田郡の北海道移住民周旋委員になり、亡くなるまで移住計画を支援しました。移住者の旅費を援助したり、移住先での便宜をはかるなど、細やかな心配りをしていた様子が史料にも残されています。

旧丸亀藩主の京極家も、北海道開拓を願い出、京極農場を開きますが、これは諶之丞が亡くなった後のことで、諶之丞は直接関わっていません。

司会： 次は宮本先生への質問です。先人の活躍に際し、先見の明があったとよくいわれますが、先見の明を発揮するに至る学習過程、生育と取り巻く人々とのつながりはどうだったのか、本領を発揮するに至る何かがあったのでしょうか、というご質問です。

宮本： 景山甚右衛門は、金毘羅参詣要衝の地多度津で、100年続く北前船回漕店大店「大隅屋」の五代目であり、幼少より寺子屋塾では稀にみる英才、性格も豪気にて好奇心旺盛とあり、十九歳で結婚後、東京へ出かけており、東京で鉄道開通に賑わう状況に大いに感化されたと思います。政界に若年より関わっていたようですし、その地域の政・財・官界との強いつながりが大きいと思われます。

司会： それでは最後の質問となりますが、お二人にお尋ねします。謙之丞と甚右衛門の人生において、出会った上司、同僚、家族など彼らの人間形成に最も大きな影響を与えたのは誰でしょうか。それはどんなことでしょうか、というご質問です。

野村： その点については、今後もっと研究を進めていく必要があると思いますが、謙之丞の場合、一人に限定するのは難しく、短い人生の中で多くの人に出会い、その都度影響を受けて、自分の思想、事業計画を形作っていったのではないかと思っています。

先ほどの質問や、講演の中でも触れましたが、謙之丞が事業を具体化していく上で重要な存在だった三野豊田郡長の豊田元良、家族ではやはり弟の彦三郎の存在が大きかったと思います。彦三郎の師、三島中洲やその師である山田方谷の考えにも影響を受けたかもしれません。そして、四国新道の計画を実現する上で関わりを持った各県知事や郡長、県会議員として意見を戦わせた人物など、さまざまな可能性が浮かびます。ともに讃岐鉄道や四国新道などの事業を推進した景山甚右衛門もその一人に挙げられるでしょう。

想像ですが、諶之丞は、年齢や立場を越えて、多くの人と関わり、意見を聞き、それを柔軟に取り入れて自分の計画を実現していくことができた人だったのではないかと思います。それが、また諶之丞の魅力の一つだったのではないでしょうか。

宮本：景山甚右衛門は、香川県の基幹となる事業を創業発展させたのですが、幾多の人物評からみると、讃岐鉄道創業の多度津―神戸間定期航路船主「三城弥七」、四国水力発電での福沢桃介を社長に口説いたことや多度津銀行では、多度津の七福神と呼ばれた資産家・実業家と事業を推進しており、氏の多岐に渡る人脈が歴史的成果となったことから、その交流の中で人間形成が図られたと思っています。一例をあげると、景山甚右衛門が讃岐鉄道社長となり高松への延長計画をたてたころ、讃岐鉄道の初代支配人として景山社長時代を支えたのが宇喜多秀穂《うきたひでほ》です。あの中納言宇喜多秀家の末裔です。ご存知かも知れませんが、宇喜多家は備前児島郡平定の功績により土地と児の旧字体「兒」のチゴ紋が与えられており、宇喜多秀穂の文様は同じです。宇喜多秀穂は香川県属と称され、農学、移民、勧業推進と功労成果が知られており、景山甚右衛門も関係諸氏と協議した結果、官民との折り合いもよかろうということになり鉄道入りを薦めた、ということが、昭和6年に宇喜多秀穂記念伝記刊行會から発行された『産業界の先駆 宇喜多翁』に出ています。

ちなみに、琴平急行電鉄の敷設申請者にも宇喜多秀穂が入っており、白川友一やそれぞれの鉄道との関係の研究を今後の課題としたいと思っていますが、そういった多くの人との交流が「人を創った」、やはり深く影響しているのではないかと思います。

司会：ありがとうございました。たくさんのご質問をいただいているのですが、お時間となりましたので、これで質問コーナーを終わらせていただきます。

野村先生、宮本先生、誠にありがとうございました。お二人にもう一度拍手をお願い致します。

図版所蔵・提供一覧　講演1

98頁　写真1：大久保諶之丞　大久保家資料、香川県立ミュージアム保管

100頁　表1：大久保諶之丞関連年譜　『新修 財田町誌』、大久保家資料等より作成

102頁　図1：大久保家家系図　野村美紀氏作成

103頁　写真2：大久保諶之丞顕彰碑　野村美紀氏撮影

104頁　写真3：大久保諶之丞関係史料(上)(下)　大久保家資料、香川県立ミュージアム保管

106頁　図2：四国新道略図　香川県立ミュージアム作成

108頁　写真4：新線沿道巡回雑誌　1884(明治17)年、大久保家資料、香川県立ミュージアム保管

110頁　写真5：阿讃国境猪ノ鼻工事場の写真　大久保家資料、香川県立ミュージアム保管

111頁　写真6：新道工費之義ニ付上伸書　1889(明治22)年11月26日、大久保家資料、香川県立ミュージアム保管

112頁　写真7：長谷川安二郎から諶之丞宛の書簡(部分)　1891(明治24)年12月1日、大久保家資料、香川県立ミュージアム保管

113頁　写真8：讃岐鉄道1号機関車　鉄道博物館提供

114頁　写真9：讃岐鉄道開業式の祝辞草稿　1889(明治22)年5月1日、大久保家資料、香川県立ミュージアム保管

115頁　写真10：讃岐鉄道開業式の祝辞　1889(明治22)年5月23日、大久保家資料、香川県立ミュージアム保管

117頁　図3：瀬戸大橋の構想に係る部分の比較　野村美紀氏作成

118頁　写真11：諶之丞を支えた家族の写真　大久保家資料、香川県立ミュージアム保管

写真12：家族の写真の裏面　大久保家資料、香川県立ミュージアム保管

119頁　写真13：タメから諶之丞宛の書簡　1891(明治24)年12月、大久保家資料、香川県立ミュージアム保管

120頁　写真14：彦三郎から諶之丞宛の書簡(部分)　1891(明治24)年12月、大久保家資料、香川県立ミュージアム保管

図版所蔵・提供一覧　講演2

125頁　表1　香川県西部の鉄道網

126頁　写真1：景山甚右衛門　多度津町教育員会蔵

写真2：白川友一　下津井電鉄株式会社『下電50年のあゆみ』、1962(昭和37)年12月25日

127頁　表2：景山甚右衛門関連年譜　『景山甚右衛門　讃岐の近代化に尽くした人』等より作成

表3：白川友一関連年譜　『白川友一自叙伝記』等より作成

128頁　写真3：讃岐新道を行軍する12聯隊　1907(明治40)

頃　渋谷通俗堂発行絵はがき、宮本義行氏蔵
130頁　写真4：アインシュタインと三宅博士友情碑　宮本義行氏撮影
写真5：アインシュタインと三宅速　講談社『アインシュタイン日本で相対論を語る』より、2001年
132頁　写真6：渋沢栄一からの直筆書簡　丸亀市立資料館蔵
写真7：渋沢栄一　国立国会図書館蔵
133頁　写真8：中野武営　国立国会図書館蔵
134頁　写真9：四国鉄道開業年次路線図　日本国有鉄道四国支社『四鉄家庭だより―鉄道90周年記念日特集号』、1962年10月
136頁　写真10：初代高松駅の墨絵　日本国有鉄道四国支社『四鉄家庭だより―鉄道90周年記念日特集号』、1962年10月
写真11：初代の多度津駅　日本国有鉄道四国支社『四鉄家庭だより―鉄道90周年記念日特集号』、1962年10月
137頁　写真12：讃岐鉄道の女ボーイ　日本国有鉄道四国支社『四鉄家庭だより―鉄道90周年記念日特集号』、1962年10月
写真13：汽車内喫茶室のメニュー　日本国有鉄道四国支社『四鉄家庭だより―鉄道90周年記念日特集号』、1962年10月
138頁　写真14：日本博覧図　あさひ高速印刷株式会社出版部、香川県の銅版画（日本博覧図）より、2014年10月
139頁　写真15：議員時代の景山甚右衛門（前列左端）と宮井茂九郎（右端）、鎌田勝太郎（前列右から2人目）　飯山町『宮井茂九郎翁略伝』、1961（昭和36）年9月
140頁　写真16：景山像と多度津発電所が描かれた絵はがき　四国水力電気株式会社発行、1924（大正13）年5月、宮本義行氏蔵
141頁　写真17：1934年の香川県の鉄道網　香川県国立公園協会編、1935（昭和10）年、宮本義行氏蔵
142頁　写真18：絵図に描かれた讃岐鉄道琴平駅　藤本長次郎『金刀比羅山之図（摺絵）』、1893（明治26）年、宮本義行氏蔵
143頁　写真19：香川県地誌　宮脇仲次郎発行、1900（明治33）年4月、宮本義行氏蔵
144頁　写真20：『鉄道夜話』　国鉄多度津工場クラブ文芸部『多工文芸 第36集』、1983（昭和58）年7月1日、宮本義行氏蔵
145頁　写真21：『鉄道夜話』添付の地図　国鉄多度津工場クラブ文芸部『多工文芸 第36集』、1983（昭和58）年7月1日、宮本義行氏蔵
147頁　写真22：1905年ごろの鉄道網　鉄道五千哩祝賀会発行（1906［明治39］年5月）資料より宮本義行氏作成
148頁　写真23：讃岐交通略図　琴平参宮電鉄株式会社発行

150頁　（1940年頃）資料より、宮本義行氏蔵
写真24：宇野線開業（1910年6月）　玉野市蔵
151頁　写真25：宇野線開業直後の宇野港　村瀬修一氏蔵
写真26：中西七太郎　岡本芳衛、岡本岩松編『岡山縣兒島郡案内誌』、兒島郡案内誌編纂會、1923年
152頁　写真27：永山久吉　下津井電鉄株式会社『下電50稔のあゆみ』、1962（昭和37）年12月25日
153頁　写真28：下津井電鉄開業を報じる新聞　山陽新報、1913（大正2）年11月13日付
写真29：軽便鉄道と下電本社　下津井電鉄株式会社『下電50稔のあゆみ』、1962（昭和37）年12月25日
154頁　写真30：琴平急行電鉄開業時の鳥瞰路線図　琴平急行電鉄株式会社、1930（昭和5）年、宮本義行氏蔵
155頁　写真31：観光客流入へ期待も……　四国民報、1932（昭和7）年1月20日付
156頁　写真32：「主要港は多度津から坂出へ」新聞が報道　香川新報、1930（昭和5）年4月5日付
157頁　写真33：高松桟橋に着岸する国鉄宇高連絡船（1910年6月）　『宇高航路50年史』より
158頁　写真34：琴平急行電鉄開通祝賀会証書綴　飯野村祝賀協賛会、1930（昭和5）年、宮本義行氏蔵
160頁　写真35：琴平参宮電鉄の線路予測平面図　国立公文書館蔵

菊池 寛 保井コノ

文学賞と科学賞を残した2人

菊池　寛　（きくち・かん　1888〜1948）

芥川賞・直木賞の創設者として知られる菊池寛。京都大学を卒業後、時事新報記者を務めるかたわら、『父帰る』等の戯曲、『恩讐の彼方に』等の短編小説で、新進作家としての地位を確立。さらに面白さと平易さを重視した新聞小説『真珠夫人』で、一躍流行作家となった。その一方で1923（大正12）年、私費を投じて若い作家のための雑誌『文藝春秋』を創刊、文芸文化の普及に努めたほか、日本文芸家協会を設立し、文芸家の地位向上、収入の安定、著作権の擁護などに尽力して「文壇の大御所」と呼ばれた。

保井コノ　（やすい・この　1880〜1971）

女子高等師範学校（現お茶の水女子大学）に理科研究生として再入学し、女性科学者の道を歩んだ保井コノ。女性初の官費留学生としてアメリカ留学を果たす。理由は「理科及び家事の研究」。「女が学問なんて」という時代だった。コノは偏見と差別のなかで1927（昭和2）年、石炭の構造に関する研究で日本初の女性理学博士となる。生涯に百編もの論文を発表し日本の科学の進展に大きく貢献し、一方で戦後、新制大学設置準備委員長として女子国立大学実現に尽力した。「日本のマリー・キュリー」。

講演1

菊池寛と薄田泣菫

青山学院大学文学部教授
片山宏行（かたやま　ひろゆき）
菊池寛研究の第一人者として知られ、2007年発見の『妖妻記』ほか、新たな原稿やゲラ刷りなどの資料発見の際には鑑定や調査に携わっている。1980年青山学院大学大学院博士課程中退。2000年より現職。著書に『菊池寛のうしろ影』など、共編に『菊池寛現代通俗小説事典』、編著に『倉敷市蔵 薄田泣菫宛書簡集 作家篇』など。

片山でございます。今日は台風がすぐそこまで来ているということで、不要不急の外出は控えるようにとか、そうでなくてもコロナで大変な中にもかかわらず、これだけたくさんの皆さんがいらっしゃるということはとてもありがたいと思っております。また、ここは大変立派な能楽堂で、こういうところでお話をさせていただくのも私は初めてなので大変光栄に存じます。

お手元に資料を配付しました。私は思考の速さがパワーポイントに追いつかないので、昔ながらのスタイルで、紙資料を見ながらお話しいたします。

このたびの企画は「輝ける讃岐人」ということで、讃岐というとらえ方、くくりは大変面白いと思いました。今ご紹介いただきましたが、私はもっぱら高松市出身の菊《きく》池《ち》寛《かん》のことを調べてまいりました。今日はそれに加えて、倉敷市連島出身の大詩人である薄《すすき》田《だ》泣菫《きゅうきん》、瀬戸内を挟んだ高松と倉敷の両方の偉人の功績を皆さんにご紹介したいと思います。

さっそく資料ですが、まず倉敷出身の薄田泣菫（写真1）さんの人となりです。1枚目の資料の右側に写真を載せており、こまごまと書いてあります。写真の隣に生没年が書いてありますが、1876（明治10）年生まれで、終戦直後の1945（昭和20）年に亡くなっています。名前はよくご存じだと思うのですが、一体どんなことをした人なのか、どんな功績を残した人なのかというのは、案外一般の方はご存じないかもしれないです。その功績については、そこにこまごま記してあります。最初に、彼は旧浅口郡大江連島村の出身で、お父さんが役場に勤めていたことが書いてあります。2段目は学歴です。岡山県の尋常中学（現岡山県立岡山朝日高等学校）を途中で出ざるを得なかったということが、真ん中あたりに書いてあります。苦学します。自分で

写真1：薄田泣菫

一生懸命勉強して、ほぼ独学というかたちで、和洋漢の三つの文学に通じるようになります。大変ナイーブな少年だったようです。

そして、詩人としてのデビューは真ん中の段の後半のほうです。「明治三十年」（1897年）という段落のあたりにあちこち線を引っ張っています。『新著月刊』という投稿の文芸誌がありまして、そこに詩を投稿しました。これが大変評判を呼んでデビューするということになります。しかしながら、体が弱かったということもありまして、徴兵検査の際に胸部疾患、胸がよくないということで、父母のいる連島に帰らざるを得ないという不運がつきまといます。しかし素晴らしい文学仲間たちに囲まれたこともありまして、真ん中の段の後ろから3行目になりますが、デビューからまもなく『暮笛集』という第一詩集を出します（写真2）。初版5000部が2カ月で売り切れ、島崎藤村や土井晩翠といった先輩詩人たちを凌ぐという評価を得て、詩人として立派に地位を確立します。

続く1900（明治34）年になりますと、『ゆく春』という第二詩集を出します。これは初版が発売即日売り切れ、11月には再版が出る。また、島崎藤

写真２：『暮笛集』

写真３：『白羊宮』

村は次第に小説のほうに離れていくので、藤村なき後の詩壇の第一人者という地位を確立します。そして1905（明治39）年5月に『白羊宮』（写真3）という詩集を出しまして、ここに至って高踏派の詩風を完成し、ご存じの『海潮音』という名訳詩集がある上田敏の賞賛するところとなりました。

ということで、若くしてたちまちのうちに日本の新しい詩の世界に躍り出ます。もちろん、明治以前は和歌や俳諧という日本独自の詩の形態があったわけですけれども、明治になって西洋流の詩をどうやって日本の中に新しく芽生えさせるかという試みを、藤村や土井晩翠という人たちが一生懸命にやるわけです。その中で、薄田泣菫は非常に優れた評価を得て、明治期における日本詩壇の立て役者という位置に立ったわけです。

ところで、日本では、詩というものに関する評価があまり高いとは言えません。もちろんいい仕事もたくさん残されているのですけれども、やはり現在に至るまで、短歌や俳句というい わゆる日本独自の歌の形式が根強くありますから、新しい詩の形式というのは、いろいろ試行錯誤されるけれども根付かない、流布しないという弱点があります。その中でやはり薄田泣菫も、これだけの仕事をしていながら未だに研究者による十分な検証がされ

写真4：薄田泣菫生家（倉敷市連島）

ていないのです。郷里の連島には彼の実家の跡（写真４）を地元の顕彰会の方々が保存してきれいに管理されていて、とてもいい風情が残っているのですが、もう少し文学全体の中で彼を振り返ってもいいのではないかと私は思います。この薄田泣菫が、倉敷市の側の回顧されるべき立派な文学者ということであります。

もう一人、資料1枚目の左側になりますが、たばこを持ってブスッとした人がいます。これが菊池寛です（写真５）。年齢的に二人はどれくらい違うかというと、名前の下に生没年がありますが、菊池は１８８７（明治21）年に生まれて亡くなるのが１９４８（昭和23）年です。生まれは10年ほど差があって、泣菫さんのほうが先輩となりますが、亡くなるのは戦後すぐということで二人ともほぼ同じであります。

泣菫さんは詩人として出発した後、晩年はどうしたかというと、真ん中辺りに太い傍線があります。「その後の泣菫は生活のため新聞人となったが、大正以降は随筆家としてさらに広い読者層に支持されるようになった」、「不幸にも壮年でパーキンソン氏症候群という難病にかかり、二十余年の療養生活の後、終戦の秋郷里で永眠した」とあります。後半は残念ながらやはり蒲柳の質だったのか、パーキンソン病とい

写真５：菊池寛

う難病にとりつかれてしまって、歩行もままならないという状況でした。新聞人になったというのは後で出てきますけれど、現在の『毎日新聞』、当時の『大阪毎日新聞』の文芸部の編集長になり、ここで随筆を書いたり、いろいろな文壇人との交流をしたりして、文壇の中の活性化を図るという立場になります。言い換えれば、作家というよりもエディター、総指揮者というような位置になります。そこに菊池寛との接点が生まれてくるわけです。

さて、菊池寛です。関連年譜（左ページ、表1）をお配りしていますが、高松市の出身であります。大変頭の良い学生で、最終的には上京して第一高等学校（現東京大学）に入ります。そこには芥川龍之介（写真6）や久米正雄（写真7）という後の優秀な作家の卵が一緒にいるわけです。同人誌を出したりして作家活動もしてみるのですが、パンフレットにも出ているかもしれませんが、友人が同じ寮の学生のマントを盗んで、質入れしてお金に代えてしまった。その親友の罪を菊池がかぶって、卒業まで3カ月という1913（大正2）年のときに退学となってしまいます。どうしてそんなことをしたのか、いくつか推測もされていますが、本当のところは菊池しか知らない謎

写真6：芥川龍之介

写真7：久米正雄

表1：菊池寛関連年譜

西暦	和暦	
1888年	明治21年	香川郡高松七番丁（現高松市天神前）に生まれる
1908年	41年	推薦で東京高等師範学校に入学。翌年除籍
1910年	43年	第一高等学校文科に入学
1913年	大正2年	友人の窃盗事件に巻き込まれ卒業目前で退学
		京都帝国大学英文学科に入学
		『万朝報』の懸賞に当選
1914年	3年	芥川龍之介･久米正雄らと第三次『新思潮』創刊
		草田杜太郎の筆名で戯曲『玉村吉弥の死』等発表
1916年	5年	第四次『新思潮』創刊。戯曲『屋上の狂人』等発表
		京都大学卒業。時事新報社入社、社会部の記者となる
1917年	6年	同郷の奥村包子と結婚。戯曲『父帰る』等発表
1918年	7年	『無名作家の日記』『忠直卿行状記』等発表
		文壇での地位を確立
1919年	8年	時事新報社を退き、大阪毎日新聞社の客員に
		『恩讐の彼方に』発表
1920年	9年	新聞小説『真珠夫人』で人気作家に
1923年	12年	文藝春秋社を創設。雑誌『文藝春秋』創刊
1926年	15年	文藝家協会を組織。報知新聞社の客員となる
1927年	昭和2年	誌上座談会を創出。芥川龍之介没
1935年	10年	芥川龍之介賞、直木三十五賞を創設
1937年	12年	東京市会議員に当選
1938年	13年	「日本文学振興会」を創立。初代理事長に就任
1939年	14年	菊池寛賞を設定。大日本著作権保護同盟会長となる
1942年	18年	映画会社大映の社長に就任
1948年	23年	菊池寛死去　59歳

です。さあ、これからどうするか。実家は大変貧しくてお金の都合はつかない。郷里には帰りたくない。東京で自分の才能を発揮したいということで、困りに困り果てます。ところが、成瀬正一という大変お金持ちの友人がいて、高松出身のお父さんに、「こういうことで大変困っている友達がいる」という話をしたら、「分かった」ということで、生活費や学費といったものを面倒みようという保障を得ます。それから数カ月後の9月に京都帝国大学を受験します。一高から東京帝国大学というのがふつうのコースなのですが、一高で退学処分ですから東大には上がりにくい、検定試験を受けて京大を受験し、京都で再起するということになりました。

京大時代の数年は非常に孤独で貧しくて寂しい生活、友達とも離れて物心ともにつらい時期を送るのですが、なんとか卒業します。芥川龍之介たちが早くも文壇的デビューを果たしていく中で、菊池は東京に戻って、『時事新報』という新聞社の社員になります。文芸部ではなくて社会部です。いわゆる三面記事をとる、昼夜を問わず忙しく駆けずり回る記者です。文学とは関係ない仕事ですが、一生懸命に勤めます。実家は自分の学資のために借金の抵当に入っていましたから、25円もらった給料の10円以上は実家に送らないといけないという生活をしています。

その彼が、頑張って頑張って、途中で筆も折ろうかというくらいつらい思いをするのですが、なんとか小説を書き継いでいくうちに、この資料で言いますと下の段の最初に、「文壇の登竜門といわれた

写真8：菊池寛（中学校時代）

『中央公論』に「無名作家の日記」を発表、次いで「忠直卿行状記」「恩讐の彼方に」（写真9）を同誌に発表して文壇に確固たる地位を築いた」とあります。ここに至って、ようやく菊池の名前にスポットが当たったわけです。『中央公論』は今もありますけれども、この当時の『中央公論』は総合雑誌として非常にクオリティーの高い雑誌であり、最後には必ず文芸欄が付いていて、そこに作品が載せられる。これは作家として第一流であるという意味を持っていました。滝田樗陰《ちょいん》（写真10）という名編集長がいて、彼はいい新人がいないかといつも目をこらしていたのですが、その彼に認められて『中央公論』に書けば、完全に文壇に登録したも同然だというのが新人作家たちの一般の考え方であり、強い願いでもありました。そこに矢継ぎ早に菊池寛は作品を掲載して喝采を浴びたというわけです。

下の段の5行目に太い線が引いてありますけれども、「大正八年三月、芥川の誘いを受け、ともに『大阪毎日新聞』に入社」とあります。あまりご存じではないかもしれませんが、芥川はこのとき作家として早くデビューしていましたけれども、横須賀の海

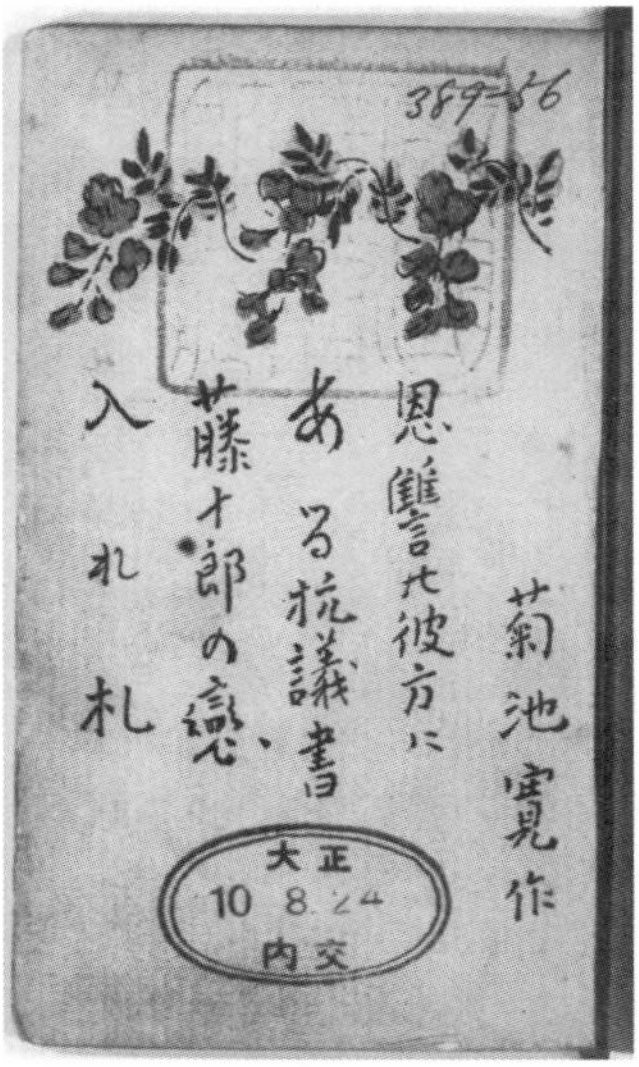

写真９：『恩讐の彼方に』
（春陽堂、1921 年）

写真 10：滝田樗陰

軍機関学校というところで英語の先生をして、傍らで作家をしていました。菊池寛はさっき言いましたように、『時事新報』の記者をして作家をしていました。つまり、筆一本では食えないのが当時の作家であったわけです。夏目漱石（写真11）にしても『朝日新聞』のお抱え作家としてサラリーをもらっていましたし、森鷗外（写真12）は陸軍軍医総監という軍医さんでいわば国家公務員です。軍医として働きつつものを書いていたということになります。漱石、鷗外という大作家でさえ、明治時代、大正時代というのはそういう経済事情でした。ですから、一般の作家というのは大変苦しい思いをしていたのです。

そういう中で、芥川に白羽の矢が立ちました。矢を放ったのは薄田泣菫でした。文芸部長であった薄田泣菫が、芥川龍之介というのはすごいぞ、今新進気鋭の大人気作家だということで、声をかけ、水面下で交渉しているのです。一方芥川はというと、友達甲斐なのかもしれせんが、同じように菊池も二足のわらじで苦労している、君も一緒に大毎に入らないか、その条件で薄田さんにのんでもらおうじゃないかということになります。

さあ、菊池はどうしようかということなのです。いい話で

写真11：夏目漱石

写真12：森　鷗外

す。毎日新聞にそれまで誰が書いていたかというと、森鷗外が連載作品を書いていて、その後ですから。朝日新聞はというと夏目漱石です。芥川たちが入る頃には夏目漱石は亡くなってしまいますが。朝日、毎日というのは、当時売り上げ部数をグッと伸ばしていて、それまで何十万部だったのが全国でそれぞれ百万部売れるというくらい活況を呈していました。さらに読者を増やそうとすればやはり、文芸読み物や、連載小説が大切だという考え方になります。当然、薄田泣菫はそこに関わるわけです。そして、今注目の二人の若い作家を入れようじゃないかという話になったのです。

芥川はやる気満々なのですけれども、菊池はどうか。２枚目の資料に移っていただきたいと思います。２枚目の右側の上の段に「1　大正7年7月29日」と書いています。これは菊池寛から薄田泣菫に宛てた手紙です。読んでみますとこう書いてあります（写真14、史料①次ページ参照）。

「拝啓　芥川から『大阪毎日』へ小説を書かないかという云ふ貴下のお言葉を伝へて来ました。私は

写真13：書斎にて

非常に書きたいのですが、残念ながら差支へがあって書けません、と云ふのは多分御存知なかった事と思ひますが、私は時事新報の記者なのです、その為に幹部の方で私の名が他紙へ出ることを欣ばないのです、大阪の方丈ならば先づ差支へもないのでしやうが、「日々」へ出るのが困るらしいのです」。これには注を付けておきましたが、「東京日日新聞」というのは、今であれば「大阪毎日新聞」の東京版とでも言いましょうか。経済母体は同じですけれども、東京側に出るのはライバル紙の「時事新報」としては困るというのです。

「尤も私から云へば、私は時事へ一記者として傭はれて居るので作家として文学者として待遇されては居ないのですから、私が文藝上の技能を行使するに何の束縛を受くる筋合のものではないと信じて居ますが、そう理屈通に主張する訳に行きませんので遺憾ながら書くことをお断りします。私は京都の文科を出て居る上に、故郷は関西なので私の名誉心は、貴紙に書きたがって居る上、文壇的にまだ位置の定まらぬ私として貴紙に書く

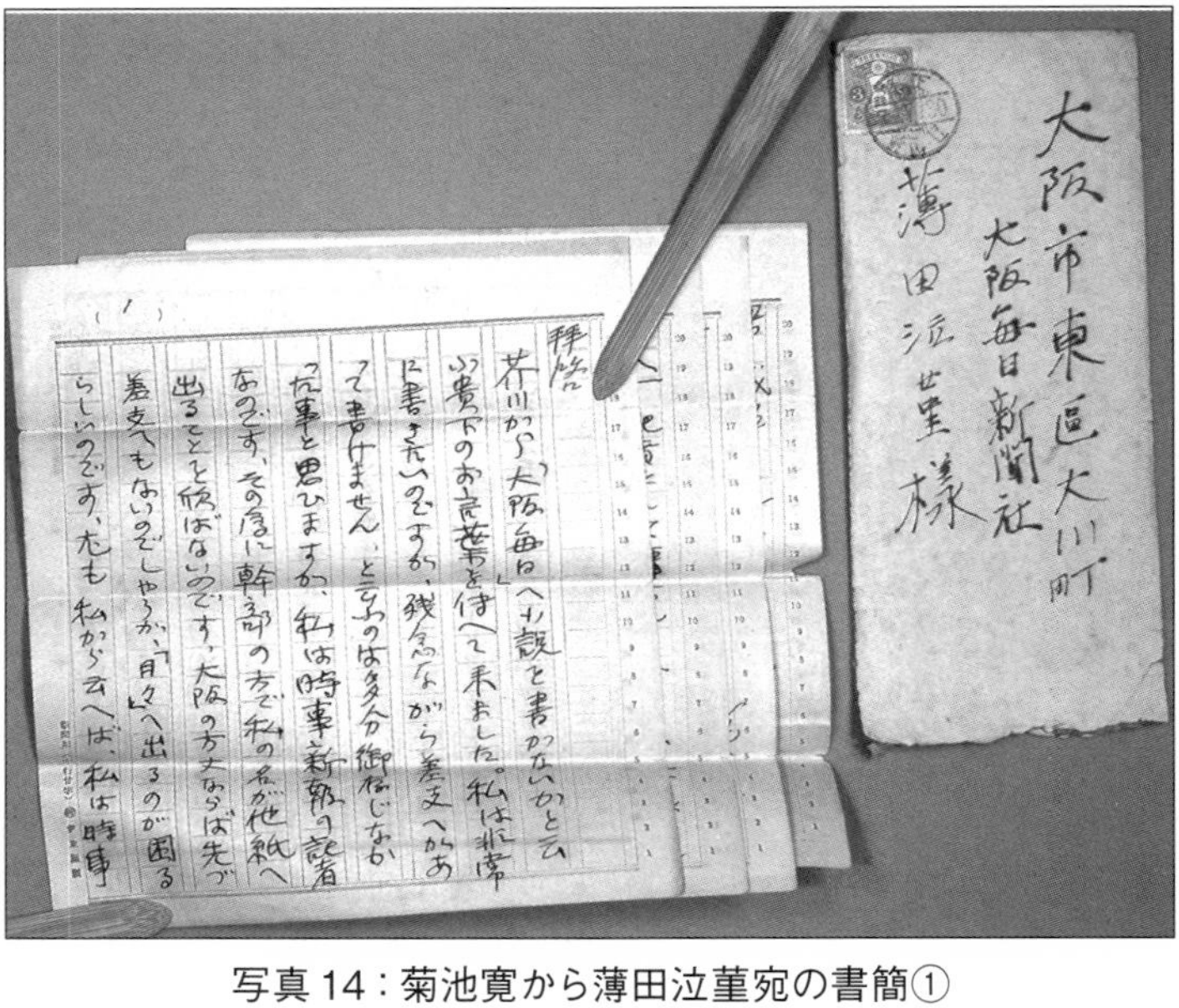

写真14：菊池寛から薄田泣菫宛の書簡①

事は、世間的の評判を樹立すると云ふ功利的な動機からも甚だ望ましい事なのですが、前申したやうな訳で書けませんのは、実に残念です。私は芥川とは違って、自分の職業で衣食して居るものですから、夫を危険にして迄書き切る程の勇気もありません。右の様な次第ですから何うか、悪しからず御諒承を願ひます。貴下がまだ定評もない私にかゝる光栄ある御依頼をして下さった事は、私の深く感銘する所であります。菊池寛　薄田泣菫様」。

このような手紙です。素直で謙虚な手紙です。今の時事新報に勤めている限り他紙へは書けないのだということですね。しかし本当はぜひとも毎日で書きたいのだけれど、申し訳ありませんということなのです。これでまたさらに薄田泣菫は動きまして、芥川も含めて何度か交渉に出ます。まもなくいろいろ条件を変更して、給料のことや、時事新報では社会部の記者だけれど毎日に来たら文芸部の記者にする、作家として書いてくれというような好条件を出すわけです。

それでどうなったかというのが、2番目の手紙であります（写真15、史料②次ページ参照）。「1919（大正8）年2月中旬以降」とあって、また菊池から泣菫への手紙です。

「芥川を介して無理なお願ひをいたしました処御尽力に依りまして所望を達することを得ました、感謝の至りであります　社会部記者と作家との不快な二重生活を脱することを得て甚だ愉快に存じます　早速御礼を申上ぐべき筈の処時事新報社を退社いたすのが、少し手間取った為つい遅れて甚だ失礼しました　愈々今月限り退社することになりましたから三月より御契約下されば有難いと思ひます　が一寸お許しを願ひたいのは三月の初旬に私の原稿が時事新報へ出ます　之は前から頼まれて居たので一寸断りにくいのですが、匿名でありますから之丈は許して下さるやうお願ひします　尚私は将来作家としての命数が尽きれば再び記者に還るつもりでありますから、此点でも末長く御指導下さるやうお願ひします　菊池寛　薄田学兄机下」とあります。

まだまだ非常に謙虚でありますけれど、どうやら決心が付いた。菊池としては非常に慎重ですね。だめだったらまた新聞記者に戻るつもりなんだということですが、それだけ苦労してきたということです。芥川のように、漱石に認められてたちまちスターダムにのし上がるというような幸運は彼にはありませんでした。下積みが長かったので非常に慎重です。しかし、こうやって作家として書けるようになることは大変うれしい、ありがとうございますということでありました。

こういうやり取りで、薄田泣菫という一人の編集長が間に立つことによって、芥川、菊池寛という二大スターが毎日新聞社に勤めることになりました。そこで大々的な宣伝が始まります。そして、パンフ

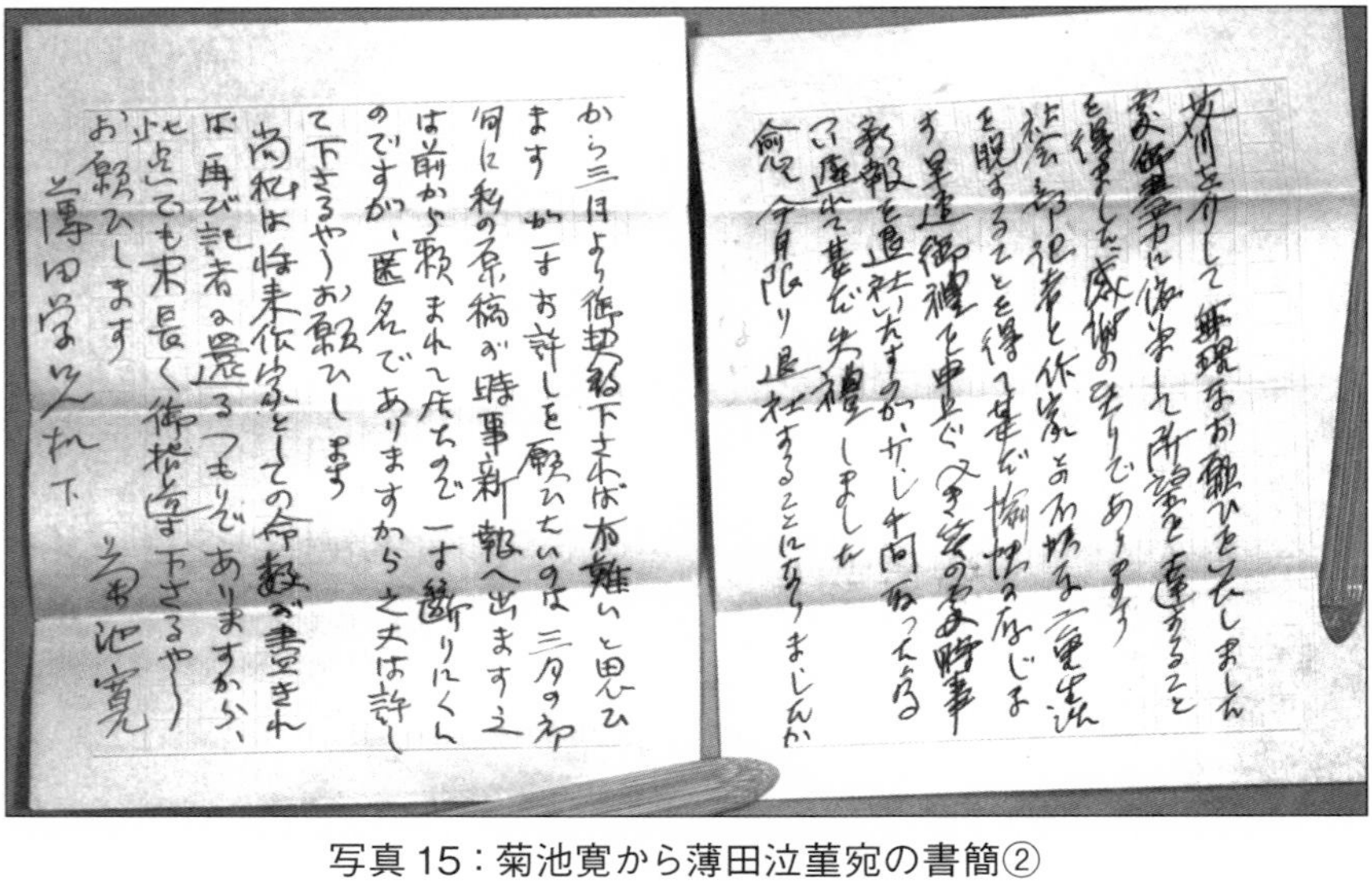

写真15：菊池寛から薄田泣菫宛の書簡②

レットにもあるかもしれませんが、菊池は早速連載小説『真珠夫人』（写真16）を書いて大喝采を浴び、演劇にも映画にもなるということで、たちまち一般庶民、一般読者の花形スターになります。芥川のほうはというと、今でもそうですけれども純文学のスターという感じで、一般庶民からすると少し難しい。ところが菊池寛のほうは、とても分かりやすくて筋が面白くて、明日はどうなるんだろう、次はどうなるんだろうというのでどんどん読ませていく。連載小説としてのさまざまな新しい試みをしているのですが、そういう新手法が受ける。しかも、かつては純文学の作家であるということで、既成作家にも影響をあたえ、大変な人気者になります。そういうことで、薄田泣菫の読みは大当たりだったということになるわけです。

その後の動きはどうなのだろうか。芥川も菊池寛も非常に順調な歩みを進めていくのですが、まもなく文壇で、日本の近代文学、大正文学全体に大きな変化が起こります。これは文学史的に言いますと、プロレタリア文学という労働者による文学で、簡単に言えば無産主義、社会主義、共産主義の思想による文学が世界的に流行し始めるということです。理論的には、マルクス主義、現実的にはロシアでのロシア革命の成功ということがあって、いわゆる労働者、無産者階級

写真16：『真珠夫人』前編

の世界がこれから実現するのだ、革命が起きて、日本もやがて共産主義、社会主義に変わるであろうという読みが、知識人の一般的な常識になっていきます。菊池寛も、新しい思想に非常にとまどうわけです。政治思想と文学は関係ないだろうと思われるかもしれませんが、プロレタリア文学というのは、今まで通りの資本主義の上に成り立った文学を否定するわけです。文学と言えども、社会主義、共産主義の上に成り立ったものでなければ偽物である。無産者階級からいろいろな資本主義的な搾取をしてきて、その上にあぐらをかいて生産しているのが資本主義文学、ブルジョア文学だということで、猛烈な攻撃が起きるのです。

菊池としては、もともと貧しい出身の男ですから、「さあ、どうしよう。彼らの言う理屈はもっともだ。無産者階級がもっと日の当たる立場にいないといけないのは当然だろう。そう考えると自分のやってきた文学は一体なんだったのか」という混乱に陥ります。どうすべきかと非常に弱気になるのです。もうすぐにでも共産主義、社会主義の日本ができあがるだろうという気持ちになってしまいまして、日本を脱出しよう、逃亡しようといいますか、自分の世界観や価値観をガラッと変えなければいけないという思いに駆られます。そしてひとまず、海外へ遊学しよう、そこで一から勉強し直してものの考え方を変えたいという思いにか

写真 17：包子夫人、長女瑠美子と

られます。芥川や菊池は一番の売れっ子ですから、プロレタリア文学側からの猛攻撃を浴びています。ブルジョア文学としての矢面に立っているわけです。それで菊池はまあ逃げるといいますか、ちょっとこの混沌とした日本を離れたいということになります。そうすると毎日新聞、薄田泣菫との関係をどうするかということになります。

菊池が薄田泣菫に相談をします。「1921（大正10）年11月1日」の泣菫宛ての手紙です（写真18）。③の史料に移りますが、このようなことを言い出しています。

「前から考へて居たことですが、今度愈々外遊することを決心したのです。米国経由で来年早々行きたいのです。それで旅費は、自分で作るつもりで居ますが、もし社の留学生にでもして下されば、大変結構なのですがいかゞでせうか。もっとも通信員のレギユラアな仕事は出来ません。自由な通信しかかけません。が、もし社の方でそれをして下さらないのなら、現在の給与を外遊中倍額の弐百円位にして下さることは出来ないでせうか。右何卒よろしくお計ひを願ひます。もし、それも出来ませんでしたら、現

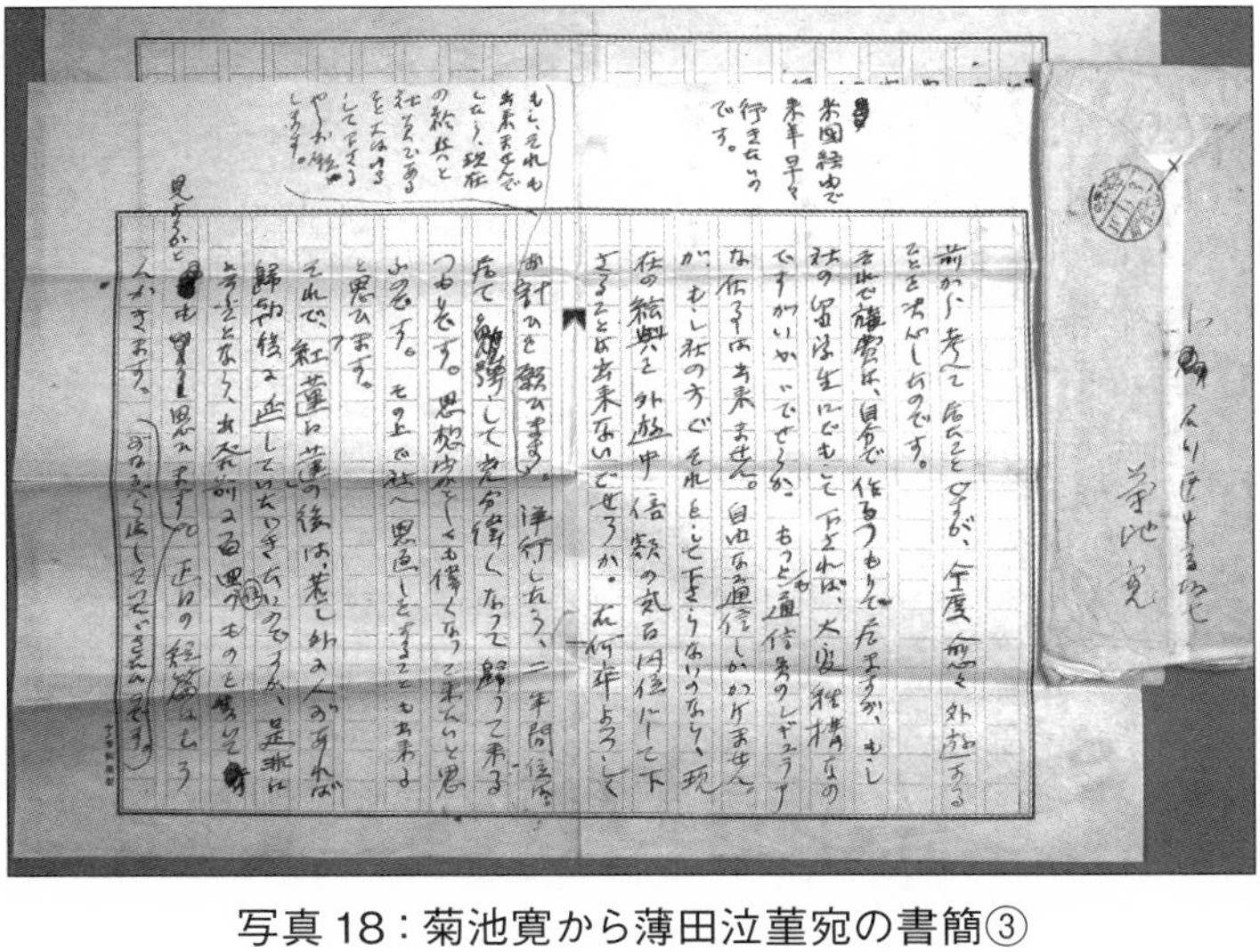

写真18：菊池寛から薄田泣菫宛の書簡③

在の給与と社員であること丈はゆるして下さるやうお願ひします。洋行したら、二年間位は居て勉強して充分偉くなって帰って来るつもりです。思想家としても偉くなって来たいと思ふのです。その上で社へ恩返しをすることも出来ると思ひます。それで『紅蓮白蓮』の後は、若し外に人があれば帰朝後に延していたゞきたいのですが、是非にと云ふことなら、出発前に百回位のものを書いて見ようかとも思ひます」。これは、菊池幽芳という人が現在書いている小説の後を自分が書く予定だったのだけれど、なんなら百回くらい書きためておきますということですね。

「……がなるべく延していただきたいのです。正月の短篇はむろんかきます。どうもこのまゝ、日本に居ますと安逸な生活とつまらない虚名のために、駄目になってしまふやうな気がしますので、思ひ切って外遊し大成したいと思ふのです。どうぞ、よろしく御後援を願ひます。行く先は英仏独で、半年位づゝ居たいつもりです。　十一月一日　菊池寛　薄田泣菫様」とあります。

まず2、3年休ませてくれということと、お金と身分について保障してくれないかというお願いであります。泣菫にとにかくまずこのことを相談したいというわけです。こういう切羽詰まった状況だったのです。あまりこういう文壇の裏側はご存じないかと思うのですが、売れっ子の菊池寛ですらプロレタリア文学の嵐が強烈だった当時はこうだったということです。

さてその結果どうなったのでしょう。新聞でも取り上げられて、菊池寛がいよいよ外遊するぞということになりまして、送別会も仲間と一緒に開いてもらって、さあいつ行くというような話になったところで、菊池はとうとう行かなかったのです。これについてはいろいろな情報があるのですが、私があれこれ調査してみたところアクシデントがあったようです。直前に芥川と二人で名古屋のほうに講演旅行に行きます。そのとき旅館に泊まるのですが、菊池は不眠症だったので、同じ不眠症の芥川が使っている睡眠薬をもらって飲んだ。ところが、散々芥川が注意していたのに、せっかちな菊池はガバガバと致死量近く飲んでしまったらしいのです。それで一週間ほど前後不覚になってしまった。うわごとばかり言って、寝ているのか覚めているのか、ゴロゴロ寝返りばかりうっていて正体がないということで、あっという間に体調を崩しまして、すべてのスケジュールがおじゃんになるというのが真実だったようです。当時の新聞にはひた隠しにしていますが、周辺資料をあさってみるとそういうことが分かります。そんなわけで、結局のところ、菊池は外遊しませんでした。

それではこの切羽詰まった状況をどうしたかというと、今度はある意味開き直るのです。プロレタリア文学の攻撃を受けて立とうではないか、ブルジョア文学の盾になろうではないかと、『文藝春秋』という雑誌を作るのです(写真19)。ご存知のようにこの雑誌は今も続いております。『文藝春秋』の創刊号は、薄っぺらいものでしたけれど、内容が大変ユニークで、文壇の裏事情や作家の裏話もたくさん出ているゴシップ性が受け、しかも安いというので、2000部から始めてあ

写真19：『文藝春秋』創刊号

っという間に5万10万という数に膨れ上がっていきます。芥川はもちろんですけれども、横光利一や川端康成といった若手の連中、いわゆるブルジョア文学の後継者たちが、菊池寛と『文藝春秋』の庇護によって発表の機会を得て活躍していくことになります。さらには、そこから芥川賞、直木賞というような文芸賞を作っていく。同時に菊池寛自身も、文壇の第一人者として選挙にも出たりするようになり、彼独自の地位を固めて、公にも文壇の作家たちの権利を守る、作家の経済や地位を守るということで、多方面にいろいろな活躍をします（写真20）。初代の文芸家協会の会長にもなっています。そうやって、〈文壇の大御所〉といわれる人になっていくわけです。

写真 20：菊池寛 銀座にて

こうした菊池の文壇改革について、少し詳しく見てみますと、まず作家の経済的保障ということを強く意識していたようです。自身、経済的逼迫が幼い頃からつきまとい、自由に才能を発揮することもままなりませんでしたから、とにかく経済的不安から作家を救わなければならないのだと考えたと思います。

明治の作家・評論家で斎藤緑雨という人がいました。彼が残した言葉に「案ずるに、箸は二本、筆は一本、衆寡敵せずと知るべし」というのがあります。意味は、思うに箸は二本であり、筆は一本である。多いものに少ないものはかなわないと知るべきだ、つまり筆一本では食っていけない、しょせん作家は貧しいものだ、ということですね。

先ほどもちょっと触れましたが、鴎外、漱石といった大文豪でも、筆一本、たとえば現在のような印税収入だけで作家生活を送るということは無理でした。そもそも印税制度というものが確立、定着したのは明治の末頃と言われています。しかも当時の単行本の発行部数は２０００～３０００部というのがふつうでした。現在のように定価の10％で１００万部のベストセラーを連発して、長者番付に名前が出る作家などということはあり得ないことだったのです。樋口一葉（写真21）が活躍したのは明治20年代ですが、彼女の代表作である「たけくらべ」にしても、印税は無しです。原稿料だけです。つまりいくら本が売れても作家には還元されない、出版社が最初に原稿を買い取ったときのお金だけしか一葉には残らなかったのです。また島崎藤村（写真22）は「破戒」という名作を１９０５（明治39）年に発行しましたが、これは自費出版でした。創作中は相当な貧困生活を送り、結果、子供を病

写真 21：樋口一葉

写真 22：島崎藤村

気で失い、奥さんも栄養失調からか視力を失ってしまいます。現在文学史に名を残しているようなこうした著名な作家でさえ、まさに身を削るような思いで作品を書いていたのです。作家というのはリスクの高い職業、それで成功するというのは、まさに茨の道を歩くようなものでした。

それでも文学に情熱を燃やす若者がたくさんいる。しかし、いくら才能があっても、そもそも彼らが文壇に出ることは容易ではありませんでした。発表の場がなかったのです。自費出版はもちろん同人雑誌を出して足掛かりを作る、などということも相当な資金が必要です。現在のようにパソコンを使って廉価で出版したり、SNSを利用して自己アピールするなどということはあり得ない。作家予備軍が文壇の表舞台に出るためには、まず文芸雑誌への投稿です。読者投稿欄というのは、今でも新聞雑誌によくありますね。そこで名のある作家に審査してもらい、当選作になれば名前が出ます。これを繰り返して常連になれば作家予備軍の中で頭角を現すことになります。しかし、いくらここで切磋琢磨しても、ただちにプロの作家に伍して活躍できるわけではありません。あとは新聞・雑誌の懸賞がありました。注目度は確かにありましたが、永続された催しではなかったので、瞬間風速的な効果だったと考えていいと思います。

そもそも当時の文学のマーケット自体が小さかった。作家として細々とでも生計を立てていけるようないわゆる文壇作家は、菊池が活躍していた大正時代でも50人程度だったといわれています。ここに新人が割り込むのはよほどのチャンスがなければなりません。芥川龍之介の場合は夏目漱石に作品を激賞されたこと、菊池の場合は中央公論編集長の滝田樗陰の目にとまったこと、そしてともに薄田泣菫が『大阪毎日新聞』に招聘してくれたことで、二人は一流作家の地位を獲得しました。もちろんそれだけの力量が二人にはあったことは間違いないでしょうが、やはり自力だけでここまで駆け上ることは無理だったと思います。簡単にいえば幸運だったということかもしれません。とにかく、作家になることは容易ではなかったし、たとえなったとしても経済的な不安は付きまとっていたわけです。

そう考えてみると、文学賞らしいものがほとんどなかった時代に、菊池が創設した芥川賞・直木賞というものが、どれだけ画期的なものであったかがお分かりだと思います。が、その前に文芸家協会創立という文壇の根本的な改革からお話しします。

作家が経済的に恵まれない職業であることは述べてきたとおりです。文学は、そもそも知識人や権力者の教養であり趣味でありました。それが江戸時代くらいになって、庶民の識字率があがり、出版印刷の技術も向上して、広く大衆の娯楽として普及するようになってきます。

ただ、この庶民の娯楽としての文学は〈戯作《げさく》〉と総称され、芸術的価値は低いものとみなされていました。「戯れに作る」というわけですから、作者の方にも自分は芸術家だというようなプライドはありま

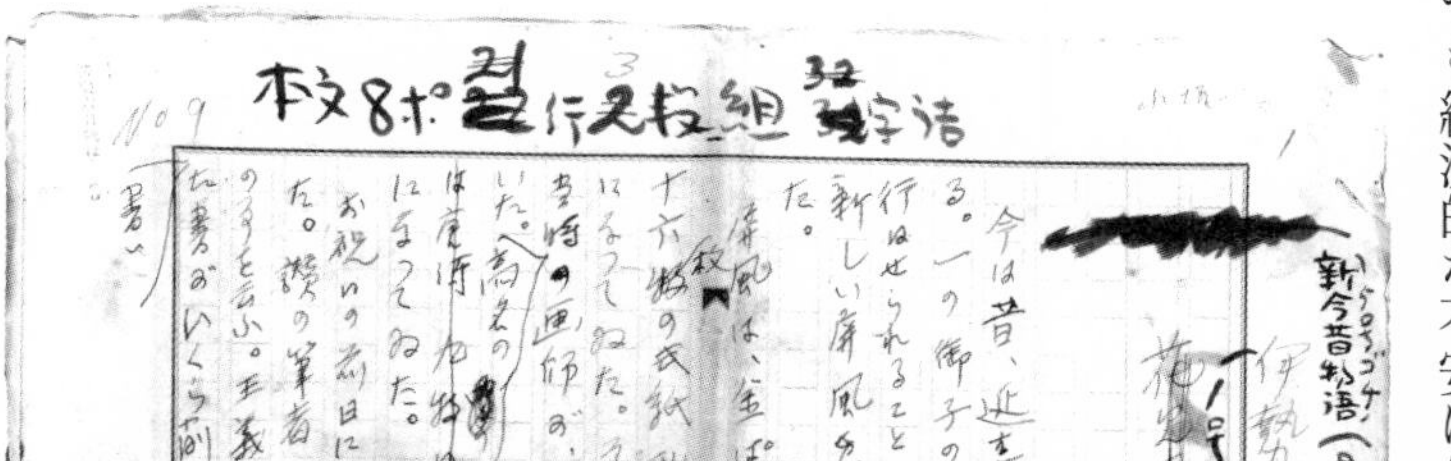

写真 23：菊池寛の直筆原稿「伊勢」(『新今昔物語』より)

せん。とにかくよく売れてくれればいいわけです。

　やがて明治になると欧米先進国から様々な文化が流入してきます。すると文学は立派な芸術なのだ、ということが分かります。戯作というようなところに低徊していてはいけない。そこでこれからの文学はどうあるべきか、という模索が作家たちに始まります。その流れの中で戯作者意識も変化してきます。作家は芸術家である、命を懸けて創作に打ち込む〈文士〉である、という〈士大夫〉意識（道を究める知識人的な気概）に変わります。このこと自体は悪くないのですが、同時に孤高の身だという自意識も背中合わせではりついてきます。自分の世界を追求するのだから、無理解な世間には迎合しないし、仲間と群れるようなこともしないという一種のプライドのようなものですね。そこに貧乏でもかまわない、一匹狼でいいというようなちょっと偏屈な職人気質を背負うことになります。

　菊池はこうした作家たちにスクラムを組ませようとしたのです。それが文芸家協会です。動機はなにより作家の経済的不安の払拭ということ。それと同時に、作家の社会的地位の向上ということもありました。作家が俺は文士だと個人的にやせ我慢するのはかまわないとしても、その結果として作家全体が、非社会的な人種と世間から疎んじられてしまうのはよくない。つまり、社会の一員として堂々と意見も言うし認められもしなければいけない。現在、作家さんといえば、芸術家であり文化人である、立派な職業だというのが一般の認識でしょう。ところがそうした見方は、ざっくりいえば戦後のことで、それ以前は作家というのはよく分からない胡散臭いものだ、というのがごくふつうでした。それはそうなのです。そもそも人口の8割以上が農業で生計を立てていたそれまでの日本人には、文章をもって職業とするという人間は開闢以来はじめてだったでしょう。それも代書屋とか役所で書類を作成するとかいうのとは違って、小説を書く、というのですから掴みどころがないわけです。せいぜい戯作者風情という認識でしょうか。ですから、職業を小説家と名乗っては家も借りられなかったといいます。社会的信用というものがまったくなかった。経済的にも社会的にもはなはだ逼塞した世界に作家は生きていたわけです。

この状況を打開しなければ、と奮起したのが菊池です。もちろん一足飛びに文芸家協会が出来上がったわけではありません。いろいろ紆余曲折があるのですが、ここはかいつまんでお話しします。文芸家協会も最初はまず〈小説家協会〉という名称から始まります。１９２１（大正10）年に菊池寛は芥川ら17人の作家仲間に声をかけて発起人を結成し、次のような「趣意書」を50人ほどの作家に送っています。

我々の著作から得る報酬が、不安定であるために、我々が常に、現在の生活に就いても、子女の教養に就いても、晩年の生活に就いても、身後の計画に就いても、絶えず不安を感じて居ることは、お互いの事であります。我々が、此の不安を脱するには、何うしても、相互扶助相互の共済の道を講ずる外はないと思ひます。

とし、その「規定」を見ると、

「会員死亡」の場合は弔慰金２０００円贈与。その家族には経済状態によって適宜追加する。「会員家族の死亡」弔慰金１００円～５００円贈与。「会員およびその家族疾病」の場合は一ヶ月30円～１００円を補助。また50年以上会員だった者が「生活困難」に陥った場合は適宜の補助をなす。

といった内容でした。この提案には作家や出版社などから賛否両論が寄せられますが、菊池は果敢に対応し、過半数の賛同を得て、小説家協会を設立します。

ところが次第に会費滞納や総会欠席など、会員の不熱心があらわになってきます。原因の根本にはやはり決まったルールのもとに徒党を組むことを嫌う文士気質がありました。結果、小説家協会は有名無実化しかけます。が、1923（大正12）年に関東大震災が起き、作家たちにも意識の変化が表れてきます。菊池は協会が機能していれば、罹災した作家の救済は楽にできたはずだと考え、小説家協会のテコ入れを提案します。まず作家が嫌がる実務の担当に『文藝春秋』傘下の若手作家たちを入れる(写真24)。さらに会の趣旨として、経済的問題ばかりでなく小説家の社会的権利の擁護や発展のための、より積極的な組織にしたいと考えます。菊池は「今後世の中が急迫し、我々の頭上にも、社会問題なり政

写真 24『文藝春秋』草創期の人たち（後列左端が菊池寛、横光利一、田中直樹らの姿）

治問題の火の子が振りかかって来、何をしてもぢっとしては居られなくなる時代が来るだろう。そんなとき、小説家が有力な思想団体として行動することはどれだけ日本をよくするか分からないと思う。そんな意味でも小説家協会を完成したいと思うのである」と述べています。一昨年から軌道に乗ってきた文藝春秋に本部を置き、さらに、山本有三（写真25）らが組織していた劇作家協会とも合併して盤石の態勢を作ります。こうして小説家協会はあらたに「文芸家協会」と名称を変え、１９２６（大正15）年に活動を開始しました。

ちなみに協会設立早々には、菊池寛をはじめとする協会の代表が「著作権法」に関して内務大臣と会談し、出版禁止による差し押さえなどについて意見交換し、１９２８（昭和3）年には「脚本使用料」の規定や作品の映画化に伴う使用料などを告示、また事業としてはこうした規約に反した劇場や制作会社には、協会として規定の5倍以上の請求をすること、脚本の不当な検関には会員が協力して抗議することなどが『文藝年鑑』（文芸協会発行）に記録されています。まさに孤高の文士が団結して社会に進出したという感がありますね。この後の日本は昭和戦時下の言論弾圧の時代に入り、作家のみならずジャーナリズム全体が次第に国家権力に蹂躙されてしまいますが、戦後まもなく菊池を初代会長に置いて「日本文芸家協会」が新たに組織され、現在に引き継がれてい

写真 25：山本有三

ます。そして著作権、教科書採択問題や表現問題・国語調査、原稿料対策、漢字制限、プライバシー問題など様々な局面に対応していることは、報道などでよくご存じかと思います。菊池の志は100年後の今日に至って、さらに深く広く根を張っているといえるでしょう。

同じことは芥川賞・直木賞の創設にもいえます。先に申しました通り、作家として生活する、文壇に足掛かりを得るということは作家予備軍にとっては至難のことでした。才能ある新人や埋もれている作家にチャンスを与えたい。そのための大きなきっかけを菊池は作ったのです。1935（昭和10）年から始まって現在で168回目になります。一般に芥川賞は純文学の新人に、直木賞は大衆文学の英才にという認識があると思いますが、ご存じの通り現在ではその区別がつかなくなりました。というよりも、そもそも小説に純文学とか大衆文学といった区分があったわけではありません。この二つの賞が作られた当時において、人間や人生を深く洞察して描くのが純文学で、それ以外の一般読者受けを狙ったものが通俗文学、大衆文学だという

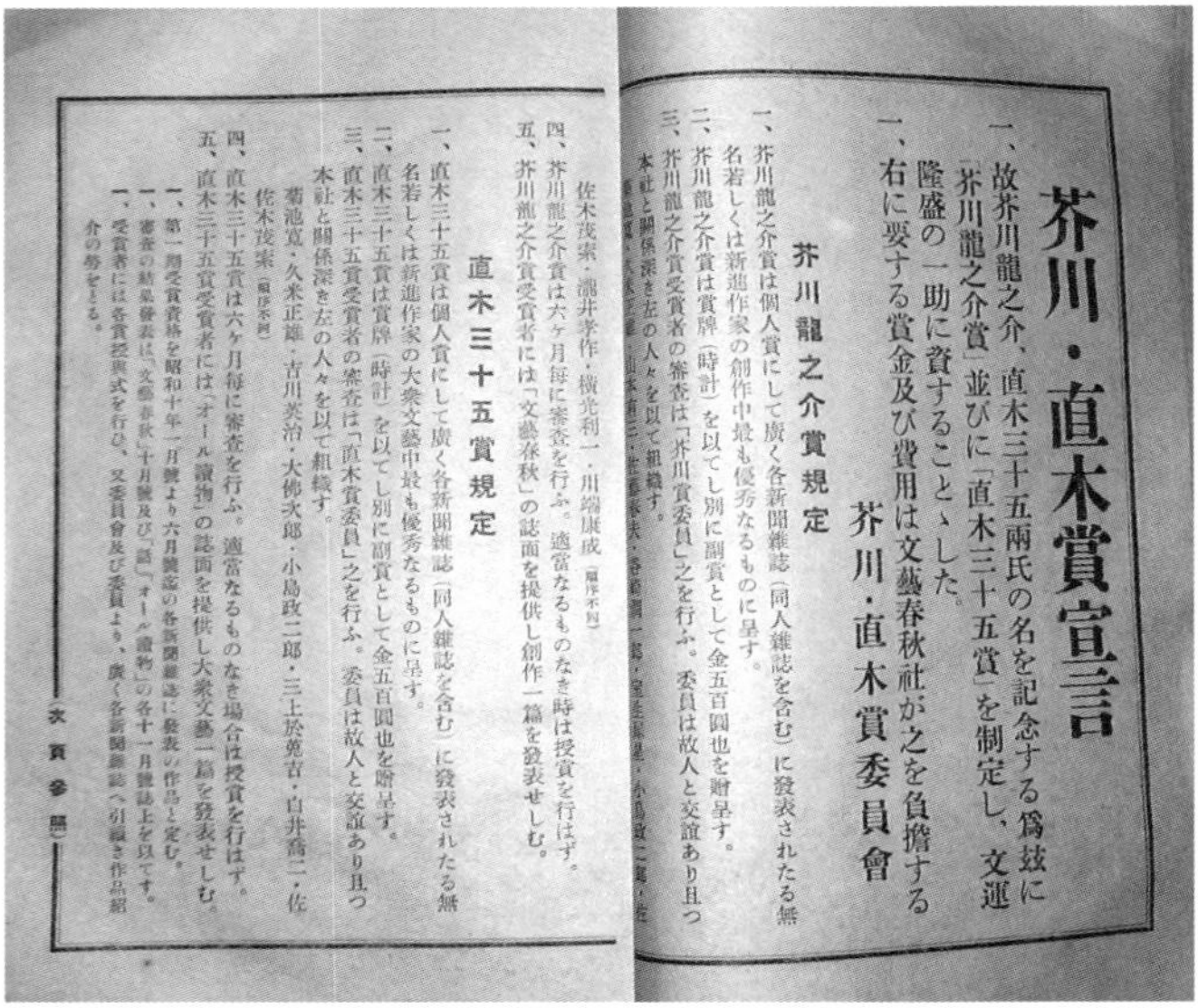

芥川・直木賞宣言

一、故芥川龍之介、直木三十五兩氏の名を記念する爲玆に「芥川龍之介賞」並びに「直木三十五賞」を制定し、文運隆盛の一助に資することゝした。

一、右に要する賞金及び費用は文藝春秋社が之を負擔する

芥川・直木賞委員會

芥川龍之介賞規定

一、芥川龍之介賞は個人賞にして廣く各新聞雜誌（同人雜誌を含む）に發表されたる無名若しくは新進作家の創作中最も優秀なるものに呈す。

二、芥川龍之介賞は賞牌（時計）を以てし別に副賞として金五百圓也を贈呈す。

三、芥川龍之介賞受賞者の銓衡は「芥川賞委員」之を行ふ。委員は故人と交誼あり且つ本社と關係深き左の人々を以て組織す。

佐佐木茂索・瀧井孝作・横光利一・川端康成（順序不同）

四、芥川龍之介賞は六ヶ月毎に審査を行ふ。適當なるもののなき時は授賞を行はず。

五、芥川龍之介賞受賞者には「文藝春秋」の誌面を提供し創作一篇を發表せしむ。

直木三十五賞規定

一、直木三十五賞は個人賞にして廣く各新聞雜誌（同人雜誌を含む）に發表されたる無名若しくは新進作家の大衆文藝中最も優秀なるものに呈す。

二、直木三十五賞は賞牌（時計）を以てし別に副賞として金五百圓也を贈呈す。

三、直木三十五賞受賞者の銓衡は「直木賞委員」之を行ふ。委員は故人と交誼あり且つ本社と關係深き左の人々を以て組織す。

菊池寛・久米正雄・吉川英治・大佛次郎・小島政二郎・三上於菟吉・白井喬二・佐佐木茂索（順序不同）

四、直木三十五賞は六ヶ月毎に審査を行ふ。適當なるもののなき場合は授賞を行はず。

五、直木三十五賞受賞者には「オール讀物」の誌面を提供し大衆文藝一篇を發表せしむ。

一、第一回受賞資格を昭和十年一月號より六月號迄の各新聞雜誌に發表の作品と定む。

一、審査の結果發表は「文藝春秋」十月號及び「話」「オール讀物」の各十一月號誌上を以てす。

一、受賞者には各賞授與式を行ひ、又委員會及び委員より、廣く各新聞雜誌へ引續き作品紹介の勞をとる。

（次頁參照）

写真 26：芥川賞・直木賞を創設

大体の認識があっただけで、それも作家たちの中だけでの暗黙の了解にすぎなかったのです。

昭和10（1935）年1月号の『文藝春秋』に「芥川・直木賞宣言」が掲載されています（写真26）。「一、故芥川龍之介、直木三十五両氏の名を記念するためここに『芥川龍之介賞』ならびに『直木三十五賞』を制定し、文運隆盛の一助に資することとした。／一、右に要する賞金および費用は文藝春秋社がこれを負担する」というもので、「規定」には、「広く各新聞雑誌（同人誌を含む）に発表されたる無名もしくは新進作家の創作中最も優秀なるもの」に半期ごとに賞を進呈する（生原稿も可）とあり、各賞の授賞式と「賞は賞牌（時計）をもってし別に副賞として五百円也を贈呈す」、その他、審査員の顔ぶれや、受賞者には「広く各新聞雑誌へ引き続き

写真27：東北講演旅行（左から寛、川端康成、片岡鉄平、横光利一、池谷新三郎）

作品紹介の労をとる」などと告知されています。またこれに続けて菊池は「審査は絶対公平」という文章で、「賞金は少ないが、しかしあまり多く出すと、社が苦しくなった場合など負担になって、中絶する危険がある。五百円位なら、先ず当分は大丈夫である。賞金は少ないが相当、表彰的効果はあると思っている。（略）当選者は、規定以外も、社で責任を持って、その人の進展を援助する筈である。審査は絶対公平にして、二つの賞金に依って、有為なる作家が、世に出ることを期待している」と記しています。

昭和10（1935）年の500円がどれくらいの価値だったのか、単純比較は難しいですが、巡査の初任給が45円、私立大学の授業料が150円くらいだったようですから、現在の賞金額100万円より少し多い感覚かもしれません。が、それ以上に作家にとってはその後の文藝春秋社あげてのバックアップと、宣伝効果が何より心強かったはずです。第一回目、芥川賞の受賞作は石川達三の「蒼氓」、直木賞は川口松太郎の「鶴八鶴次郎・その他」でした。石川達三は文壇的にはほぼ新入といってよく、川口松太郎はある程度の創作はしていましたが、二人ともその後は第一線の作家として頭角を現し、戦後も華々しく活躍したことはご承知のとおりです。

この二つの賞が作家予備軍、新進作家にどれほどの影響を与えたかは、太宰治（写真28）のいわゆる〈芥川賞事件〉でも分かります。これは第一回の芥川賞の候補作に、太宰の「逆光」という作品がノミネートされながら落選したという

写真 28：太宰治

話で、当選を信じていた太宰が審査について病的なほどの憶測と妄想とで、見苦しいまでに審査員たちに食ってかかったものです。まだ駆け出しだった太宰にとって、芥川賞はのどから手が出るほど欲しかったことが、この事件をたどるとよく分かります。

さて、話がずいぶん横道へそれたので、ここで本筋に戻ります。

プロレタリア文学との問題は昭和初年まで持ち越すのですが、共産主義や社会主義は危険思想であり、従ってプロレタリア文学も同じだということで、政治的な暴力的圧力によって無理強いで押し込められて、地下に潜ってしまうのです。それもあって、結果的にブルジョア文学は生き残り、息を吹き返すわけであります。もちろんその結果で、今度は戦中の言論弾圧という暗い時代にブルジョア文学も巻き込まれていきますが、ひとまず、プロレタリア文学との衝突はこういうかたちで消えていきます。

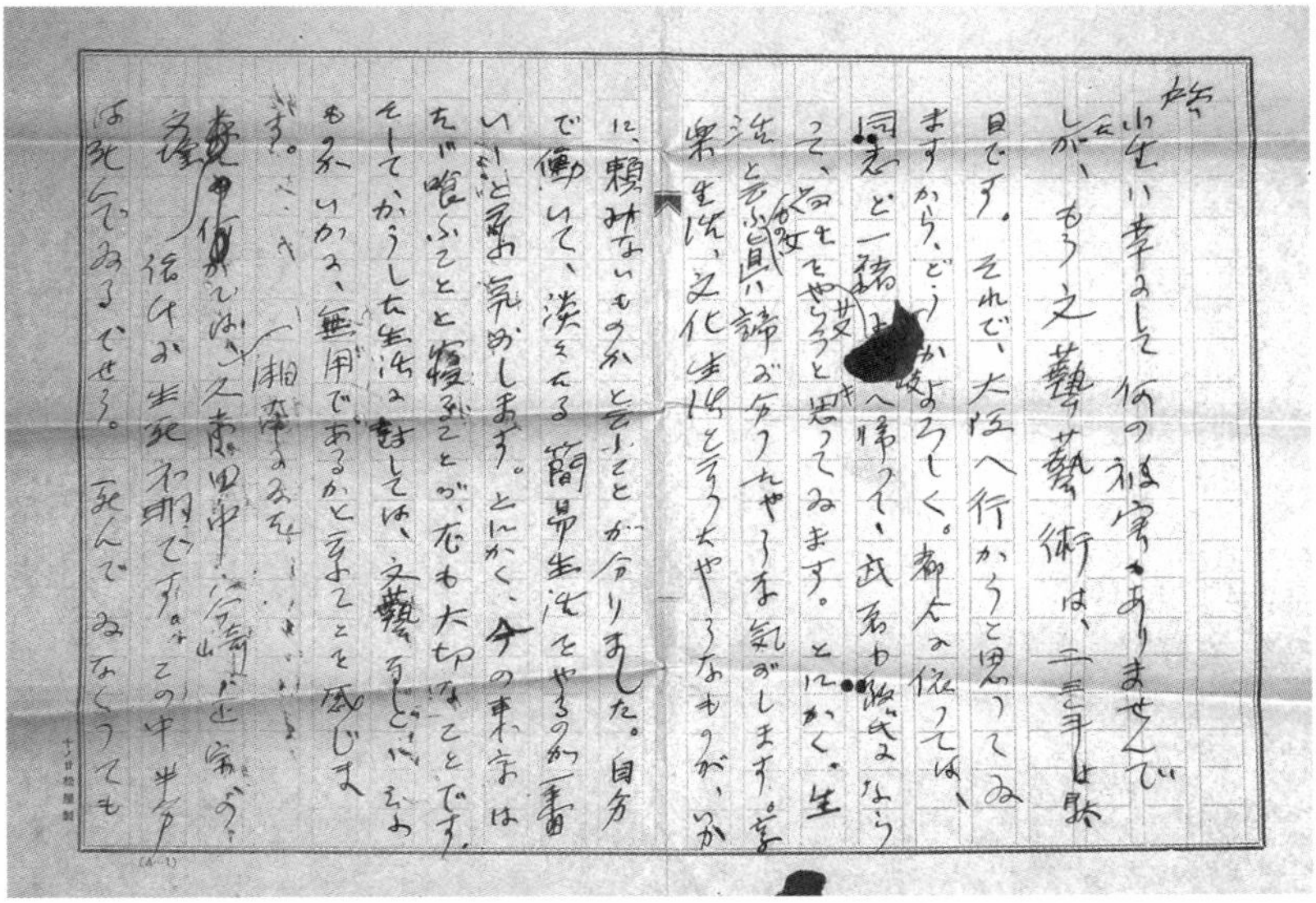

写真 29：菊池寛から薄田泣菫宛の書簡④

そうした経緯の中で菊池寛がもう一つ大きなショックを受けたのが関東大震災（1923［大正12］年9月1日）です。『文藝春秋』を出してすぐに関東大震災がやってきます。その被災後まもなくの1923（大正12）年9月6日に、ここまで強気でやってきた菊池らしからぬ手紙を薄田泣菫に送っています（写真29、史料④前ページ参照）。それが3枚目の4というところになります。

「大正12年9月6日」、「啓　小生ハ幸にして何の被害もありませんでしたが、もう文芸芸術は、二三年は駄目です。それで、大阪に行かうと思ってゐますから、どうかよろしく。都合に依っては、同志と一緒にサヌキへ帰って、武者小路氏にならって百姓をやらうと思ってゐます。とにかく、生活と云ふものゝ真諦が分ったやうな気がします。享楽生活、文化生活と云ったやうなものが、いかに頼みないものかと云ふことが分りました。自分で働いて、淡々たる簡易生活をやるのが一番いゝと云ふ気がします。とにかく、今の東京はたゞ喰ふことと寝ることが尤も大切なことです。そして、かうした生活に対しては、文芸などゝ云ふものがいかに、無用であるかと

写真30：文藝春秋社の入った大阪ビルの屋上にて

云ふことを感じます。文壇では、湘南にゐた久米、田中、谷崎、正宗、の諸氏が生死不明です。この中半分は死んでゐるでせう。死んでゐなくても文芸は、メチャクチャです。さすがの既製文壇も天災の為には、破壊されてしまったと云ふ訳です。活字、印刷機の関係上、文芸出版は当分後を絶つたらうと思ひます。

菊池寛　薄田淳介様」という内容です。

相当なショックです。できあがっていた『文藝春秋』第2号も全部焼けてしまう。東京は焼け野原で、書いてあるとおり出版社もだめになる。みんな食うことと寝ることに精いっぱいだ、こんなときに文芸が一体何の役に立つんだという、ある種の〝不都合な真実〟に彼は直面するわけです。文芸なんていうのは大変な贅沢品だというのです。人間、しょせん食うことと寝ることだと実感する。讃岐に帰ってお百姓さんをやるとまで言っています。

それでどうしたかですけれど、ほかの作家からも散々いろいろなことを言われて、「お前、それはあま

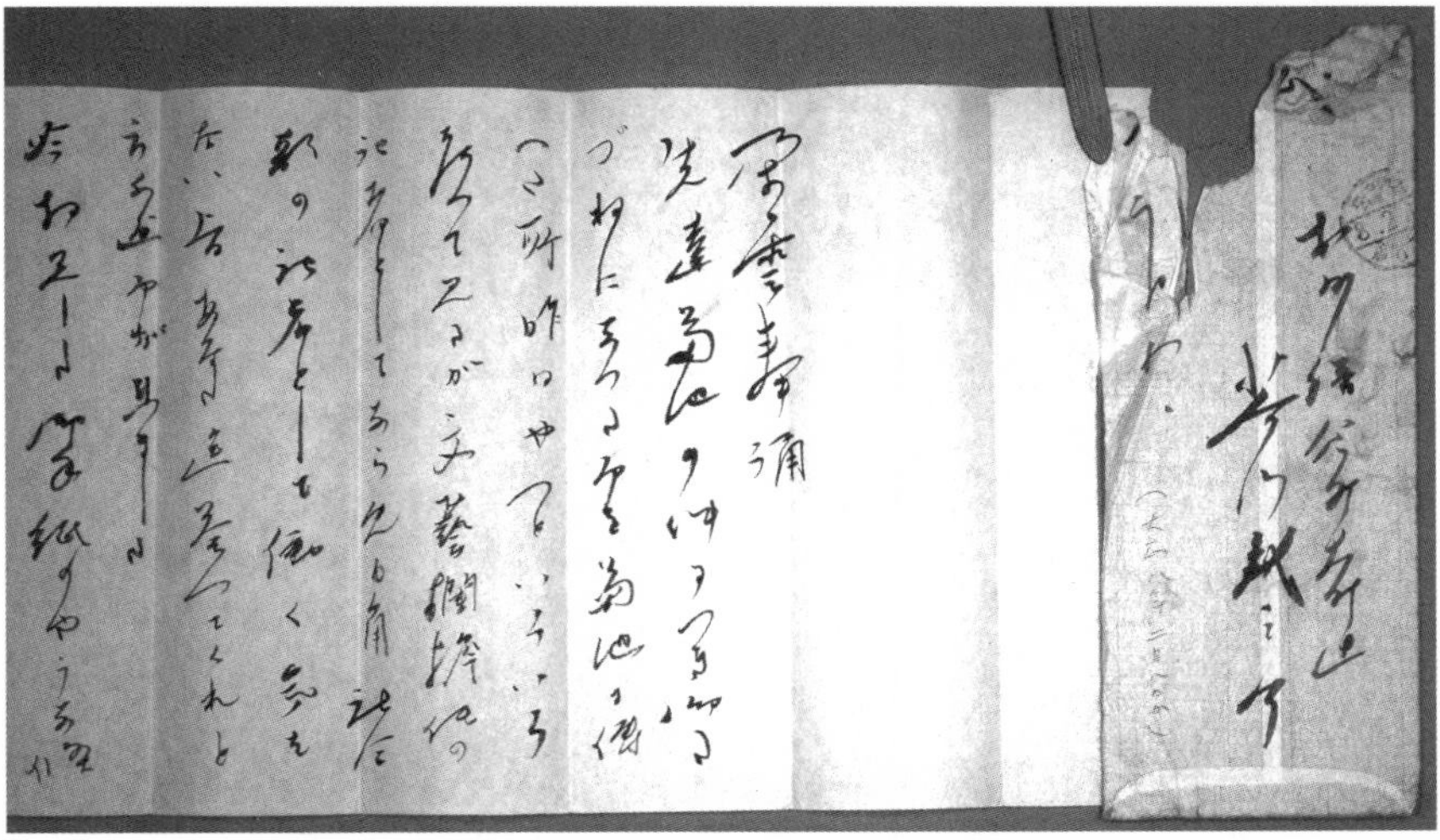

写真 31：芥川龍之介から薄田泣菫宛の書簡

りにも言い過ぎだ」とだいぶん文壇で物議をかもすのですが、予想に反して東京の復興は早かった。しかも、ジャーナリズムの復興はとりわけ早かったのです。むしろ作家たちには、このときの体験談を書いてくれと、新聞や雑誌から次々と原稿依頼が来るということで、ある種の焼け太りみたいなことにもなり、およそ菊池が考えていた文学が絶滅するというような状況にはならなかったということなのです。

さて、これらご紹介してきた手紙は、実は倉敷市に保管されている「薄田泣菫文庫」から発見されたものです。泣菫の御遺族が寄贈されたもので菊池書簡の他にも、芥川(写真31)、その他の作家の原稿や手紙や葉書、泣菫の手帳など、貴重な資料が約2000点ほどあることが分かり、私どもはプロジェクトチームを組み約10年をかけ分類・解読し、『倉敷市蔵薄田泣菫宛書簡集』全3冊にまとめました。今日の資料もその中の一部を使用したもので、この書簡集をご覧になれば詳しい解説・注釈もついております。岡山県にとってもこれはとても貴重な財産ですので、ご興味のある方は、図書館などでぜひご覧いただきたいと思います。

そろそろお時間でございます。菊池寛、薄田泣菫という二人の瀬戸内人は、非常にユニークな存在です。ただ作家だ詩人だということではなくて、近代の出版ジャーナリズムに非常に深く強く関わっていたということで、こうした二人の関係は学校の授業では習わない文学史であります。芥川もこういう二人の前に出ると、また違って見えてくるだろうと思います。漱石や鷗外にこれだけの文壇を動かす力があっただろうかというと、もちろん時代も違いますけれど、また別の解釈が必要だろうと思うのです。文学における二人の非常にまれな才能と力というものをご紹介できたとしたら幸いでございます。

短い時間でしたが、ご清聴どうもありがとうございました。

史料①　菊池寛から薄田泣菫宛の書簡①
（196ページ、写真14）

大正7年7月29日

封書　原稿用紙（新聞用（十行廿字）伊東屋製）ペン

［封筒表］大阪市東区大川町／大阪毎日新聞社
薄田泣菫様

［封筒裏］小石川区中富坂町／三番地
菊池寛

［発信局印］下谷　7・7・30　前□—□

拝啓
芥川から『大阪毎日』へ小説を書かないかと云ふ貴下のお言葉を伝へて来ました。私は非常に書きたいのですが、残念ながら差支へがあって書けません、と云ふのは多分御存知なかった事と思ひますが、私は時事新報[1]の記者なのです、その為に幹部の方で私の名が他紙へ出ることを欣ばないのです、大阪の方丈ならば先づ差支へもないのでしやうが、「日々[2]」へ出るのが困るらしいのです、尤も私から云へば、私は時事へ一記者として傭はれて居るので作家として文学者として待遇されては居ないのですから、私が文藝上の技能を行使するに何の束縛を受くる筋合のものではないと信じて居ますが、そう理屈通に主張する訳に行きませんので遺憾ながら書くことをお断りします。

私は京都の文科を出て居る上に、故郷は関西なので私の名誉心は、貴紙に書きたがって居る上、文壇的にまだ位置の定まらぬ私として貴紙に書く事は、世間的の評判を樹立すると云ふ功利的な動機からも甚だ望ましい事なのですが、前申したやうな訳で書けませんのは、実に残念です。

私は芥川とは違って、自分の職業で衣食して居るものですから、夫を危険にして迄書き切る程の勇気もありません。

右の様な次第ですから何うか、悪しからず御諒承を願ひます。

貴下がまだ定評もない私にかゝる光栄ある御依頼をして下さった事は、私の深く感銘する所であります。

七月廿九日　菊池寛

薄田泣菫様

注(1) 大正五（一九一六）年一〇月、社会部記者として入社。

(2) 「日々」は『東京日日新聞』。『大阪毎日新聞』の傘下にあり、東に版図を持っていた。東京に拠点を置く『時事新報』とはライバル紙といえる。

史料②　菊池寛から薄田泣菫宛の書簡②（198ページ、写真15）

1919（大正8）年2月中旬以降［年月推定］

封筒欠　原稿用紙　ペン

芥川を介して無理なお願ひをいたしました(3)処御尽力に依りまして所望を達することを得ました、感謝の至りであります
社会部記者と作家との不快な二重生活を脱することを得て甚だ愉快に存じます　早速御礼を申上ぐべき筈の処時事新報社を退社いたすのが、少し手間取った為つい遅れて甚だ失礼しました
愈々今月限り退社することになりましたかか《ママ》ら三月より御契約下されば有難いと思ひます　が一寸お許しを願ひたいのは三月の初旬に私の原稿が時事新報へ出ます(4)之は前から頼まれて居たので一寸断りにくいのですが、匿名でありますから之丈は許して下さるやうお願ひします
尚私は将来作家としての命数が尽きれば再び記者に還るつもりでありますから、此点でも末長く御指導下さるやうお願ひします

菊池寛

薄田学兄机下

注(3) 「芥川を介して無理なお願ひをいたしました」というのは、芥川の泣菫宛書簡（同年二月八日）から推して、菊池が芥川に「文藝欄担任の記者としてなら兎も角社会部の記者として働く気はない旨あなた迄答へてくれと云ふ返事が来ました」をさすかと思われる。菊池にはこの大正八年三月一三日に大阪毎日の社会部勤務として辞令が出ているが、十月には芥川と同じ学芸部に改めて配属されている。

(4) 菊池がお許しを願いたいとして「私の原稿が時事新報へ出ます」というのは、「文壇は疲れてる」(三月五日～一四日)と題した評論(全六回)のことで、「羊頭狗肉」の名で『時事新報』に掲載された。

史料③　菊池寛から薄田泣菫宛の書簡③(201ページ、写真18)

大正10年11月1日

封書(書留)　原稿用紙(十ノ廿　松屋製)　ペン

[封筒表]　大阪市東区大川町/大阪毎日新聞社

薄田泣菫様

[封筒裏]　小石川区中富坂七

菊池寛

[発信局印]　[判読不能]

[受信局印]　□□　10・11・3　前□―□

前から考へていたことですが、今度愈々外遊することを決心したのです。米国経由で来年早々行きたいのです。それで旅費は、自分で作るつもりで居ますが、もし社の留学生にでもして下されば、大変結構なのですがいかゞでせうか。もっとも通信員のレギュラアな仕事は出来ません。自由な通信しかかけません。

が、もし社の方でそれをして下さらないのなら、現在の給与を外遊中倍額の弐百円位にして下さることは出来ないでせうか。右何卒よろしくお計ひを願ひます。もし、それも出来ませんでしたら、現在の給与と社員であること丈はゆるして下さるやうお願ひします。洋行したら、二年間位は居て勉強して充分偉くなって帰って来るつもりです(5)。思想家としても偉くなって来たいと思ふのです。その上で社へ恩返しをすることも出来ると思ひます。それで「紅蓮白蓮(6)」の後は、若し外に人があれば帰朝後に延していたゞきたいのですが、是非にと云ふことなら、出発前に百回位のものを書いてみようかとも思ひます。がなるべく延していただきたいのです。正月の短篇はむろんかきます。

どうもこのまゝ、日本に居ますと安逸な生活とつまらない虚名のために、駄目になってしまふやうな気がしますので、思ひ切って外遊し大成したいと思ふのです。
どうぞ、よろしく御後援を願ひます。
行く先は英仏独で、半年位づゝ居たいつもりです。

十一月一日

菊池寛

薄田泣菫様

注(5)　この年早々の「大正十年文壇予想」（『新潮』大正一〇年一月）で、菊池は「社会主義的の思想を背景にした新らしい文芸」が「その中心となることは疑ひが無い」と応えている。ブルジョア作家菊池と批判が集中し、自己変革の必要を感じて外遊の申請をしたのである。

(6)　「紅蓮白蓮」は「白蓮紅蓮」が正しい。『大阪毎日新聞』『東京日日新聞』両紙に菊池幽芳が連載（大正一〇年九月二四日～一一年三月二五日）していた小説である。また「正月の短篇」に該当するのは歴史小品『伊勢へ！　伊勢へ！』（『東京日日新聞』大正一一年一月一九日～二二日）である。

史料④　菊池寛から薄田泣菫宛の書簡④（215ページ、写真29）

大正12年9月6日

封書　原稿用紙（十ノ廿　松屋製）ペン

［封筒表］大阪市／大阪毎日新聞社
　薄田淳介様

［封筒裏］本郷駒込神明町／三　一七
　菊池寛［朱筆］

［発信局印］□□　□2・9・8　后4―6

啓

小生ハ幸にして何の被害もありませんでしたが、もう文芸芸術は、二三年は駄目です[7]。それで、大阪へ行かうと思ってゐますから、どうかよろしく。都合に依っては、同志と一緒にサヌキへ帰って、武者小路氏にならって百姓をやらうと思ってゐます[8]。とにかく、生活と云ふものゝ真諦が分ったやうな気がします。享楽生活、文化生活と云ったやうなものが、いかに頼みないものかと云ふことが分りました。自分で働いて、淡々たる簡易生活をやるのが一番いゝと云ふ気がします。とにかく、今の東京はたゞ喰ふことと寝ることが尤も大切なことです。そして、かうした生活に対しては、文芸などゝ云ふものがいかに、無用であるかと云ふことを感じます。

文壇では、湘南にゐた久米、田中、谷崎、正宗、の諸氏が生死不明です(9)。この中半分は死んでゐるでせう。死んでゐなくても文芸は、メチャクチャです。逭《さすが》の既製《ママ》文壇も天災の為には、破壊されてしまったと云ふ訳です。活字、印刷機の関係上、文芸出版は当分後を絶つたらうと思ひます。

九月六日　　菊池寛

薄田淳介様

注(7) 関東大震災（大正一二年九月一日）に遭遇しての一報。

(8) 武者小路実篤の「新しき村」をさす。自給自足の共同生活をしながら芸術活動を行うというもの。当時、宮崎県の木城村で実践していた。

(9) 久米正雄、田中純、谷崎潤一郎、正宗白鳥

講演2

日本のマリー・キュリー　保井コノ

サイエンススタジオ・マリー主宰

吉祥瑞枝（きっしょう　みずえ）

専門は女性と科学技術工学数学（STEM）。特に、マリー・キュリーの理科教育のほか、保井コノの研究業績・人物・交流を調査研究し、女性の科学技術工学参画を推進している。香川県立丸亀高等学校～お茶の水女子大学卒業。博士（学術）。日本化学会フェロー。著書に『キュリー夫人の玉手箱』など。監修に『キュリー夫人の理科教室』など。

皆さん、こんにちは。ご紹介いただきました、サイエンススタジオ・マリーの吉祥瑞枝です。この能楽堂ホールに、わざわざ足を運ばれました皆さま、どうぞよろしくお願いいたします。サイエンススタジオ・マリーは科学に親しみ、学ぶ機会を作ることを目的として、２００２（平成14）年に結成、「日本独自の紙芝居」の手法で絵・音楽、映像を加味した楽しい演出（アートとサイエンスの融合）を目指し、活動してきました。本年がちょうど二十周年です。

今日の科学技術の進歩によってもたらされた情報・通信の変化は、革命的といえます。例えば一昔前、電話は、ふつうは黒で、ピンク電話もありました。ところがどうでしょう。今や手のひらサイズの携帯電話です。他にも新聞、テレビ、ラジオを超えて、例えば、Zoomを使ったオンライン。日本全国、外国へも、どこからでも興味を持ったテーマに、お一人おひとりが参加できます。その空間的な広がりには素晴らしいものがあります。しかし、参加者とつながりを深めることは難しいです。こうして対面（フェイスツーフェイス）で、ここ能楽堂ホールの空間で、今という時間を皆さまと共有できることは、とても素晴らしいことです。それは一期一会、英語ではonce-in-a-lifetime meetingです。保井コノは日本のマリー・キュリーにあたる科学者です。日本初の女性博士を、微力ながら精一杯ご紹介させていただきます。

それでは、対面の素晴らしさです。早速皆さまにご質問させてください。キュリー夫人、マリー・キュリー、この名前を聞いたり本や漫画でご存じの方は、手を挙げてください。かなりおられますよね。ありがとうございます。

キュリー夫人、マリー・キュリーはこの人です（写真1）。この写真は、マリー・キュリーがノーベル物理学賞をアンリ・ベクレルと夫ピエール・キュリーの3人で受賞した1903（明治36）年のポートレートです。マリー・

写真1：マリー・キュリー

キュリーは36歳です。マリー・キュリーは、ノーベル賞を受賞した世界で最初の女性研究者です。

では、続きまして次の質問です。保井コノを知っている人はおられますか。そうですか。本日の私のお話は科学賞、保井コノ賞を残した「保井コノ」のお名前を、ご参加の皆さんの記憶に留めていただけるようお願いしております。

ところで、日本で初めての「マリア・スクウォドフスカ=キュリー賞（羽ばたく女性研究者賞）」が創設されました。こちらの写真（写真２）は、５月に東京駐日ポーランド共和国大使館で行われた第１回 マリア・スクウォドフスカ=キュリー賞受賞式典の様子です。正面の大きなスクリーンに写真１が投写されています。吉祥は、赤に白のスーツの方の隣席です。中央は高円宮妃 久子様です。「日本の未来のために科学者をできる限り奨励し、支援することが重要です。マリア・スクウォドフスカ=キュリー賞はお手本となるような、名誉ある女性科学者の賞です」とスピーチなさいました。画面左手には、日本とポーランドの国旗です。そうです、白と赤なのです。赤い夕日を背景に飛ぶ白い鷲。赤地に王冠をつけた白い鷲をポーランド王国の紋章とした建

写真２：第１回マリア・スクウォドフスカ＝キュリー賞授賞式

国伝説に由来します。その後、白い鷲は白に、夕日は真っ赤な赤となり、現在の白と赤の２色になりました。ポーランドが独立したのは１９１９（大正８）年です。その右が、おなじみの日本国旗です。紅白は日本の伝統で、おめでたいものです。

写真は、第1回 マリア・スクウォドフスカ=キュリー賞（羽ばたく女性研究者賞）をもらった若い女性研究者たちです（写真３）。20代後半から30代前半です。最先端の科学のテーマに取り組んでいます。どんな研究かと申しますと、例えば、左側の最優秀賞の山下真由子さんは、現在、京都大学の数理解析研究所にいます。東京大学の博士課程にいましたが、博士課程を修了することもなく、先に就職に呼ばれました。彼女は、数学と物理学との境界「トポロジー」と場の理論の研究をしています。世界的にも高く評価され、将来が非常に楽しみといわれております。２番目、奨励賞の木邑真理子さんは理化学研究所に所属しております。宇宙であらゆるものを吸い込むようなブラックホールの研究です。その隣の奨励賞の塩田佳代子さんは、アメリカにありますエモリー大学で、コロナのような感染症学の数理モデルの研究をなさっています。世界30カ国と共同研究をし、テ

最優秀賞　山下真由子　京都大学

奨励賞　木邑真理子　理化学研究所

奨励賞　塩田佳代子　エモリー大学（米国）

特別賞　齊藤真理恵　ノルウェー生命科学大学

写真３：第1回マリア・スクウォドフスカ＝キュリー賞（羽ばたく女性研究者賞）受賞者

レビのニュースでもご存じかと思いますが、ＷＨＯの統計コンサルタントをなさっています。そして今回の特別賞は齊藤真理恵さんです。ノルウェーの生命科学大学で研究をなさっています。彼女の専門分野はゲノム進化学です。遺伝子の研究です。まもなく、第2回 マリア・スクウォドフスカ＝キュリー賞の募集が、９月30日に始まります。そして、来年の春には、新たな女性研究者が羽ばたくことでしょう。

マリー・キュリーの業績研究を一言でお話ししたいと思います。

では、マリー・キュリーのプロフィールです。活躍したのは19世紀末～20世紀初頭で、科学・技術が新しいパラダイムの下に素晴らしい発展をとげた時代の人です。アインシュタインと並ぶ20世紀の科学の巨人の一人です。１８６７（慶応３）年11月7日ポーランドのワルシャワに生まれ、１９３４（昭和９）年7月4日に66歳で亡くなりました。ラジウムウーマンと呼ばれ、１９０３（明治36）年にノーベル物理学賞、１９１１（明治44）年にノーベル化学賞を受賞しました。それではキュリー夫人の研究業績について。

皆さん、この表（写真４）をご存じでしょうか。「一家に1枚 元素周期表」です。私たちのこの世界とはるかかなたの星々を含む宇宙は、わずか１００余りの元素で構成されております。科学において元素は共通の記号です。原子は種類を表すのです。あまり難しく考えることはありません。原子が２つ寄ればば分子になります。現在、周期表は縦の7周期、横の18族まであります。元素は１１８番まであります。周期表の第7周期までは２０１６（平成28）年に完成し、メンデレーエフが周期律を発見してから１５０周年に当たる２０１９（平成31）年を、国際周期表年として世界中で祝いました。

それでは、マリー・キュリーが発見した二つの元素を当ててください。

そうですPoの欄にポーランド地図が描かれています。「ポロニウム」は84番で、それから、88番の「ラジウム」です。そして、96番の元素は「キュリウム」と命名されて、夫ピエール・キュリーと一緒に、この写真に収まっています。

メンデレーエフが元素周期表を発表した1869(明治2)年には、元素は今日の約半分、63個しか発見されていませんでした。キュリー夫人が発見した2つの元素のうちの一つ、この周期表のRa(ラジウム)の欄には、以前は、夜でも光るラジウム時計の写真でした。しかし、現在使われていないラジウム時計よりは、ラジウムの発見者であるキュリー夫人がふさわしいと、私は数年かかってやっとこのキュリー夫人の肖像画に変えていただくことができました。それでこの周期表の下方に「制作協力:サイエンススタジオ・マリー」と載っております。

写真4:『一家に1枚　周期表』

この「一家に1枚周期表」というのは、文部科学省が、国民の皆さまの科学技術に触れる機会を増やし、科学技術に関する知識を適切に捉え、柔軟に活用いただくことを目的として発行しているポスターです。「一家に1枚元素周期表」とパソコンで検索していただきますと、文部科学省・科学技術広報財団ホームページから無料でダウンロードして、A3サイズで印刷することができます。

マリー・キュリー、キュリー夫人は偉大な女性科学者であるとともに、科学教育者でもありました。キュリー夫人は、9歳の娘イレーヌを含む10人ぐらいの子どもたちに2年間（1907～08年）理科実験教室を催しました。それが、「キュリー夫人の理科教室」1907（明治40）年この日本語版の表紙です。そして、その10人ぐらいの子どもたちと学んだ娘イレーヌは後年、ノーベル化学賞をもらいました。お母さんと娘、お父さんと娘でノーベル賞受賞は、このキュリー一家だけです。そして、ほんのちょっぴりのお勉強で効率の良い授業すると言ったのです。主体性と、こうして皆さまとしている対話型、そして子ども自らのやる気を起こさせるすばらしい授業でした。

☆キュリー夫人の理科教室について

キュリー夫人といえば、ノーベル賞を二度受賞した科学者である。しかし、それに劣らず教育者としての素晴らしさは案外知られていない。キュリー夫人の子どもの教育、とりわけ自然科学教育がある。それはキュリー夫人の発案により仲間の科学者たちと娘イレーヌを含む10歳前後、10人あまりの子どもたちに教えた「キュリー夫人の理科教室」（1907～08年）であり、長い間、詳細は不詳で〝幻の授業〟と呼ばれていた。ところが、2003（平成15）年キュリー夫人の授業を受けた当時13歳の少女イ

写真７：キュリー夫人の最後の
実験ノート(1919 ～ 1933)

写真５：キュリー夫妻胸像とがん撲滅の
シンボル黄水仙
(パリ・キュリー博物館中庭)

写真８：キュリー家の墓(パリ郊外)
キュリー夫人が好んだバラと白い花

写真６：お手植えつるバラとマリ・キュリー
(パリ・キュリー博物館中庭)

ザベル・シャヴァンヌ（後年、世界で最初の女性化学技術者となった）のノートが偶然見つかり、フランスで刊行された。翌年04（平成16）年『キュリー夫人の理科教室』として邦訳（監修:吉祥瑞枝、訳:岡田勲、渡辺正）発刊した。

イザベルのノート「キュリー夫人の理科教室」を手がかりに、記録・事実から1907（明治40）年は第1回〝真空と空気のちがい〟に始まり、第10回〝気圧計をつくる〟までの60%が〝真空、空気、大気〟に関するもので、空気の重さを測り、気圧計をつくり、定量的にとらえることがこの実験シリーズの特徴である。キュリー夫人が大切にしていたのは〝真空〟と〝密度〟（アルキメデスの

写真9：世界各国からパリ・ラジウム研究所に集まった優れた女性研究者
（前列右から三人目がイレーヌ・キュリー）

原理）である。このノートから伝わってくるのは、周到に準備され、適切な質問が配置された実験課題である。常に考えることが求められ、単に手足を動かしていることで済ますことはできない。マリー・キュリーは「ほんのチョッピリでとても効率の良い」勉強を求めた。また、キュリー夫人は科学への愛情とともに努力の大切さを教えた。キュリー夫人がつるバラを手植え、草木香るラジウム研究所を設立した。娘イレーヌはラジウム研究所を受け継いだ。さらに、孫娘エレーヌは「本当に必要なことは科学や技術を正しく理解し、利用するための基本的な考え方を身につけることです」と語っている。現在、ラジウム研究所はキュリー博物館として一般公開されている（写真5〜9）。

幼少からの少女や女性の科学技術への関心が開花して、大いに科学や工学、技術の分野（STEM）への社会進出に期待してやまない。

キュリー夫人は今でいうとイノベーター、そして、創造性にあふれた世界の女性科学者のロールモデルであります。

では、保井コノはどんな人だったのでしょうか。この写真（写真10）が保井コノで、１８８０（明治13）年、現在の香川県東かがわ市三本松に生まれ、１９７１（昭和46）年に91歳で亡くなっていま

写真10：家族と（コノは後列中央）

表1：保井コノ関連年譜

西暦	和暦	
1880年	明治13年	香川県三本松に生まれる
1898年	31年	香川県師範学校卒業、女子高等師範学校入学
1902年	35年	同校理科卒業、岐阜高等女学校教諭
1905年	38年	女子高等師範学校研究科入学（25歳）
		論文「鯉のウェーベル氏器官について」発表
1906年	39年	植物学、とくに細胞学の研究に移る
1914年	大正3年	アメリカに留学、シカゴ大学で細胞学的研究
1915年	4年	ハーバード大学 ジェフレー教授に師事、石炭の研究開始
1916年	5年	東京帝国大学で石炭の研究（1927年頃まで）
		東京女子高等師範学校で細胞学・遺伝学の研究
1918年	7年	東京帝国大学理学部遺伝学講座嘱託（1939年まで）
1919年	8年	東京女子高等師範学校教授
1924年	13年	トウモロコシ、ヒナゲシ、ムラサキツユクサ等の遺伝学の研究
1927年	昭和2年	学位論文「日本産の亜炭褐炭瀝青炭の構造について」
		⇒日本の大学初の女性博士の誕生（47歳）
1929年	4年	細胞学雑誌『キトロギア』創刊、庶務・会計・編集担当
1936年	11年	この頃から細胞学の分野にも取り組む
1945年	20年	原爆被曝植物の調査研究を始める
1949年	24年	お茶の水女子大学発足、同大学教授
1952年	27年	お茶の水女子大学名誉教授。『キトロギア』の正編集者
1965年	40年	勲三等宝冠章受章
1971年	46年	保井コノ死亡　91歳

す。保井コノとマリー・キュリーは、19世紀後半から20世紀で、年代的にはほぼ重なっております。しかし、研究業績においては四分の一世紀の隔たりがあります。マリー・キュリーは1903（明治36）年の6月、博士論文の公開審査を見事な成績で通過し、フランスで初めての女性の博士になりました。一方、保井コノは1927（昭和2）年4月、日本の最初の女性博士誕生です。当時は新聞、雑誌で書きたてられましたが、残念なことに現在では、保井コノ博士の名前を挙げられる人はそうは多くありません。むしろ、今では無関心が目に余るものとなっております。皆さまのお手元の山陽放送学術文化・スポーツ振興財団配布の資料をご覧ください。その資料裏面の保井コノ関連年譜（表1）には、新聞記事と、保井コノがミクロトームで石炭をスライスしている実験の写真が載っております。

それでは保井コノの生涯を分かりやすく紙芝居（237〜242ページ）で御紹介いたします。ご参加の皆さま方、かつてはどなたもお子様だった皆さま、どうぞ子どもの頃を思い出しながら、「保井コノ、日本初の女性博士」。この会場で初公開です。大きなお子様版の紙芝居をサイエンススタジオ・マリーがお届けいたします。では、紙芝居の始まりです。始まり――。

「保井コノはほんまもん　日本初の女性博士〜植物の化石・石炭の研究」（製作・脚本：サイエンススタジオ・マリー、絵：ノコノコデザイン、書：金城 圭）です。

1880（明治13）年、保井コノは9人兄弟の長女として、四国は讃岐、香川県三本松に生まれました。賢かったおばあさんにちなんで、コノと名付けられました。コノの故郷は「讃岐三白」と呼ばれる砂糖・綿・塩の産地で、お父さんは砂糖を船で運ぶ廻船問屋を営んでおりました。鎖国が解かれ、外国との貿易が始まって安い砂糖や綿が輸入され、三本松の街は活気を失ってしまいました。そこで、

日本初の女博士
保井コノはほんまもん
(1880-1971)
〜植物化石 石炭の研究〜
① 製作・脚本：サイエンス スタジオ・マリー　編集：ノコノコデザイン　書：金城 圭

さぬき三白
こんぴら ふねふね
追い手に帆かけて
シュラシュシュシュ

地元の有力者とお父さんは、若者に起業家精神を呼び起こそうと興民社を作りました。お母さんは商いで家を支えました。

「やーい、コノの男勝り。勉強のでき過ぎる女も嫁さんにはなれんぞ」と、男の子たちが囃し立てます。「なに、勉強には男も女もないわいな」と、小学生のコノも負けてはいません。お母さんの手伝いで七輪の火をおこしているときも、コノは本に夢中でした。とっくに火の消えた七輪の前で、本の虫のコノを見つけたお母さんは、コノに好きなだけ勉強させてやろうと思いました。お父さんはコノに、福沢諭吉の『学問のすすめ』の本をプレゼントしました。おしゃまなコノは、「もっとこの広い世界を見てみたいわ」と思い、両親の励ましを受けて香川県尋常師範学校に進学し、寮に入りました。

親元を離れたコノは、真理を追求する理科や論理の数学を好きになりました。英語やドイツ語の原書を一人で読もうと奮闘しました。この先、もっと勉強を続けたい。ところが日本で唯一の女子の学校は、四国からは3日もかかる遠い東京でした。お母さんは、「コノ、安心して東京に行きなさい」と励ましました。こうしてコノは、東京御茶ノ水の女子高等師範学校の理科に入学しました。「お父さん、お母さん、ヨーロッパやアメリカからの留学帰りの先生が、素晴らしい講義をしてくれるの」と、目を輝かせて報告するのでした

4年間の充実した学生時代を終えたコノは、1902（明治35）年、岐阜の県立高等女学校の理科の教諭になりました。女子学生のための物理の教科書を書くことを先生から頼まれたコノは、張り切って作りました。ところがどうでしょう。女の子がこういうものを書くはずがないと言われて、教科書検定に落ちたのです。つまり、コノが物理の教科書を書いたことを信じてもらえなかったのです。コノは女にも理科ができることを知ってもらいたいと、一心に生物の謎を解くことに向かって研究を進めました。そして、鯉の耳の仕組み、水の中で音を感知するウェーベル氏器官について述べた女性初の科学論文「鯉のウェーベル氏器に就いて」を発表し、『動物学雑誌』に掲載されました。

コノは、ミミズやヒルを見るのも触るのも嫌いで、次に植物の藻の研究論文を発表しました。ドイツのシュトラスブル

ガー（Eduard Adolf Strasburger）教授がそれを読んで、コノをドイツ留学に招きました。ところがどうでしょう。今度も、女性が科学をやってもものにならない、国家の役に立たないと、コノの留学許可は下りなかったのです。ところが、東京小石川植物園のドイツ人のエングラー（Heinrich Gustav Adolf Engler）教授の来日歓迎会が催されました。教授にコノが日本で唯一の女性植物研究者であると紹介されたことで、１９１４（大正３）年、とうとうコノの念願の留学許可がおりました。しかし、その留学許可書には「理科および家事、家庭科の研究のため」という但し書き付きでした。

残念なことに、エングラー教授が亡くなりました。そして、第一次世界大戦が始まったために、ドイツに行くことができず、かわりにアメリカに行きました。ハーバード大学のジェフレー（E.C.Jeffrey）教授は、細胞学的手法の新しい方法で、太古の植物化石である石炭の研究をしていました。コノはジェフレー教授に、「私にも石炭の研究をやらせてください」とお頼みすると、「日本産石炭の研究はコノがやりなさい」とおっしゃいました。コノは日本から石炭を取り寄せて、張り切って石炭の研究を始めました。

こうして新しい研究技術を学んで帰国したコノは、細胞学や遺伝学の研究と並行して、東京帝国大学に新しくできた遺伝学教室で石炭の研究を続けました。コノは日本各地の炭坑、北は北海道夕張炭坑、南は九州三池炭坑や満州撫順の炭坑を訪れました。深い地中にも潜っていきました。研究を励ますお母さんが心配するような、男の人でも尻込みするような地下30メートルの竪穴へ、ひとりでモッコに乗って、地中深く石炭のサンプルを集めて回りました。炭鉱には夫婦で働いている女鉱夫たちがコノを見つけ、「おやまあ、女先生がこんなところにまで」と、一緒に良いサンプルの石炭を探したり掘ったりと手伝ってくれました。

コノの研究テーマの石炭は蒸気機関車を動かしたり、火力発電所用の燃料や鉄を作るためのエネルギー源でした。石炭は「石炭《いしずみ》」「燃石《もえいし》」とも呼ばれ、太古、数千万年から数億年前の巨大なシダ類や針葉樹のセコイヤなどの植物が地中に埋もれて、熱や圧力の影響によって変化し、塊となった物質、化石燃料です。炭化の状態によって石炭は「泥炭《でいたん》」「褐《かっ》炭《たん》」「瀝青炭《れきせいたん》」「無煙炭」に区別され、色

は褐色から次第に黒色に変化して、石のように硬くなって輝き、黒いダイヤモンドと呼ばれました。石炭は多くは中生代の植物に由来していますが、日本の石炭は新生代に成育していたシダ植物です。

当時、コノが研究テーマに選んだ石炭は、現在では温暖化ガスである二酸化炭素CO^2を大量に排出するため、地球温暖化、大気汚染の主な原因の一つとなっていて、その使用を減らすことが求められています。しかし、１９６０（昭和35）年頃まで火力発電所の燃料や鉄を作るための原料、蒸気機関車などを動かすための主なエネルギー源でした。先ほどの「一家に1枚 元素周期表」（２３０ページ）からいきますと、石炭の元素成分は炭素（C）・酸素（O）・水素（H）・窒素（N）・硫黄（S）です。

コノはアメリカから持ち帰った最新の実験器具ミクロトームと愛用の顕微鏡を用いて、研究に没頭して10年あまりが経ちました。１９２７（昭和２）年4月20日、コノが47歳のとき、『日本産石炭の植物学的研究、日本産亜炭、褐炭、瀝青炭の構造について』論文などまとめて、日本女性初の理学博士の学位記が東京帝国大学から授与されました。これがきっかけとなって、次々と他の分野でも女性の博士が出るようになりました。二番目の理学博士は黒田チカ。三番目は加藤セチで、美人すぎて科学者にむかないといわれました。

この年、四国は高知出身の植物分類学者、牧野富太郎も東京帝国大学の学位を授与されています。当時、女性が研究を続けることは非常に困難でした。保井コノも例外ではありませんでした。新聞は「日本初の女性理学博士誕生。女に理科ができないとはもう言わせない」と書き立てました。しかしコノは淡々と、「自分の好きな道をコツコツ歩んできただけです。仕事が残っていけば満足です」と言いました。時代を超越し、偏見や差別を超克しました。

その後、第二次世界大戦が始まり、1945（昭和20）年の春には、東京もB29爆撃機の空襲に明け暮れ、不気味な空襲警報のサイレンがウゥーと鳴り響くと、すべての交通は止まり、街を歩くことも禁じられました。学校も授業どころではありません。そんな中で、一番先に東京女子高等師範学校（現お茶の水女子大学）に駆けつけたコノは、「生きている間に勉強するんだ。いつ死ぬかも分からないからね」と女子学生を励まし、わ

ずかな時間も無駄にすることなく講義をしました。防空頭巾ともんぺ姿のなかで、ひときわ目立ったコノのスカート姿は平和への願いでもありました。また戦後は、広島の被爆植物の調査研究を行いました。

コノは、50年にわたる大学教育で多くの教え子を持ち、研究一筋の道を歩みました。コノの一番の楽しみは、学会に出席することでした。それで、「保井コノ先生はいろいろなところにお顔を出されてますね」とからかわれましたが、「知っておきたい、聞いておきたいことが私にはたくさんある。学問の世界は一つの分野に閉じこもってはいけない。多角的に見なければいけない。いくつになっても学び続けることは最高の楽しみ」と言いました。妹のマサと一緒に暮らし、当時、珍しかったショートケーキやシュークリームを甥や姪たちと一緒に食べることも、コノのもう一つの楽しみでした。

コノは特別に、お茶の水女子大学名誉教授室を持ち、80歳近くまで毅然として研究に精進しました。また、紅花の色素の研究で2番目の女性理学博士となった黒田チカ教授と協力して、保井・黒田奨学基金を創設して女子学生を励ましました。

晩年、病気で倒れたコノの枕元には、英字新聞と新刊の『キトロギア』、植物の学術書がありました。1971（昭和46）年、91歳で亡くなるまで、保井コノは「終始一誠意（しゅうし いつに いをまことにす）」と、生物、植物進化の不思議を追求した〝ほんまもん〟の女性科学者でした。

紙芝居は、これでおしまいです。どうもありがとうございます。

それでは保井コノのまとめに入ります。保井コノは、日本における先駆的な女性科学者です。植物細胞学・遺伝学の研究で、日本初の女性理学博士となりました（写真11）。保井コノの生涯と、植物細胞学・植物系統学の業績を取り上げることは、今日の細胞生物学をはじめとした植物科学の世界へいざなってくれます。

『保井コノ資料目録』は、お茶の水女子大学ジェンダー研究センターが２００４（平成16）年に発刊しました。この資料目録をまとめられたのが写真の三木（広重）寿子先生です。三木先生は、保井コノが東京女子高等師範学校時代の教え子です。三木先生は植物学者で、レイチェル・カーソン日本協会会員。元花粉学会会長であり、趣味はバードウォッチングです。

昨年２０２１（令和３）年は、保井コノが亡くなってちょうど50周年でした。資料目録の編纂をなさった三木先生は95歳。私は1年前、三木先生を鎌倉の施設に訪ねてまいりました（写真12）。コロ

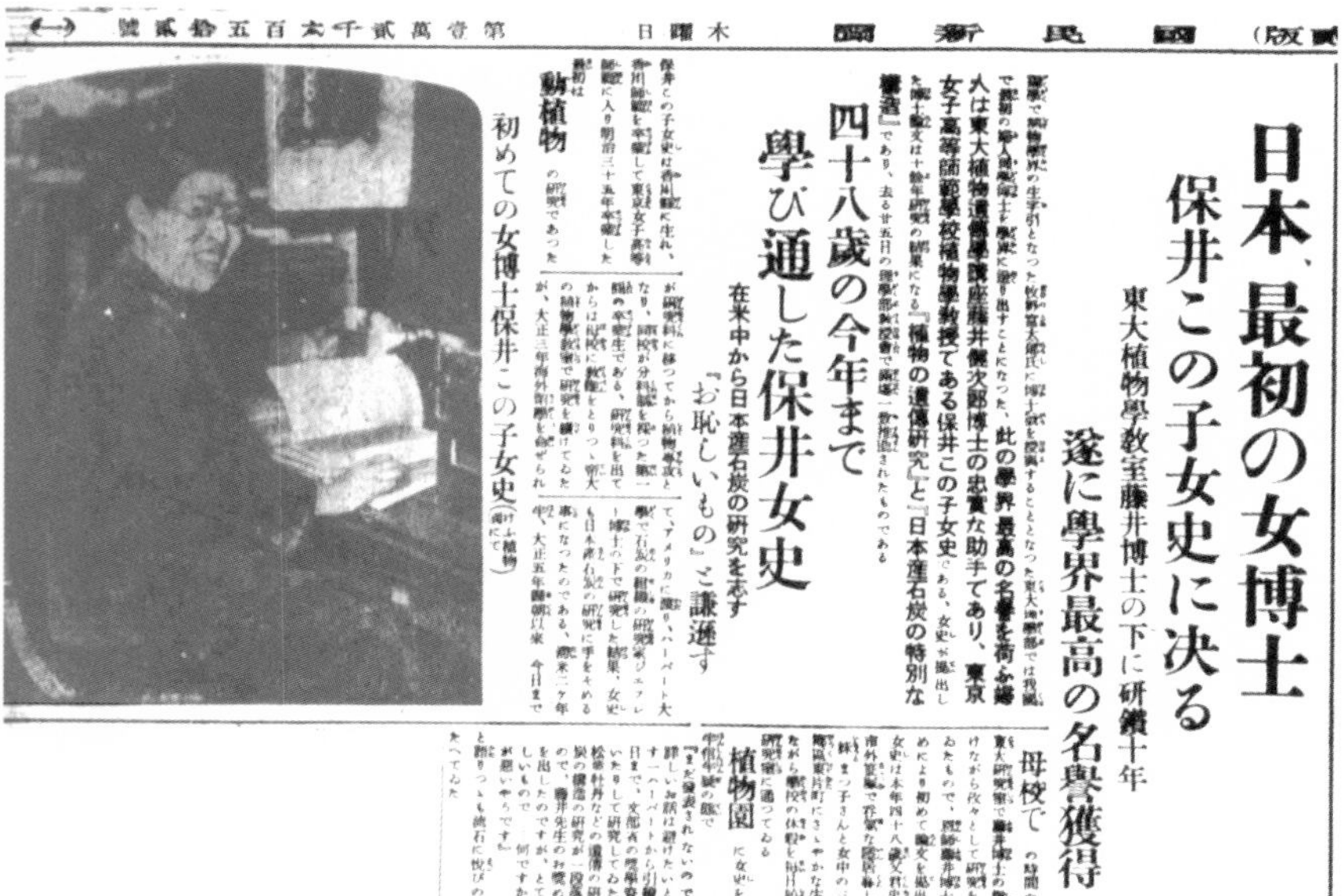
國民新聞
日本、最初の女博士
保井この子女史に決る
東大植物學教室藤井博士の下に研鑽十年
遂に學界最高の名譽獲得
四十八歳の今年まで
學び通した保井女史
在米中から日本産石炭の研究を志す
『お恥しいもの』と謙遜す
動植物
初めての女博士保井この子女史

写真11：「初の女性博士誕生」を報じる新聞

ナで、面会時間はご親族が同席で15分と限られました。東京から片道2時間。お目にかかることだけを目的に伺いました。三木先生は、「保井コノ先生はこのぐらいの背丈なのよ」と、御自身の目の高さあたりを手で示されました。保井コノ先生は小柄で、本当に情熱を持って植物の研究をなさった方とお見受けします。

お茶の水女子大学のホームカミングデイが今年の5月に開催されました。私は植物学科教室を訪ねて「保井コノ先生を直接ご存じの方がおられましたら」と、確認をお願いしましたが、残念ながらいらっしゃいませんでした。また、２０１９（平成31）年からのコロナで、保井コノのご親戚の方も亡くなられてしまいました。このため、最後の機会であろう保井コノの聞き取り調査は、困難を極めております。

写真12：三木寿子先生と

お茶の水女子大学は、１８７５（明治８）年に東京女子師範学校として開校して以来、女性の高等教育を使命、ミッションとして掲げてきました。そして、１９６３（昭和38）年には大学院の修士課程ができ、１９７６（昭和51）年には博士課程が設置され、１９８１（昭和56）年3月に初めて博士学位が交付されました。しかしこれ以降、さまざまな分野で博士号が授与されております。そんなに古いことではございません。お手元の配布資料の年譜（表１、２３５ページ）をご参考になさってください。来る２０２５（令和７）年は創立１５０周年を迎えます。

これは保井コノのスケッチです(写真13)。先ほどの展示ガラスケースの奥に置かれているものです。植物の葉が落ちたときに茎の部分に残される傷跡「a葉痕」と、水や養分を運ぶ維管束の断面の跡「b維管束痕」が観察されています。これは植物の化石。なんと素晴らしい保井コノの観察力と描写力でしょう。石炭の質感が実によく描かれております。

さらにこちらは、保井コノのイチョウのスケッチです(写真14)。イチョウは俗に生きている化石といわれています。動物の場合も、そのまま変わらずに進化しないで残っている動物がおりますが、イチョウも太古からその形を変えずに残っています。世界各地でイチョウ葉の化石が見出されています。イチョウと同じように生きた化石といわれるメタセコイヤも範中です。生きた化石は進化や種の分化を理解する上で分類学や古生物学では重要なものです。

お手元の資料の保井コノのポートレート写

写真13：コノの石炭スケッチ
a葉痕　b維管束

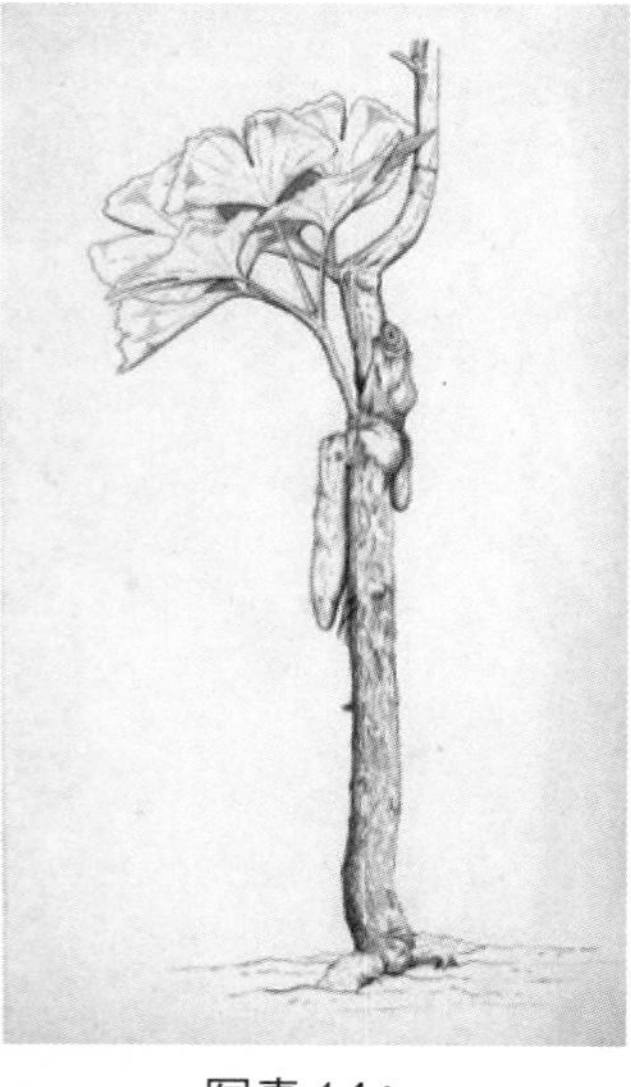

写真14：
コノのイチョウスケッチ

写真17：1920（大正9）年
ミクロトーム操作　40歳

写真15：保井コノ　1952（昭和27）年
名誉教授記念　72歳

写真18：1927（昭和2）年
日本初の女性博士誕生　47歳

写真16：1912（明治45）年　32歳

真（写真15）をご覧ください。実はこのチラシを見た方に、「菊池寛の隣の男の人は誰なんだ？」と言われました。あの写真は非常によく出回っているものなのですが、初めて保井コノを知る方から「この男の人」と言われるのも、一人や二人ではありません。実は、72歳のとき、名誉教授記念アルバムのお写真です。それでは卒業アルバムから4、5枚写真を紹介いたします。チラシの保井コノとは違ったイメージを持たれるでしょう。これ（写真16）は１９１２（明治45）年の写真ですが、保井コノは１８８０（明治14）年生まれですから、32歳の頃のお姿です。マリー・キュリーが30代頃の写真と比べてみて下さい（写真1、２２６ページ）。

こちらの写真（写真17）は、ミクロトームを操作しておりまして、１９２０（大正9）年の写真です。本日配布資料の年譜のところに同じ写真が載っています。保井コノ40歳のときです。顕微鏡の前にいる写真（写真18）は、１９２７（昭和2）年に、学位を取得したときで47歳です。

それで、この写真（写真19）、驚かれるのではないでしょうか。アメリカ留学帰りで、おしゃれなモガスタイルです。ネックレスも好きだったし、スカートも好きだったといわれています。これは「女性科学者の源流」で（写真20）、お茶の水、東京女子高等師範学校の皆さま方です。写真の左から、2番目の立ち姿は女性理学博士2番目となった黒田チカです。英国オックスフォード大学に留学され、化学、紅花の研究で学位が授与されました。その右隣が保井コノ。右端は阿武喜美子《あんのきみこ》で１９４３（昭和18）年、東京帝国大学が受け入れた最初の女性大学院生です。オハイオ州立大学に留学しました。写真は１９５７（昭和32）年、東京大学本郷は山上会議所に皆さんが寄り集まっている姿です。日本の女性科学者の源流の方々が一同の姿は、真に女性科学者の気迫が伝わって参ります。

湯浅年子（写真21、1909〜1980年）は、20世紀にはいってからフランスに留学し、物理（原子核実験）の分野で国際的に活躍しました。保井コノの年代からは少し後になります。湯浅年子は東京女子高等師範学校理科から東京文理科大学物理学科に進学しました。しかし、そこでの男女の差別で、望むような研究の場を得ることは難しい状況でした。ちょうどそのとき、キュリー家の娘婿と娘であるジョリオ＝キュリー夫妻が人工放射能を発見。湯浅年子は原子核の研究に惹かれて、フランスに行きました。そして1943（昭和18）年には、人工放射性核から放出されたベータ線連続スペクトルの研究で、フランスの理学博士の学位を取得なさっております。

写真19：留学がえり おしゃれなモガスタイル（左）

写真20：女性科学者の源流 黒田チカ・保井コノ・阿武喜美子（1957年、東京大学山上会議所）

この写真21は、マリー・キュリーの上の娘さんのイレーヌさんのご自宅です。実はイレーヌさんもお母さんもそうですが、フランスの方では夏は海か山の別荘で過ごすとか、皆さん仕事をするときは集中して、そしてホリデーはホリデー長期間取られます。パリ郊外ソーの自宅テニスコート脇で、湯浅年子は黒紋付着物姿で一緒に撮られた写真です。

写真 21:女性科学者の源流　湯浅年子(右)キュリー夫人の長女イレーヌと(パリ郊外のキュリー邸)

湯浅年子は、一度日本に帰ってきました。保井コノは日本で、お茶の水女子大学教授として研究を続けるように勧めたのですが、結局、湯浅年子は再度フランスに行かれて、パリで亡くなりました。このように、戦後の学制改革に東京国立女子大学創設に向けて構想を立て、保井コノをはじめとして黒田チカ、阿武喜美子、湯浅年子も、理系教官としてご尽力なさいました。

それでは、「保井コノ賞」に関して触れたいと思います。1953(昭和28)年には、保井コノと黒田チカが退官することになりました。退官に際し、自然科学の研究を奨励することを目的として、女子学生のために基金を作りました。その後も、教授の久米又三先生をはじめ、お茶の水女子大学教授、東京女子高等師範学校の卒業生などからの寄付もあり、現在は学生、キャリア支援の奨学金担当が窓口となって、大学独自の奨学金として続いています。

この写真（写真22）は、お茶の水女子大学昭和23（１９４８）年10月以降、新制大学設置基準委員会の議事録です。資料にはこう記されております。「昭和23年10月20日の教授会で委員選挙を行い委員15人当選、委員長互選で保井教授が当選」。保井コノが委員長の重責を担うことになったという記録です。丁寧に読ませてもらいました。と申しますのも、実は、久米又三先生は、ちょうど私がお茶の水女子大学に入ったときの学長で、動物学をご担当でした。先ほどの湯浅年子先生のお名前も記されております。興味ある資料と申せます。

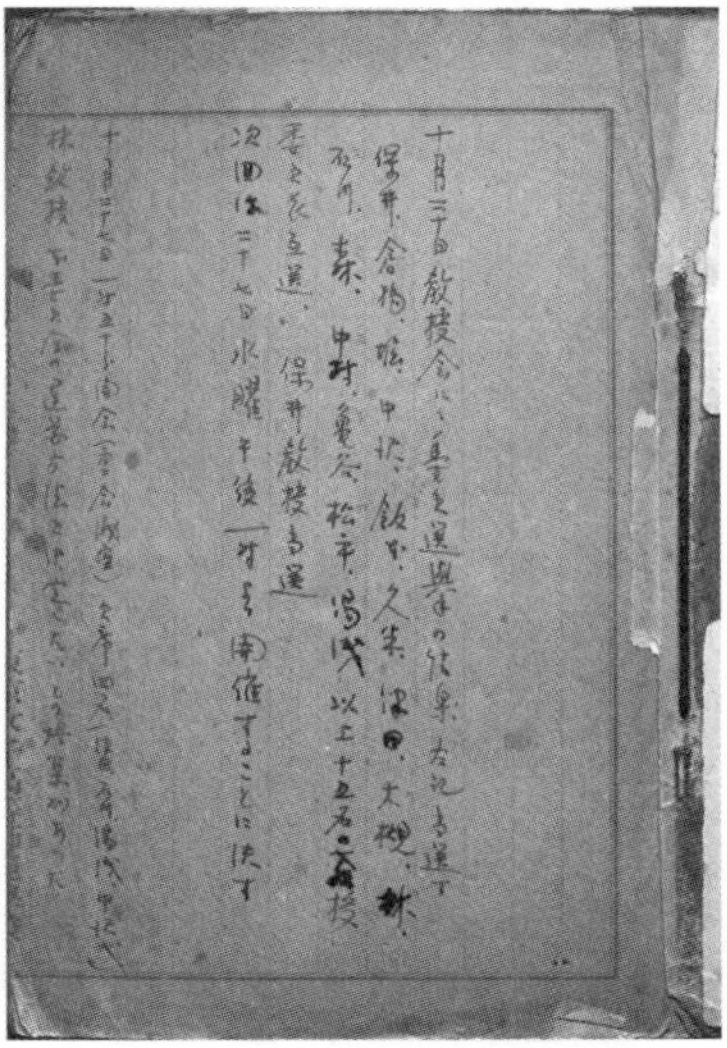
写真22：
新制大学設置基準委員会会議記録

保井コノ賞は、実は新しく、２０１６（平成28）年にできました。生命科学とその関連領域科学の女性研究者を対象としております。受賞者は1年に1人とされていますが、2人のときもあります。受賞者には賞状と盾が贈られます。受賞者の業績のうちで顕微鏡を使った研究が保井コノの研究と比較して面白いと思いまして、第5回受賞者の大阪大学大学院特任教授の原口先生の研究を紹介したいと思います。

原口徳子先生は、細胞生物学ワークショップの講師を務めて、若手向けの蛍光顕微鏡実機一週間の講習会を催されておられます。蛍光顕微鏡で生きた細胞を観察する技術を学びます。これからご覧い

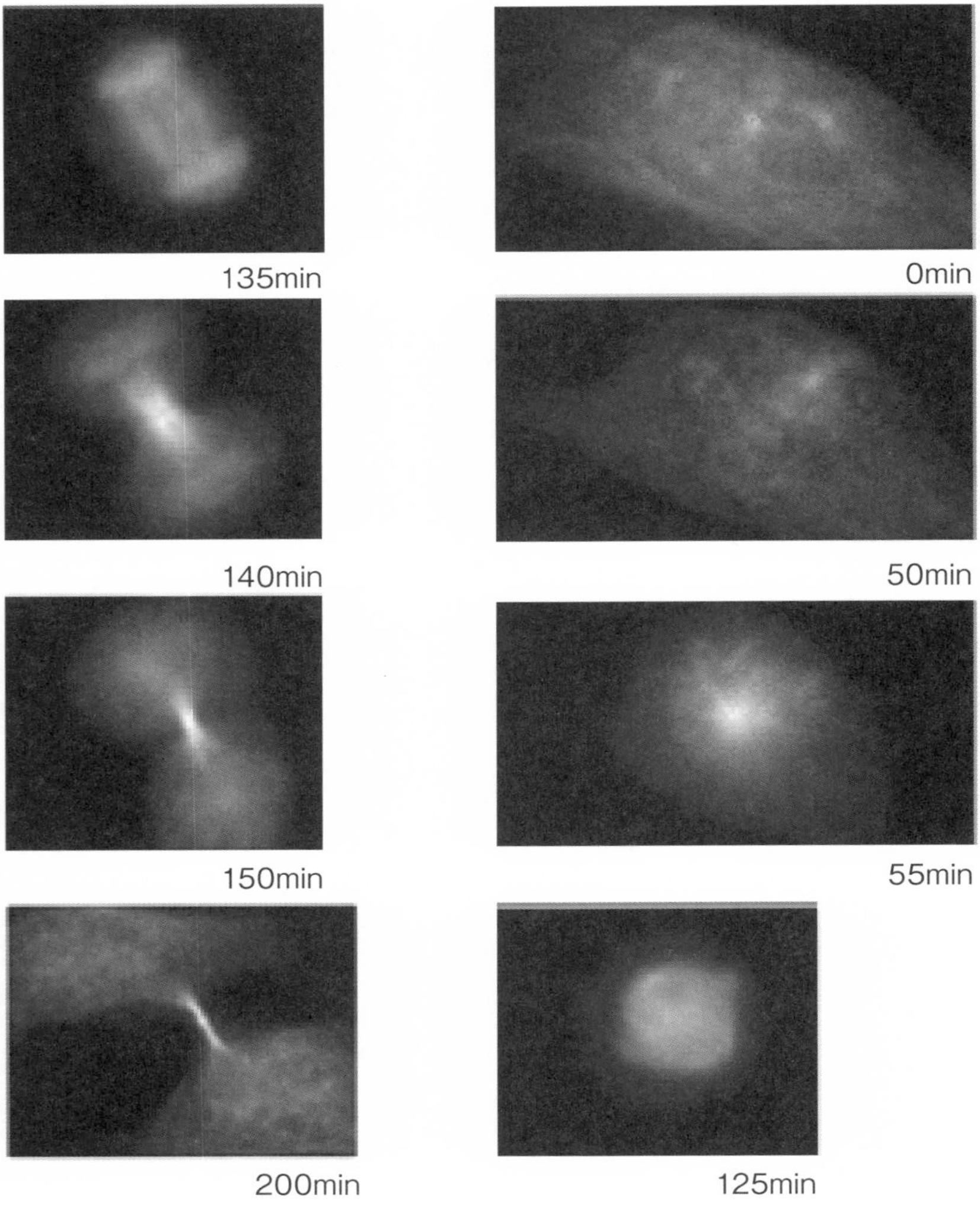

写真 23：ヒト細胞の分裂の様子（蛍光顕微鏡）

ただくのは、生きたヒトの細胞が分裂する瞬間を記録した映像です（写真23）。保井コノは、死んだ化石をスライスして顕微鏡で観察しました。でも今日では、私たちは生きている細胞が分裂している様子をも見ることができるのです。赤いところはＤＮＡで、原口先生は「この細胞が分裂する瞬間は何度見ても見飽きない。感激です」とおっしゃっています。ワークショップはオンラインと研究室を同時に講義と実習が行われます。私は去年も今年の夏も参加いたしました。

それでは、残り時間少ないところで、保井コノの故郷三本松の港、浜辺の風景です（写真24）。この松林のところに、昔の砂糖の祠が2、3、ぽっつりとあります。こちらの海に双子島が見えます。その向こうは兵庫県淡路島になり、こちらが三本松の港です。保井コノが通った尋常高等小学校猪熊邸

写真 24：三本松港と浜辺の風景

写真 25：尋常高等小学校　猪熊邸

写真 26：コノの生家近くの本町商店街
（西條敏美氏撮影、2003 年）

です（写真25）。立派な校舎です。そして、保井コノが子どもの頃に遊んだ勝覚寺というお寺です。そのお寺の前の本町商店街にあった保井コノの生家は、空き家で朽ちて取り潰されてございません（写真26）。三本松小学校には、１９７２（昭和47）年に保井コノの胸像が建てられております。

　これからのスライドですが、東京大学の植物学教室は、昔、小石川植物園にありました。１９３４（昭和9）年、本郷のキャンパスに移転するに当たって記念撮影された貴重な写真から、当時の様子がうかがえます。保井コノは、この藤井健次郎先生（写真27）の教室の嘱託という形で、小さな机の上でお仕事していたそうです。そして、篠遠《しのとお》喜人《よしと》先生（写真28）。この方はクリスチャンで、米国基督教

写真 27：保井コノと藤井健次郎

写真 28：篠遠喜人

大学（ＩＣＵ）元学長、メンデル協会初代会長です。

それから、こちらは皆さんご存知の日本の植物学の父、牧野富太郎先生です（写真29）。牧野先生は講師をなさっていました。『牧野日本植物図鑑』を作られ、牧野先生自らが植物を描いておられます。植物学の先生はみんな絵がお上手です。

写真 29：牧野富太郎

牧野富太郎先生が研究で大切にされていたのが植物の標本採集です。もちろん、北は北海道、南は屋久島まで行かれております。その中で、なんと保井コノと一緒に、香川は讃岐で一日かけて、三豊から三本松まで調査を行っています。小豆島にも一緒に足をのばしています。そして東京に戻って、鎌倉でユキワリソウの今では絶滅種などを２人で調査しております。

聞くところによると、２０２３（令和５）年、来年の春、ＮＨＫの連続テレビ小説『らんまん』のモデルだそうです。保井コノは、その牧野富太郎先生と同じ年の１９２７（昭和２）年に東京帝国大学から学位をもらっていますし、同じこの小石川で、牧野先生は講師として、保井コノは藤井先生のところで嘱託でしたので、ドラマの中のほんの１コマにでも保井コノも取り上げてくださったら女性活躍、女性研究者の後押しになるのではと思っておりますけれども、難しいかもしれません。むしろ保井コノがドラマの主役として取り上げられる日が、そう遠くなく来る日を待ち望んでおります。

この写真は、保井コノの還暦祝いです。こちらは、皇太后陛下がおなりのとき、保井コノが実験授業の指導をしているときのもので、晩年、保井コノは名誉教授になっても、最後まで頑張っているお姿（写真30）です。

ついこの8月、先ほどお話しした篠遠喜人先生の生まれ故郷である下諏訪の諏訪湖博物館赤彦記念館で、「メンデル生誕２００年」特別展が開催されました。その展示物の写真の一枚です。この雑誌こそ、保井コノが病床の枕元に最後まで置いてあった『キトロギア』（写

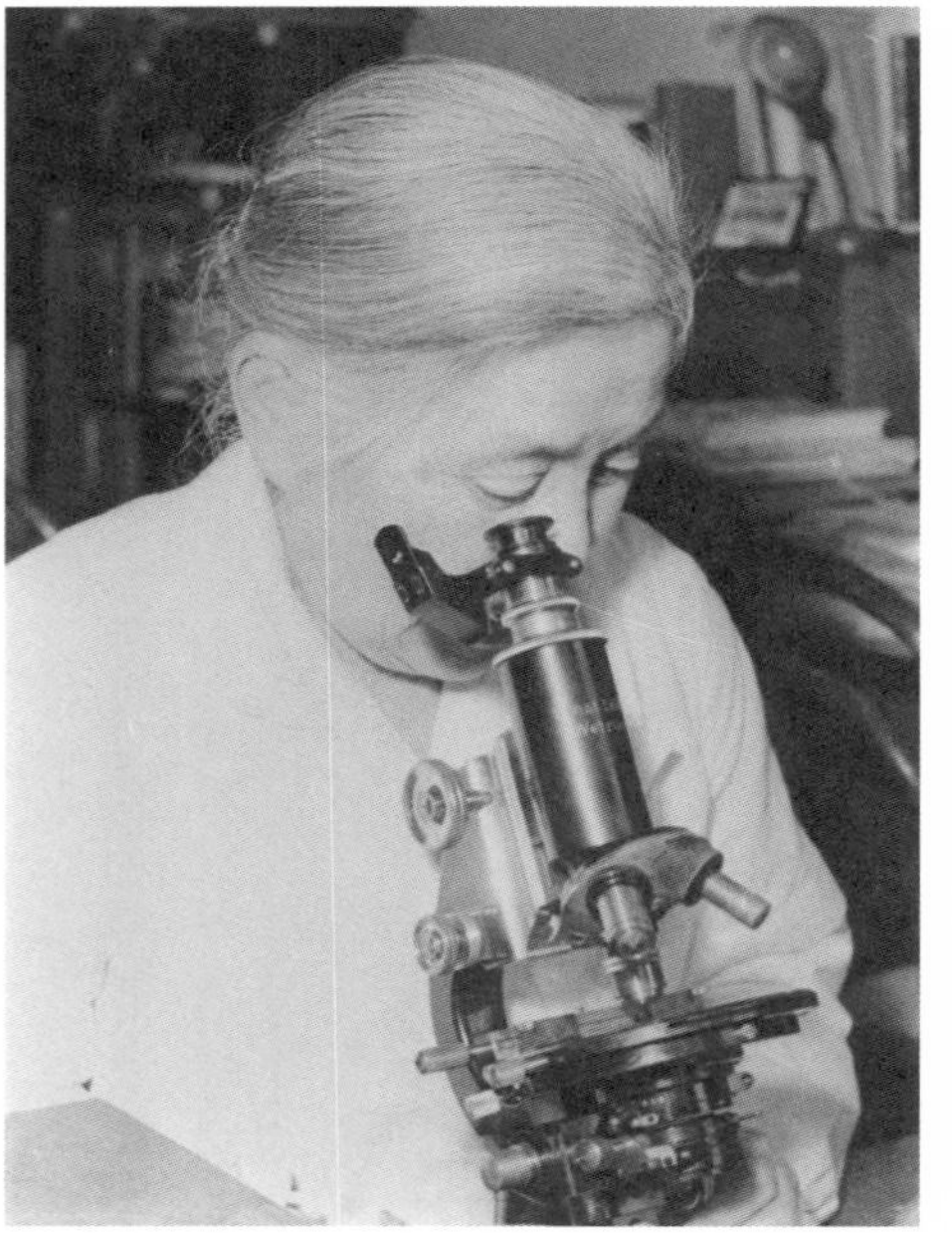

写真 30：保井コノの情熱は晩年にも

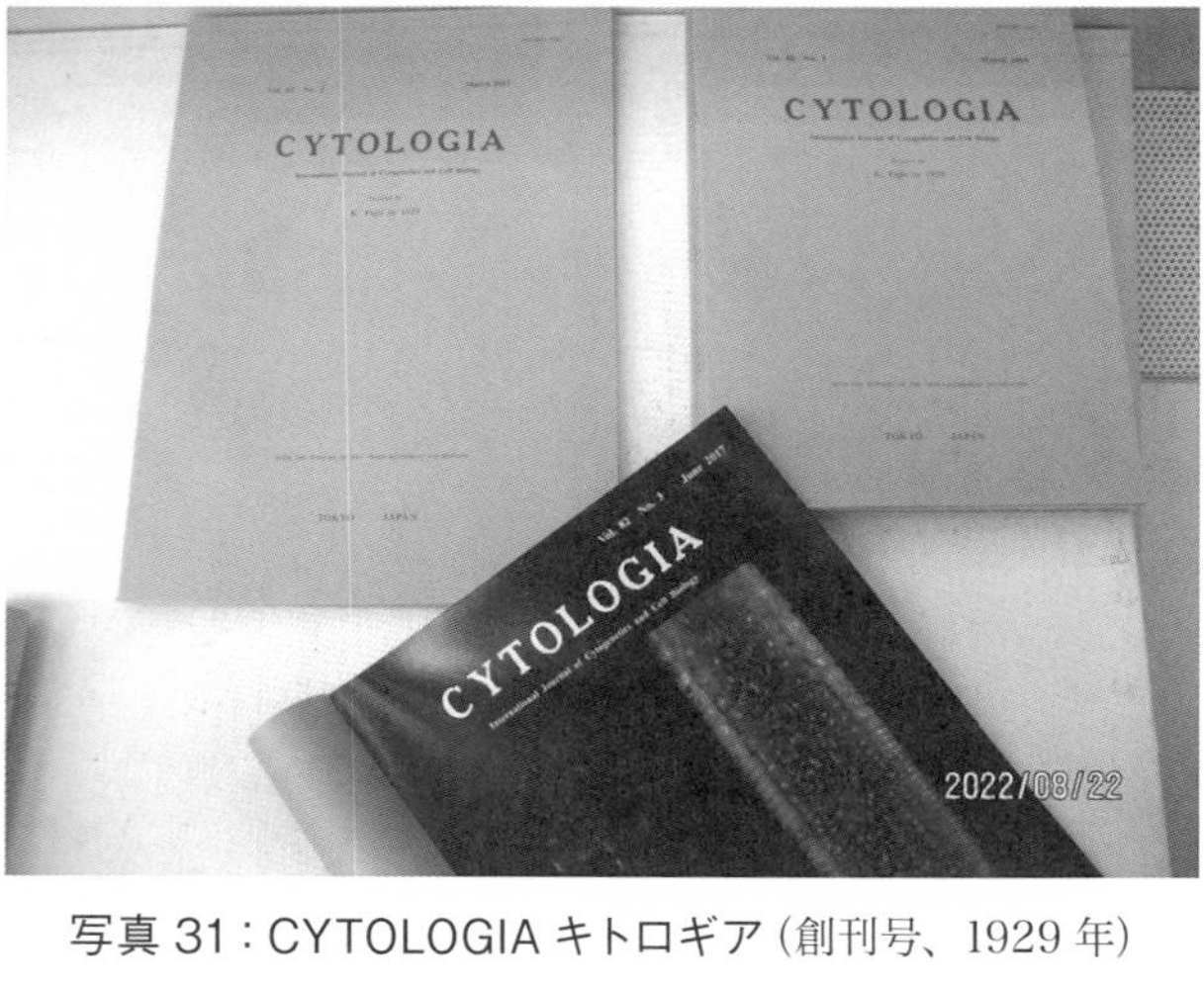

写真 31：CYTOLOGIA キトロギア（創刊号、1929 年）

真31）です。最初の頃はＢ５版サイズでしたが、現在はＡ４判サイズで、見開きを開けますと、このような見事なカラー写真が挿入されております。

　最後のスライドをご覧ください。少子高齢化社会を迎え、三本松小学校も３年前、２０１９（平成31）年３月末で閉校となりました。保井コノの胸像は、子どもたちの憧れとして長く見守ってきましたが、吉祥が昨年10月に立ち寄ったときには、ひっそりと門の閉まった北校舎前にポツンと、人影もなく寂しそうにありました。地域の誇りは讃岐の誇りです。ひいては日本の誇りです。変わるもののなかで変わらないもの、女性活躍のシンボルである保井コノ。閉校になった小学校の胸像に思いをはせております。

　今日は、ご清聴どうもありがとうございました。これだけたくさん「保井コノ」と申し上げましたので、今夜はお帰りになりましたら、「保井コノ」のお名前を思い出していただけましたら幸いです。本当にどうもありがとうございました。

質問に答えて

青山学院大学文学部教授　片山宏行

サイエンススタジオ・マリー主宰　吉祥瑞枝

司会
ＲＳＫ山陽放送アナウンサー　中屋　藍

司会：それでは質問コーナーに移ります。片山先生、吉祥先生、よろしくお願いいたします。

最初に片山先生へのご質問です。

芥川賞・直木賞の成立の経緯と、菊池寛の思いを教えてください。特に「直木三十五賞」にした理由がかねてより気になっております、とのことです。

片山：この二つの賞は、1935（昭和10）年に文藝春秋社が主催ということで創設されました。そして現在も続いているわけですが、一つに、とにかく若い新人作家たちを発見し、育成し、援護するというのが第一の目的であります。現在、まさしくそういうものになっていますけれども、最初の菊池寛の気持ちとしては、芥川に対してはずっといい友人、敬愛すべき友達ということで、彼の才能には一目も二目も置いていて彼にはかなわないということで、早くから純文学作家としての芥川に非常に敬意を持っていました。それで芥川が亡くなったのは1927（昭和2）年ですが、その後7、8年たって、芥川賞というものができるわけです。その間、賞を作るということは、ある程度心には温めていたのかもしれませんが、直木三十五が亡くなったのが1934（昭和9）年で、その翌年すぐに芥川賞・直木賞というかたちで世間に発表するわけです。

そうなりますと、ご質問にありましたように、直木という人との関わりはどうなのかという疑問が出てくるでしょう。皆さんは、芥川は立派な作家だということは分かっていらっしゃると思いますが、直木三十五（写真1）という作家はどういう人なんだろうと思われるかと思います。今だと、ほとんどピンとこないと思います。ただし、亡くなる前後の直木三十五というのは、まさしく「大衆文学」

のスーパースターでした。あっという間に文壇に登場して、すぐに体を壊して亡くなってしまいますけれども、ものすごい勢いで書き飛ばして全集を作ってしまうくらい書き上げているんです。

それで、菊池寛自身と彼の関係ですれども、菊池寛は、彼の文学的志向としては、次第に読者のために書くのが文学である、純文学というものもあるけれど、多数の読者に分かるものを書く。つまり今のエンターテインメントの考え方です。それを実現したのが「真珠夫人」以下の通俗小説です。その流れのスターというのがまさしく直木だったのです。では、それまで大衆文学というのはなかったのかというと、あるんです。が、非常にクオリティの低いものだった。現在につながる、例えば吉川英治や司馬遼太郎というかたちでつながっていく歴史小説だとか、それ以外の現代物の小説、これはむしろテレビドラマに変化してしまっているのかもしれませんが、そういう大衆向けの文学、文芸というものが直木の新機軸であり真骨頂だったのです。ですから、菊池自身としては、「やっと本格的な大衆文学が出てきた」と刮目したわけです。

写真1：直木三十五

それから、直木という人間も大変に好きだったようです。お金にもルーズだし、生活は非常にだらしないのですが、そのエキセントリックな人間性というものも非常に愛していて、亡くなるギリギリまで直木の枕元に通って励まし続けています。そういう彼に対する両方の思いがあったんだろうと思います。

そして賞の設立のきっかけとしては、直木が亡くなったときに、すでに温めていた純文学的才能の持ち主である芥川、これに当時の大衆文学のスターである直木の二人を並べて賞にすれば、今後の日本文学は、二つの才能を継承した作家たちによってどんどん活性化していくだろう、そしてそれを裏方として援護し続けたいというのが菊池寛の思いだったのではないかと私は思うのです。

司会：片山先生、ありがとうございました。

それでは続きまして、吉祥先生へのご質問です。保井コノが最初の日本の女性科学者になることができた理由を教えてください。親の教育が一番だとは思うのですが、他の親とはどこが違っていたのでしょうか、とのご質問です。

吉祥：時代が人を生むのか、人が時代を生んでいくのか。そのところは非常に微妙なことです。ちょうど保井コノが生まれてきたときには、他の女性の方々も研究者として生まれているのです。それで、私は２０１０（平成22）年に日本初の女性理学博士は誰かということを調べて、学会で発表しました。ちょうど保井コノと同じ時代に、皆さまはあまりご存じないかもしれませんか、丹下ウメ（梅子、写

写真２：丹下ウメ

真2）という鹿児島ご出身の方がおられます。当時、アメリカのジョンズ・ホプキンズ大学で学位を取られています。それがなんと１９２７（昭和2）年のことです。保井コノは4月20日で、丹下ウメは6月14日です。私は日本女子大学で2カ月掛けて資料を調べて、これで正真正銘、保井コノが日本初の女性博士だということが決まりました。

何かがあるときには、いろいろなことが同じようにその社会とその研究環境で起こってるということで、ただ単に突然に起こってきたわけではないのです。ただ、放射能を発見したときの事実は非常にはっきりとしていて、その日が天気だったかどうか、発見した時刻もきちんと記録されています。今は、科学技術の研究の場では、大変な競争が行われています。先ほどスライドで、女性科学者の賞とかいろいろありますけれども、日夜胃が痛くなるような競争のなかで、誰が最初に論文を発表するかということで競っております。ですから、保井コノという人は時代も人を生むのではないか、私たちも「その時代の子」であります。ですから、未来に向かっていく中で、どれだけ時間的に未来を掴みとることができるのかということだと思います。

ご質問に対するきちんとしたお答えになったかどうか分かりませんが、どうぞ、今の日本の停滞した状態から一歩前に進もうではありませんか。ぜひ、女性の応援をしてください。よろしくお願いします。

司会：ありがとうございました。

それでは続きまして、片山先生へのご質問です。関東大震災以降、菊池寛が変わったということですが、それについて詳しくお聞かせください、とのことです。

片山：先ほどの話の中でちょっと申しましたが、関東大震災というのは、ある意味順調に成功して『文藝春秋』を軌道に乗せて、文壇に新機運をもたらせようと希望に燃えていた菊池寛にとっては青天の霹靂《へきれき》といいますか、全く予期せぬ凶事でした。文学は何の役にも立たないのではないかという根本的なショックを受けたわけです。衣食住の必要性のどこに文学が（あるいは芸術が）割り込めるのだろう。一冊の書物は一個の握り飯にもしかない——。これは作家にとって、一つの世界観の崩落といってもいいでしょう。菊池のこのときの絶望感は、甚だ率直なものだと思います。しかしもう一つ、そこから直ちに世の中が立ち直り復興していくというそのたくましい生命力をも目の当たりに実感したということです。全部ダメになってしまって田舎に帰って百姓でもやろうかと思ってたときに、またたくまに周囲が前にも倍して復興していく姿、これもまたたしかな現実なわけです。つまり、彼は二つの現実を一度に見たわけです。そう思ったときに、果たしてこれから自分はどういう生き方を選ぶべきか、どういう考え方で人生に処すべきかという岐路に立ったのだと思います。

また、関東大震災を経たことによって、菊池はある意味、人生の矛盾というものを改めて知ったのだと思います。当時、関東大震災は〈天誅〉だ、という世論がありました。もしそうだとするならば、本来悪人として生きてきた連中はこの世の中から一掃されて当然のはずだ。そして、貧しくとも正直に生きてきた人たちこそが真っ当に生き残るべきだ。それが天罰だろう。ところが、現実は違う。悪いやつは機に乗じてますます栄えていく。一方、そもそも救われないような弱い立場の人たちがさらにひどい目に遭って運命に埋もれていく。これが現実なんですね。

関東大震災において それを目の当たりにした菊池寛は、自分は生き残った。そして復興してゆく東京の中でどう生きていけばいいか、と考えたときに、とっかかりはもちろん文藝春秋の復興ということになりますけれども、それ以降の方針として、どうも私が思うに菊池は、一つの諦めなのか一つの悟りなのかは分かりませんが、「与えられた境遇の中で精いっぱい生き切る」と。未来はどうなるか分からない。いつまた地震がやってくるかもしれないし、次は死ぬかもしれない。一方、過去はやり直したくても無理である。過去は変えられない。ならば、どうなるか分からないけれども、生きている限りは、与えられた境遇の中で生き切る。自分を生かして今を生き切るということしかないのではないかと心を決めていったように思われます。

その後、文壇改革をすすめると同時に、参院選に出てみたりと、どんどん生きる幅を拡げてゆきます。一方では、個人的に趣味の競馬とか麻雀協会の会長にもなったりして、自由自在に彼は生きます。また、先に申した、文学の再興のための芥川・直木賞などを作って、文学界を盛り上げたりするというブルドーザーのようなたくましい生き方をしていきます。自分は今を生き切ることで十分だというふうに菊池は思いを変えた。変えたというよりは、それはすでに彼の資質のなかにあったものかもしれませんが、関東大震災を大きな節目として、それがより強く鮮明に彼の人生の方向性として出て来たのだと、長い間私は考えています。

司会：ありがとうございました。

それでは、続いてふたたび吉祥先生へのご質問です。保井コノは、これだけ多くの「日本初」という業績をあげながら、今日でも「知る人ぞ知る」というくらいで、評価が低いのではないかと思うのですが、というご質問をいただいております。

吉祥：私も本当にそう思います。これはどうしてなんでしょうか。

皆さん、マリー・キュリーはフランスと母国ポーランドを代表する科学者で、世界の女性科学のロールモデルです。イギリスにはドロシー・ホジキンというノーベル化学賞を受賞した女性研究者がおります。そして日本にも来ております。イタリアにも、リタ・モンタルチーニ、ノーベル生理学・医学賞受賞した女性研究者がおります。どうして日本の女性研究者 保井コノを、私たちは知らないのでしょうか。今日ここに来て下さった皆さん、日本にもこうした女性がいたんだということを、一人でも多くの人に伝えて下さい。ただ保井コノ自身は、小さい頃から「そんな人は嫁さんになれないぞ」「女のくせに」とかいろいろと言われてきていたので、そういうことについては超越して生きてきたのではないかと思います。

それから、彼女は昔の化石の植物に、「ヤスイ」という名前が付いた新種を発見しております。保井コノの名前が付いたものは一つや二つではありません。「よく科学教室とかで単に科学は楽しいよ」というようなものがありますが、彼女が発見したものは、それを通して喜びを、例えばベートーベンの第九の歓喜とかいう、そういう楽しみを通して真の喜びの域に達しているのではないかと考えます。しかし、それには、保井コノは生まれるのが早すぎたのかもしれません。もし今の時代に生まれていたなら、もう少し違っていたかもしれませんね。

保井コノが死して50年です。どういうかたちで保井コノが今後の日本の科学技術教育、「ステム(STEM)教育」(STEAM)教育、アートを加えてステアムです。(※科学(Science)、技術(Technology)、工学(Engineering)、数学(Mathematics)の頭文字からなる教育の総称)の中にも入っていくのか。教育は大切です。実は、日本の教科書には、マリー・キュリーでも入っていないのです。不思議です。上野の国立博物館の特別展、イベントでもっと女性を取り上げて欲しいです。一つは、それは企画制作を作る方々が男性が多いからだと思います。今日は女性の方もたくさん来られていますので、ぜひ、皆さん少しずつ声を上げていきましょう。保井コノどうぞよろしくお願いします。

司会：それでは、最後にもう一つ、片山先生に質問です。

亡き父の実家が菊池家と同様の貧乏士族で、家同士も近く、菊池寛とは交流があったと聞いております。同郷の成瀬正一との交友については名前くらいしか存じませんので、少しご教示くださいとのことです。

片山：講演で少しお話ししましたが、成瀬正一というのは、第一高等学校(一高)に入ったときの菊池寛の友人の一人でした。お父さんは成瀬正恭《せいきょう》といいまして、この成瀬正恭さんが高松出身ということであります。十五銀行の頭取をやったり、その他いくつか企業のトップを務めた人で、正一は経済的には恵まれた家庭の子息でした。人間も大変に良くて、頭もよくできて、菊池寛とは一番の仲良しかどうかははっきりしませんが、とにかく「菊池マント事件」というものがあり、友人がマントを質に入れてしまって、その罪を着て路頭に迷っているというときに、「君がそんなことをするわけはない」と言って奔走してくれたんです。それで学長に掛けあったりと実に親身にいろいろしてくれるんですが、結局は駄目で退学となりました。

そこで成瀬は父親に相談するんです。「お父さんと同じ郷里の非常に優秀な友人（菊池）が大変に困っているので、なんとかしてやってくれ」と頼むと、京都大学を受けるまでまだ数カ月間もあったので、同情してくれたお父さんは、なんと成瀬家の敷地内に菊池のための部屋を新築してくれたのです。その代わりの条件としては、毎日風呂に入りなさいとか着物は着替えなさいとか、いろいろなことを言ったようです。また、成瀬の家の弟妹も仲良くしてくれたりして、心身共にやつれていた菊池を家族ぐるみで温かく包んでくれ、それは菊池が京都に行ってから作家として成功するまで続いたようです。それで、菊池は生涯の恩人ということで、成瀬家に感謝し続けました。また、成瀬正一自身は、九州大学のフランス文学の教授になって、若くして亡くなってしまうのですが、立派な業績を残しました。

その成瀬正一さんについて、質問された方がさらに知りたいとお思いでしたなら、『評伝　成瀬正一』（日本エディタースクール出版部・平6）という本が出版されています。これは関口安義さんという芥川の研究でも大変に有名な方が詳しく調べられています。それから、高松市の郷土の研究家の方でも利用できるように、成瀬の日記が菊池寛記念館に保存されています。高松市在住の石岡久子さんは、その当時の、若き成瀬の日記を全部翻刻して、活字にして発表もされていますので、こちらは菊池寛記念館なりに請求すれば、御覧になれると思います。

司会：片山先生、どうもありがとうございました。

皆さまからたくさんのご質問をいただいているのですが、時間となりましたので、これで質問コーナーを終わらせていただきます。

片山先生、吉祥先生、どうもありがとうございました。

図版所蔵・提供一覧　講演1

186頁　写真1：薄田泣菫　倉敷市蔵
187頁　写真2：『暮笛集』　早稲田大学図書館蔵
　写真3：『白羊宮』　早稲田大学図書館蔵
188頁　写真4：薄田泣菫生家（倉敷市連島）　倉敷市蔵
189頁　写真5：菊池寛　菊池寛記念館蔵
190頁　写真6：芥川龍之介　国立国会図書館蔵
　写真7：久米正雄　国立国会図書館蔵
191頁　表1：菊池寛関連年譜　菊池寛記念館ホームページより作成
192頁　写真8：菊池寛（中学校時代）　菊池寛記念館蔵
193頁　写真9：『恩讐の彼方に』（春陽堂、1921年）　国立国会図書館蔵
　写真10：滝田樗陰　『木佐木日記-滝田樗陰とその時代』より
194頁　写真11：夏目漱石　国立国会図書館蔵
　写真12：森鴎外　国立国会図書館蔵
195頁　写真13：書斎にて　菊池寛記念館
196頁　写真14：菊池寛から薄田泣菫宛の書簡①　倉敷市蔵
198頁　写真15：菊池寛から薄田泣菫宛の書簡②　倉敷市蔵
199頁　写真16：『真珠夫人』前編　1920（大正9）年、菊池寛記念館蔵
200頁　写真17：包子夫人、長女瑠美子と　1920（大正9）年　菊池寛記念館蔵
201頁　写真18：菊池寛から薄田泣菫宛の書簡③　倉敷市蔵
203頁　写真19：『文藝春秋』創刊号　1923年（大正12年）1月、菊池寛記念館蔵
204頁　写真20：菊池寛　銀座にて　菊池寛記念館蔵
205頁　写真21：樋口一葉　国立国会図書館蔵
　写真22：島崎藤村　国立国会図書館蔵
207頁　写真23：菊池寛の直筆原稿「伊勢」（『新今昔物語』より）　菊池寛記念館蔵
210頁　写真24：『文藝春秋』草創期の人たち（後列左端が菊池寛、横光利一、田中直樹らの姿）　菊池寛記念館蔵
211頁　写真25：山本有三　国立国会図書館蔵
212頁　写真26：芥川賞・直木賞を創設　菊池寛記念館蔵
213頁　写真27：東北講演旅行（左から寛、川端康成、片岡鉄平、横光利一、池谷新三郎）　菊池寛記念館蔵
214頁　写真28：太宰治　国立国会図書館蔵
215頁　写真29：菊池寛から薄田泣菫宛の書簡④　倉敷市蔵
216頁　写真30：文藝春秋社の入った大阪ビルの屋上にて　菊池寛記念館蔵
217頁　写真31：芥川龍之介から薄田泣菫宛の書簡　倉敷市蔵
220頁　史料①　菊池寛から薄田泣菫宛の書簡①　倉敷市蔵
　『薄田泣菫宛書簡集　作家篇』より
221頁　史料②　菊池寛から薄田泣菫宛の書簡②　倉敷市蔵
　『薄田泣菫宛書簡集　作家篇』より
222頁　史料③　菊池寛から薄田泣菫宛の書簡③　倉敷市蔵

『薄田泣菫宛書簡集　作家篇』より

223頁　史料④　菊池寛から薄田泣菫宛の書簡④　倉敷市蔵
『薄田泣菫宛書簡集　作家篇』より

図版所蔵・提供一覧　講演2

226頁　写真1：マリー・キュリー　パリ・キュリー博物館提供

227頁　写真2：第1回マリア・スクウォドフスカ＝キュリー賞授賞式　ポーランド共和国大使館提供

228頁　写真3：第1回マリア・スクウォドフスカ＝キュリー賞（羽ばたく女性研究者賞）受賞者　国立研究開発法人科学技術振興機構提供

230頁　写真4：『一家に1枚　周期表』　吉祥瑞枝氏蔵

232頁　写真5：キュリー夫人胸像とがん撲滅のシンボル黄水仙（パリ・キュリー博物館中庭）　吉祥瑞枝氏蔵

写真6：お手植えつるバラとマリー・キュリー（パリ・キュリー博物館中庭）　明星大学蔵

写真7：キュリー夫人の最後の実験ノート（1919〜1933）　明星大学蔵　吉祥瑞枝氏撮影

233頁　写真8：キュリー家の墓（パリ郊外）キュリー夫人が好んだバラと白い花　吉祥瑞枝氏蔵

写真9：世界各国からパリ・ラジウム研究所に集まった優れた女性研究者（前列右から3人目がイレーヌ・キュリー）　パリ・キュリー博物館提供

234頁　写真10：家族と（コノは後列中央）　お茶の水女子大学歴史資料館蔵

235頁　表1：保井コノ関連年譜

244頁　写真11：「初の女性博士誕生」を報じる新聞　お茶の水女子大学歴史資料館蔵

245頁　写真12：三木寿子先生と　吉祥瑞枝氏蔵

246頁　写真13：コノの石炭スケッチ　お茶の水女子大学歴史資料館蔵

写真14：コノのイチョウスケッチ　お茶の水女子大学歴史資料館蔵

247頁　写真15：保井コノ　1952（昭和27）年名誉教授記念　72歳　お茶の水女子大学歴史資料館蔵

写真16：1912（明治45）年　32歳　お茶の水女子大学歴史資料館蔵

写真17：1920（大正9）年　ミクロトーム操作　40歳　お茶の水女子大学歴史資料館蔵

写真18：1927（昭和2）年　日本初の女性博士誕生　47歳　お茶の水女子大学歴史資料館蔵

249頁　写真19：留学がえり　おしゃれなモガスタイル（左）　お茶の水女子大学歴史資料館蔵

写真20：女性科学者の源流　黒田チカ、保井コノ、阿武貴美子（1957年、東京大学山上会議所）　お茶の水女子大学歴史資料館蔵

250頁　写真21：女性科学者の源流　湯浅年子（右）キュリー夫人の長女イレーヌと（パリ郊外のキュリー邸）　お茶の

水女子大学歴史資料館蔵
251頁　写真22：新制大学設置基準委員会会議記録　お茶の水女子大学歴史資料館蔵
252頁　写真23：ヒト細胞の分裂の様子（蛍光顕微鏡）　原口徳子氏撮影
253頁　写真24：三本松港と浜辺の風景　吉祥瑞枝氏撮影
写真25：尋常高等小学校 猪熊邸　吉祥瑞枝氏撮影
写真26：コノの生家近くの本町商店街（西條敏美氏撮影、2003年）
254頁　写真27：保井コノと藤井健次郎　東京大学大学院理学系研究科附属植物園蔵
写真28：篠遠喜人　東京大学大学院理学系研究科附属植物園蔵
255頁　写真29：牧野富太郎　東京大学大学院理学系研究科附属植物園蔵
256頁　写真30：保井コノの情熱は晩年にも　お茶の水女子大学歴史資料館蔵
写真31：CYTOLOGIA キトロギア（創刊号、1929年）　吉祥瑞枝氏蔵

図版所蔵・提供一覧　質問に答えて
260頁　写真1：直木三十五　国立国会図書館蔵
261頁　写真2：丹下ウメ　日本女子大学蔵

※出版にあたり一部加筆修正しました。
※文中の書籍・論文等からの引用は原文のままとしました。
※本文中、現在ではあまり使われていない用語も含まれている場合もありますが、当時の時代背景などを知る点からそのまま使用しています。

公益財団法人 山陽放送学術文化・スポーツ振興財団

山陽放送学術文化・スポーツ振興財団は科学技術の発展と文化の向上に寄与するため1963年に山陽放送学術文化財団として設立。以来、科学の基礎研究に対する助成のほか、学術調査や文化講演会などを実施し、地域の歴史の発掘・再発見と文化の継承に努めています。
2013年に公益財団法人に移行。2020年地域のスポーツ活動を支援する事業を加え、現在の名称に変更しました。

輝《かがや》ける讃岐人《さぬきびと》 2

〜 小西 和、田村 剛、大久保諶之丞、景山甚右衛門、菊池 寛、保井コノ 〜

2023年4月22日　第1刷発行

編著者　公益財団法人 山陽放送学術文化・スポーツ振興財団
発行人　越宗孝昌
発　行　公益財団法人 山陽放送学術文化・スポーツ振興財団
〒700-0823 岡山市北区丸の内二丁目1番3号 RSKホールディングス株式会社内
電話 086-225-2770　ファクス 086-225-5525
ホームページ　www.rsk.co.jp/company/zaidan.html
発　売　吉備人出版
〒700-0823 岡山市北区丸の内二丁目11番22号
電話 086-235-3456　ファクス 086-234-3210
ウェブサイト　www.kibito.co.jp
メール　books@kibito.co.jp
印　刷　株式会社三門印刷所
製　本　日宝綜合製本株式会社

ISBN978-4-86069-707-5　C0021

慈愛と福祉 岡山の先駆者たち 1・2

定価　各1,600円＋税　A5判

1

Ⅰ 三千人の孤児、父となった男　石井 十次
Ⅱ 下駄と靴をはいた経営者　大原孫三郎
Ⅲ 人間を見捨てなかった男　留岡 幸助
Ⅳ 貧困を直視しつづけた男たち　笠井信一と済世顧問制度

2

Ⅴ 社会鍋と救済事業 地の塩となった社会事業家　山室軍平
Ⅵ アダムス　岡山での宣教と人民救済
Ⅶ 地域共生社会を夢見た人々　田渕藤太郎・三宅精一
Ⅷ 私なき献身　福祉県を築きあげた三木行治

写真提供：石井十次（社会福祉法人石井記念友愛社）、留岡幸助（社会福祉法人北海道家庭学校）、
山室軍平（救世軍日本本営）、A.P. アダムス（社会福祉法人岡山博愛会）、三木行治（岡山県立記録資料館）